U0926019

Quality Education in College English Classroom

大学英语学生素质培养探究

彭啟敏 等 著

中国 · 武汉

图书在版编目(CIP)数据

大学英语学生素质培养探究/彭敞敏等著. —武汉:华中科技大学出版社,2019.12
ISBN 978-7-5680-2348-1

Ⅰ. ①大…　Ⅱ. ①彭…　Ⅲ. ①英语-教学研究-高等学校　Ⅳ. ①H319.3

中国版本图书馆 CIP 数据核字(2019)第 285247 号

大学英语学生素质培养探究　　彭敞敏　等　著

Daxue Yingyu Xuesheng Suzhi Peiyang Tanjiu

策划编辑:刘　平
责任编辑:刘　平
封面设计:刘　婷
责任校对:封力煊
责任监印:周治超
出版发行:华中科技大学出版社(中国·武汉)　电话:(027)81321913
武汉市东湖新技术开发区华工科技园　邮编:430223
录　排:华中科技大学惠友文印中心
印　刷:武汉科源印刷设计有限公司
开　本:710mm×1000mm　1/16
印　张:12.75　插页:2
字　数:242 千字
版　次:2019 年 12 月第 1 版第 1 次印刷
定　价:68.00 元

前言

知识经济时代，全球范围内的科技竞争、经济竞争以及人才竞争方兴未艾。所谓“少年强则国强”，劳动者素质的高低，在很大程度上决定了国力的强弱。为社会培养各类高素质人才，是我国教育工作的重要目标。针对大学生，既要加强文学、历史、哲学、艺术等人文社会科学方面的教育，也要加强自然科学方面的教育，以全面提高他们的文化品位、审美情趣、人文素养和科学素质。

大学生素质的培养，离不开文化的熏陶，包括以英语为载体的西方文化和中国传统文化；反过来，大学生素质的提高，又可以增强大学英语教学效果，丰富课堂形式。因此，教师应探索并践行在大学英语教学中培养学生的素质，创新教学模式、改进教学手段，并最终实现教书育人的目的。

在大学英语课堂中贯彻素质教育理念，培养学生的人文素养、科学素养以及道德素养，是华中科技大学学生素质教育的重要内容。本书由华中科技大学外国语学院大学外语系11位多年从事大学英语教学的优秀教师共同打造。他们不仅有丰富的教学经验、教书育人的热忱和担当，更勤于思考，勇于探索，在教学中尤其重视学生素质的培养。

全书分为三个部分，共十一章。第一部分由第一章至第三章组成，高屋建瓴地讨论了学生道德素养培养的问题，目的在于提高学生的道德素养，将学生培养成德、智、体、美全面发展的社会主义建设者和接班人。第一章由陈玉红撰写，宏观地分析在大学英语教学中如何培养学生的综合素养；第二章由冯学芳撰写，细致入微地探讨在大学英语课堂实施德育的理论与方法；第三章由陈爱华撰写，见微知著地思考在英语课堂上以读写结合的写作任务渗透道德教育。

第二部分由第四章到第六章组成，秉持“以人为本”的理念，尊重人的主体意识和主动精神，探究既注重开发人的智力潜能，也注重形成人的健全个性的教学之道。第四章由刘芳撰写，探析素质教育中教师角色的定位，从教育生态学的角度赋予教师角色新的内涵，指导教师做学生可持续发展的关注者、课程教学的协调者、学生学习兴趣的激励者、教学实践的反思者；第五章由王利芬撰写，从情感认知平衡理论出发，聚焦师生情感因素，通过增强动机、降低焦虑、提高信心等方面的教学实践，提高学生的语言技能，促进学生人格成熟；第六章由郭翠红撰写，有机地融合大学英语课程的人文性和工具性，培养学生的审美情感，引领学生对中英两种文化进行比较和反思，增强学生对中华文化的自信心和民族认同感。

第三部分由第七章到第十一章组成，从有效的课程设计以及课堂教学的视角，探索素质教育的手段，以提升学生的科学素养。第七章由李伟平撰写，通过教学实践，对不同层次和类型的学生的需求进行分析，设计出个性化的课程，从而满足了不同层次学生的需求，提高了学生的学术英语素养；第八章由龙冰撰写，思考在大学英语课堂中通过合作学习导入中西文化，激发学生对母语文化的关注，提升他们的民族文化自信及文化身份认同感，更好地参与国际事务，讲好“中国故事”，发出“中国声音”；第九章由徐喜文撰写，在读写课堂构建挑战式互动模式，通过课前在线导入、课中互动挑战、课后任务拓展等环节，将课堂话语权交还给学生，有效地提高了学生自主学习的能力；第十章由彭啟敏撰写，以跨学科联合培养卓越工程师班的“科学思维与研究方法”课程为依托，在教学中思考和实践项目式教学在学术英语课程中的运用，探究宏观思维培养、英语语言能力及批判性思维能力提升等素质教育新形式；第十一章由施渝撰写，通过看电影、做微课和校园采访等项目的实施，促使学生与国外留学生进行面对面的交流，了解对方国家的文化知识，培养和提高学生的跨文化交际能力。

本书从最初确定主题，到反复推敲修改，其间数易其稿，今日始能成册。各位作者的辛勤劳动成果，对于通过大学英语课堂全方位提升学生素质，是一次有益的反思与尝试。希望他们的努力，能在同仁心中引起共鸣；也希望大家能同心协力，实现教育立德树人的根本任务；更希望这种努力，带给学生启迪与思考，从而主动追求自我素养的提高。

本书成书过程中，华中科技大学外国语学院的领导给予了大力支持，大学外语系导师团队给予了悉心指导，各位作者更是在繁忙的教育工作之余殚精竭虑，反复修改，在此一并表示衷心的感谢！

由于水平及时间等各方面限制，本书难免有疏漏和欠妥之处。惶恐之余，恳请业界各位同仁及读者不吝指正。

作　者

2020 年 7 月

目录

第一章　大学英语教学中培养学生素养的实践与反思

教育部在《大学英语课程教学要求》中明确指出，“大学英语的教学目标是培养学生的英语综合应用能力，特别是听说能力，使他们在今后学习、工作和社会交往中能用英语有效地进行交际，同时增强其自主学习能力，提高综合文化素养，以适应我国社会发展和国际交流的需要”（教高厅〔2007〕3 号）。大学英语作为高等教育中的必修课程，既承担着提高大学生英语应用能力的责任，又需要培养大学生的综合素质，如拓展国际视野、了解世界文化、陶冶个人情操等。

1　素质与素质教育

1.1　素质与素质教育的定义

素质是“人在先天的生理基础上，通过后天的环境影响和教育训练所获得的内在的、相对稳定的、长期发挥作用的身心特征及其基本品质结构”（林崇德，2016）。从广义上讲，素质包括道德品质、言行举止、知识水平与能力才干等各个方面。

核心素质指那些关键的、不可或缺的品质、能力、才干及精神面貌，具体包括五个方面的内容：①信息素养；②思维素养；③人文素养；④专业素养；⑤身心素养。

素质教育指“以全面提高人的素质为根本目的，以尊重人的主体性和主动精神，以人的性格为基础，注重开发人的智慧潜能，注重形成人的健全个性为根本特征的教育”（百度百科，2018）。它是一种教育理念、思想，也是一种教育价值取向。

1.2 素质教育的理论基础

素质教育是20世纪80年代中期，我国教育界针对基础教育积弊已久的“应试教育”而率先提出的具有独自内涵的最具中国特色的教育理念（眭依凡等，2017）。其理论基础主要有四个：①马克思主义的全面发展理论，即关注人的“智力”和“体力”的全面、自由、和谐发展，强调人的发展的基础性素质（马克思，1975）；②教育学理论，即人的发展具有可能性，教育和培养人具有合理性与可行性（皮亚杰，1981）；③心理学理论，从多角度、多层面揭示了人的潜能和素质构成，以及素质表现与实现的主体条件，如多元智能理论强调智能是多元的，包括音乐智能、身体运动智能、数学逻辑智能、语言智能、空间智能、人际关系智能、自我认识智能等（霍华德，1999）；④建构主义学习理论，强调知识是学习者在一定的情景（社会文化背景）下，借助其他人（包括教师和学习伙伴）的帮助，利用必要的学习资料，通过建构意义的方式而获得的，即通过人际间的协作活动而实现（斯腾伯格，1999）。

1.3 素质教育的研究现状

国家教育部门及国家领导人十分重视学生的素质教育，教育部对于素质教育的理念、培养目标和意义等颁布了一系列纲领性文件，国家领导人也作出了重要指示。1999年《中共中央国务院关于深化教育改革全面推进素质教育的决定》明确指出：“实施素质教育，就是全面贯彻党的教育方针，以提高国民素质为根本宗旨，以培养学生的创新精神和实践能力为重点，造就‘有理想，有道德，有文化，有纪律’的、德智体美等全面发展的社会主义事业建设者和接班人。”此后，在《中华人民共和国义务教育法》《中共中央关于社会主义精神文明建设指导方针的决议》和中共十三大报告中都强调提高整个中华民族的思想道德素质和科学文化素质的问题。

素质教育不仅写入了有关法律及党和国家教育改革发展的纲领性文件，而且党和国家领导人多次在重要会议的讲话中加以强调。

1994年6月，中共中央、国务院召开了第二次全国教育工作会议，李岚清在会议总结讲话中指出，基础教育必须从“应试教育”转到“素质教育”的轨道上来。

1999年6月，第三次全国教育工作会议开幕式上，江泽民分析了面向21世纪的中国教育改革和发展的形势，阐述了全面推进素质教育的重要性。他强调，国运兴衰，系于教育；教育振兴，全民有责。我们必须全面贯彻党的教育方针，坚持教育为社会主义为人民服务，坚持教育与社会实践相结合，以提高国民素质为根本宗旨，以培养学生的创新精神和实践能力为重点，努力造就“有理想、有道德、有文化、有纪律”的德育、智育、体育、美育等全面发展的社会主义事业建设者和接班人。

2018 年 5 月 2 日，习近平在北京大学师生座谈会上指出，“培养社会主义建设者和接班人，是我们党的教育方针，是我国各级各类学校的共同使命”，“人才培养一定是育人和育才相统一的过程，而育人是本”。

学术界对素质教育也开展了广泛的研究。从 20 世纪 80 年代初开始，我国教育理论界逐步开展了提高人的素质的基础理论探讨及实践研究。许多专家学者从社会和人的发展需要出发，着重探讨了素质教育的意义和培养目标。有些学者从马克思主义全面发展的理论层面探讨素质教育的理论基础，还有研究者从素质教育与“应试教育”的关系分析素质教育的概念、特点和内涵（匡兴华等，2010；高亚杰，1999），还有的学者对素质教育的概念、特点和内涵作出了界定，通过厘清素质的概念等来探讨素质教育的内容（褚远辉，2000；许邦兴，2005；眭依凡等，2017）。李太平（2001）对素质教育进行了分类。

21 世纪，国内教育理论界的专家学者从科学发展角度对素质教育进行了新的思考，重点探讨了素质教育自身理论体系的完善问题、均衡发展问题、实施的环境建设问题、实践模式问题，以及评价体系等，受到广泛重视。例如，徐冰冰（2016）对普通高中学生评价转型作了深入的研究，认为素养是课程改革的“DNA”，课程设计是核心素养的纵向落实，即要先制定核心素养体系，再根据它制定课程目标，最后在课程教学与评价中落实这个基于核心素养的课程设计。黄保红（2018）重点探讨了素质评价体系，在分析大学生素质评价体系中的既存问题的基础上，对大学生综合评价体系的重构提出了四大原则，即方向性原则、全面性原则、一致性原则和可行性原则，并提出了重构大学生素质评价体系的策略，即个性化评价策略、多元化评价策略及分步骤评价策略。张珂琪（2018）针对学生综合素质评价作了一项实践性研究。首先，对学生综合素质评价工作中的实践性价值进行了分析；其次，结合学生综合素质评价工作开展的实际情况，对影响实践性提升的问题进行了深入分析，并对如何有效解决这些问题提出相关建议。

学者们对素质教育的研究也从注重素质教育的基本理论探讨，逐步转向偏操作性的理论和实践研究，如探索素质教育背景下各种层次和对象的教学方法，以及如何在各种教学课堂实施素质教育等（苏晓峰，2018；徐永华，2018；袁芳，2018；杨峻，1997；黄一映，2018；颜婕，2015；王婷，2018；陈丽丽，2018；杨桦，2018）。

总之，素质教育是中国特色的教育理念和方针，它具有科学的理论支撑，符合中国的国情。素质教育就是运用教育的手段，使人的自然素质得到改造，形成人的健全个性。它也是一种注重开发人的智慧潜能，影响人的生理、心理遗传本性的教育实践活动。

目前，对素质教育的研究重点主要包括对素质的概念、特点、内涵、划分及素质与应试的关系等问题的理论探讨，而素质教育的实践研究却很匮乏。已有的偏操作性的实践研究也基本上局限于中小学的各种课堂教育，主要限于国内的基础教育，对于高等教育、成人教育和职业教育等的研究则涉足较少；对素质教育的研究和实践也很少涉及考试评价、课程教材、教师队伍等重要的教学方面。本章将重点研究利用大学外语课堂教学和课程教材开展素质教育工作，探讨提升大学生的素质与能力，以及引导学生健康成长等问题。

2 当代大学生的个性特点和英语课堂主要存在的问题

新时代的大学生具有鲜明的个性特点，如思维敏捷、兴趣广泛等，但也普遍存在一些不足。首先是理想信念模糊，意志力薄弱，人生阅历浅，知识结构窄，勤俭意识和感恩意识淡薄，思辨能力欠缺，语言和思想贫乏，写作和发言都缺乏内涵，喜欢用空洞的大词，人生观、价值观和道德观尚未完全形成，没有自制能力，也没有主动学习的意识和刻苦钻研的精神。而且，很多大学新生对自己没有明确的人生目标和学习目标，也缺乏有效的学习方法和技巧。具体表现在：没有学习计划与安排，平时不烧香，临时抱佛脚；对教师的要求大打折扣，得过且过，满足于60分及格，教师多布置一点作业就叫苦抱怨；有的学生晚上玩游戏太晚，第二天上课迟到，甚至旷课等。其次，大学英语课堂教学缺少对学生知识建构能力、发现问题能力和解决问题能力的培养，未能发挥学生的主体作用，也未能充分利用学生的优点，调动学生的主观能动性。

针对我国教育及大学生存在的这些问题，笔者认为，此时的教师引导非常重要。大学英语课程是新生第一年大学生活中开设最早、学时最多的一门课程，因此，一线教师应该是大学生人生的引路人、启蒙人和正能量的传递人和榜样。教师自身的素质、品德、人生观、价值观和道德情操等，都会潜移默化地影响学生，所以，作为人民教师，应该对党忠诚，热爱本职工作，认真履行职责，充分利用课堂教学，强化德育，教书又育人。具体而言，教师应该认真处理好教学的三要素，即教师、学生和教学内容之间的关系，明确教师的地位和作用。教师应该是学生学习的引导者，而学生则是学习的主体。教学应该围绕培养学生的思维能力、创新能力和核心素质来进行。

3 利用大学英语课堂，培养学生素质

3.1 利用课堂阵地，强化德育，教书又育人

学生每一学期的第一次课是导学课。笔者会在这次课上首先向学生介绍本学期的学习目标、任务、教材及要求等。随后，要求学生写出本学期的学习计划（列出具体条目）。例如，有一各学生在学习计划中这样写道："本学期我要努力提高英语听力理解能力，具体做到以下三点：①每天坚持听懂一条CNN英语新闻；②每周坚持上好英语课，完成老师布置的学习任务；③本学期完成一个配音（dubbing）任务。"到学期的最后一次课时，笔者会要求学生自查计划的落实情况。每次笔者给学生布置的任务一定会反复检查、落实到位，并用奖惩等办法来辅助实施。

教学过程中，笔者非常注重学习方法及学习资源的利用。对于如何提高听力、如何背单词、如何快读、如何写作等学习方法问题，笔者通常采用专题讲解的方式。笔者还常常将个人的亲身体会和有效的学习方法告知学生，并且给学生提供许多学习资源，供其自主学习。为了避免有些学生上课前来到课堂看手机、玩游戏、闲聊等，笔者要求学生进入教室后一定要大声朗读课文。此外，笔者还利用课前和课间时间对学生进行一对一的纠音和面批作文辅导。有时课前5分钟，笔者都让学生进行模仿和配音表演，训练语音语调。然后，全班学生给每个上台表演的学生打分，如果表演通过，就获得奖励，否则继续练习，再次表演。

对于学生的长处或是不足之处，笔者一定会及时反馈给学生。好的多表扬鼓励，差的要及时交流，让其知晓，并提供相关的建议和指导。笔者的辅导时间（office hour）分散在课前、课间和课后，学生可以主动找笔者交流，笔者也会有计划地找他们查看其学习情况。

对学生的不良言行或风气一定要及时纠正，大胆管理，严格要求。例如，有的学生喜欢把早点带进教室，上课时吃，也有学生喜欢穿拖鞋进教室上课，等等。对此，笔者明确规定不允许有这样的行为。笔者会有针对性地选择一段找工作视频（job interview）让全班学生观看，介绍几位面试者在应聘相关职位时他们不同的行为举止，并对每一位面试者的不恰当行为进行评价，进而要求学生说出正确的言行规范。学生们很快就领会了笔者的用意，并且愉快地接受了禁止令。

另外，针对学生上课迟到的问题，笔者经常表扬上课提前到课堂的学生和小组，要求班长、团支书和学习委员等必须起带头作用，还要求同寝室的学生互

相提醒，帮助爱迟到的学生。当然，各个院系学生负责人也很配合，一个班采取了上课打卡制度，另一个班建立了罚款(fine)和红包制度，一周结算一次。笔者也接受学生的监督，如果上课不提前15分钟到课堂，同样视为迟到，要受到相应的处罚。这样，学生比较能够接受处罚，心里也平和，逐渐养成了好的习惯。

在教学的过程中，笔者会正面引导学生对一些问题(社会现象)进行深入思考。例如，在上听力第十课(*EQ Is More Important than IQ*)时，笔者对学生进行了这样一个小测试：

Suppose you're a new comer to a company and a green hand in work. You want to leave good impression on your boss quickly. Which of the following ways will you take to attract his/her attention as quickly as possible? (Choose only one answer)

A. To work as hard as possible.

B. To find chances to have dinners and leisure talks with him/her.

C. When he/she works over 8 hours, you do so as well.

D. To find chances to consult working questions to him/her and then invite him/ her to dinner.

当时，班上有三名学生选A，有一名学生选B，大部分学生选C和D。选A的一名学生问，为什么选A就是IQ(智商)高而EQ(情商)低。其实，笔者自己也选的A，并作出了说明：踏实肯干是做人的本分，对任何事情都要尽心尽力，问心无愧；做人和做事不应该太过于有功利的目的，不必在乎是EQ高还是IQ高。任何时候、任何事情只要有付出，就会有收获，投机取巧只是暂时的。

此外，在教学之余和与学生交流时，笔者注重及时了解他们的思想、学习和生活中遇到的问题，并正面引导他们积极思维，明辨是非，健康成长。大学新生的心理还不够成熟，同学之间经常喜欢进行家庭经济状况的攀比。经济条件较好的学生花钱随意，经济条件较差的学生则倍感压力。有一次，笔者了解到班上一名男学生受到了此类问题的困扰。他来自安徽的一个农村家庭，经济状况远比同寝室的学生要差，所以倍感消费压力。但是，为了面子，他经常向家长伸手要钱，还要虚伪地掩饰。了解到这名学生的情况后，笔者与他进行了多次课后交流，从一个家长的角度告诉他做家长的艰辛以及家长对孩子的希望；作为孩子，对家长的付出应该持有感恩的心，大学阶段应把重心放在学习上，生活上量力而行就好。他听后很有感触，端正了态度，改正了自己的做法，并且也变得更加自信了。

3.2 扩展大学英语课程教材内容，培养学生的核心素养

在选择教材时，要注重教材的知识性、系统性和具体内容的统一，以培养学

生的核心素质。按照教学要求和规律，笔者将阅读课和听力课都分三个阶段进行，即导入、学习过程和课后，并对每一阶段的重点和活动进行个性化处理。

(1) 导入阶段(before reading/listening)。阅读课程的导入一般将重点放在背景知识的介绍与相关词汇的引进和扩展方面。听力课文的导入部分则将重点放在学生素质培养方面，通过提问，激起学生对某一问题的头脑风暴，然后进行小组讨论交流，再进行全班总结归纳。

(2) 听或读的阶段(while reading/listening)。阅读课程将重点放在语言知识和技能的传递和训练上。一般采用传统的方式进行，如翻译、改述(paraphrase)和复述(retelling)等，力求让每位学生弄清楚语言的特点和词汇的用法，注意语言使用的准确性(accuracy)，同时注重课后的语言练习与巩固。听力课程则将重点放在听力技能的训练、听说能力的提高上，要求学生利用听力技能获取准确的信息，然后将信息口头表达出来。

(3) 听或读后阶段(after reading/listening)。根据教学内容自由发挥，是培养学生素养的主要手段。笔者对每一课的“正能量”(moral lesson)都有意识地进行扩展和引申，引导学生讨论、总结和强化，给学生提供“心灵鸡汤”。

笔者认为，每一篇课文都有“正能量”可供学生学习和提高核心素养。教师一定要充分利用教材内容，给学生传输正能量，提高学生做人的素质和思辨能力。以下以笔者正在使用的听力教材为例，说明笔者对课文内容“正能量”的总结、归纳以及处理方式。

对于听力教材，笔者一般采用口语活动的方式进行，具体做法是创设问题引导学生思考，即就某一主题向学生提出一组问题(3～5 个)，然后给时间让学生分组讨论，组长记录和总结汇报结果，最后笔者在全班提炼、总结。笔者的提问如下：

第一课(*The Fame Game*)，引导学生树立正确的人生观，学会如何对待名和利，如何看待社会上的少数追逐名利和腐败现象。

Q/A：什么是名利？你会追逐名利吗？你会采取什么方式和途径？为什么？你认为社会上某些人追逐名利的方式是对还是不对？如果不对，该如何纠正？

第二课(*One of A Kind*)，教授学生如何张扬个性，做一个有独立思维、有创新意识、有主见和能力的个体。

Q/A：什么是一个独特的个体？独特的个体应该具备哪些品德和能力？你认为独特个体的形成需要经过哪些阶段和过程？你与独特个体的区别？今后如何发展成为独立个体？

第三课(*Crushed by Misfortune*)，教授学生如何对待人生中的不幸、困难和灾难。对不幸的人和事情该有什么样的处理方式和公德心。在自然灾害面前该采取什么样的自救措施。例如，笔者采用视频教会学生如何对待地震、对待火灾及电梯突发状况，以及他们应该采取何种自救的方式。

第四课（*Zooming up the Information Superhighway*），对学生进行批判性阅读（critical reading）和批判性思维（critical thinking）培养。当今社会，网络和高科技给学生提供了快捷学习和获取信息的途径，方便了学生的生活和学习交流。但是，学生的批判性思维和阅读的能力也必须提高。学生对网络上的信息应有自己的评判能力，能充分利用网络资源丰富自己的专业知识，增加自己的知识储备，跟上时代发展的步伐。对社会热点问题、流行的影视、突发的公共事件等有分辨能力，能作出正确的判断，并能主动有效地应对。

第五课（*My Roommate，My Friend*），教学生如何交友、如何与学生相处、如何处理人际关系，把握相处的原则和分寸，以及提高自己的EQ，做一个受欢迎的、可靠的人。主要采用一些视频和美国现代成人教育之父卡耐基（Carnegie）*How to Win Friends* 里面的提示（tips）为素材，教学生如何与人相处。

第六课（*Criminal Acts*），教育学生如何做一个遵纪守法的好公民，让学生远离违法犯罪的行为，以及对待违背道德和法律的行为该采取正确行动。

Q/A：当今中国突出的违法行为有哪些？你最痛恨哪几种人和违法行为？为什么？你认为应该如何对待这些人和此类行为？如何提高公民的法制意识？作为大学生，你应该有怎样的品德？遇到违法行为应该采取什么措施？

第七课（*The Truth about Your Genes*），教育学生正确看待和处理先天遗传和后天努力的关系，强化成功之路取决于勤奋努力的观点，以及培养学生的思维能力和提高学生的专业素养。

Q/A：你IQ高吗？如不高，该如何提高？你家长给了你怎样的影响？

第八课（*The Inequality in Society*），帮助学生关注社会现象，让学生学会明辨是非，坚持做人的原则，让学生做一个促进社会和人类和谐发展的好公民。

例如，结合观看电视剧《人民的名义》，请学生谈他们最喜欢的角色，并说明原因。后来，在学生群里笔者发现学生都给自己取了一个电视剧里面的角色的名字，说明学生对此产生了兴趣，并对此有独特的看法和见解。

第九课（*Amusement Park*）和第十课（*Go Travelling*），告诉学生健康积极的生活方式和平和的人生态度是每个当代学生应当具备的素养。要正确处理课堂学习和课外学习，乃至终生学习的关系，以及如何做一名文明的旅游者。

Q/A：旅游的三个过程中自己的行为做法，哪些是有效的，哪些是不妥的？如何改进？

对于阅读教材，笔者主要采用写作的方式进行。在讲完每一篇课文后，总结出课文的"正能量"（moral lesson），并且对此进行强化和拓展，然后给学生留下写作练习的题目(topic)。对学生的作文,笔者非常注重其语言和内容,每次都逐一亲自批改,发现问题都会及时逐个进行沟通。笔者会用辅导时间(office hour)进行一对一的面批和交流。

第一课(*Fighting with the Forces of Nature*)是一篇很好的爱国教育的素材。笔者给学生的作文题目为“How to Defend our Motherland in Modern World”。

第三课(*Job Interview*)是一篇很好的培养学生规划人生和指导就业的素材。要求学生写一篇“How to Win the Job Interview”的作文。

第四课(*Globalization*)是一篇社会和人类发展趋势、动向以及爱国教育的好素材。布置的作文题目为:How to Communicate in Global Village?

第五课(*The Pace of Life*)是一篇社会发展、人民生活的提高和节奏的改变,以及如何提高自身能力,跟上发展的节奏,不被淘汰的好素材。给出的作文题目为:The Pace of Life on Campus。鼓励学生自己做翻译,然后再给出笔者的译文,并且让学生对比译文之间的差异。

第七课(*The 9/11 Terrorist Attack*)无疑是一篇有关如何对待全球负面问题的素材。要求学生写出一篇作文:What Can Be Done to the Terrorist Attack?

3.3 转变教学观念和模式,采用符合中国特色、兼具传统文化及时代感的题材教学

课堂上,教师可以时常将党和国家的方针政策、国内外大事件及中西文化差异都及时用英语传递给学生,让学生既学到了英语表达,又对党和国家的大事、政策方针及中西文化背景都有所了解。例如,笔者常常在课堂上花5分钟时间让学生学习英文版的社会主义核心价值观、“两学一做”、“四有教师”、“六有学生”、“一带一路”倡议、“金砖国家”以及本校的校训等。采用的方式是“消化”。此外,笔者还要求学生每天了解一条国内外时事新闻,并能够用英语复述出来。这样,学生在学习英语的过程中既了解了国家大事和国际动态,又提高了英语口头表达的能力。再如,每逢不同的中外传统节日,如春节、元宵节、端午节、中秋节,以及母亲节、情人节、圣诞节、感恩节等,笔者都及时地对节日的文化背景进行信息补充,让学生进一步了解节日的背景知识、来源、庆祝活动等,并根据不同的节日让学生进行不同的语言练习。例如,春节时,将中国的一些吉祥话语教给学生,如金玉满堂、步步高升、吉祥如意、出入平安等的英文表达;母亲节时,要求学生每人给自己的母亲打一个电话或写一封英文的感谢信,以表达对母亲的养育之恩;端午节时,让学生去网上查找屈原的故事,并讲出粽子的来历等。

通过课堂上的种种活动，笔者对学生不仅输入了语言知识，还传递了不同的文化，以及正确的人生观和价值观，把有限的大学外语课堂变成素质教育、德育、教书又育人的阵地。实践证明，笔者的课堂教学实践取得了比较好的成效，被评为“受学生欢迎的优质课堂”。学期末，教学评价上有一位女生这样写道：“感谢老师让我了解了华科大的英文校训和内涵，知道了粽子的英文翻译和来历。我还平生第一次演出了英文话剧。”另一位学生写道：“老师，你在课堂上不仅教给了我们语言知识，还教会了我们许多做人的基本常识和应有的品质。我很幸运成为你的学生。”还有一位男学生写道：“老师，我从来没有对我妈说一句感恩的话，总觉得说不出口。我今天终于给我妈打了个电话，把对她的感激之情说了出来……”

4　结语

以上只是笔者个人在教学实践中的点滴。素质教育是一个很重要且漫长的过程，它就像煲鸡汤一样，需要很长的时间和掌握正确的火候。但是，鸡汤对人的身体乃至心智都是有益的，所以不管是学生，还是教师，都需要不时地喝点“鸡汤”。高校教师不仅自己需要喝“鸡汤”，而且还要学会煲“鸡汤”，给学生送“鸡汤”，有时候甚至是给学生灌“鸡汤”。

本章参考文献

[1] 百度百科. 素质教育[EB/OL]. [2018-08-25]. https://baike.baidu.com/item/素质教育/82439? fr=aladdin.

[2] 陈丽丽. 高职院校英语教学中的素质教育研究[J]. 辽宁高职学报，2018(7)：40-42.

[3] 褚远辉. 当代素质教育“误区”的研究综述[J]. 大理师专学报，2000(1)：31-34.

[4] 高亚杰. 素质教育概念辨析[J]. 赤峰学院学报：自然科学版，1999(2)：10-12.

[5] 黄保红. 大学生素质评价体系的重构研究[J]. 教育教学论坛，2018(33)：39-40.

[6] 黄一映. 新时代高校素质教育驱动新途径探析[J]. 科教导刊，2018(21)：3-5.

[7] 霍华德·加德纳. 多元智能[M]. 沈致隆，译. 北京：新华出版社，1999.

[8] 江泽民. 在全国教育工作会议上的讲话[N]. 人民日报，1996-06-23(5).

[9] 教育部高教司. 大学英语课程教学要求[M]. 上海:上海外语教育出版社,2007.
[10] 匡兴华,吴东坡. 关于素质教育几个相关概念的辨析[J]. 高等教育研究学报,2010(1):12-16.
[11] 李岚清. 在全国教育工作会议上的总结讲话[EB/OL]. (1994-06-17). http://www.jyb.cn/info/jyzck/200604/t20060407_14986.html.
[12] 李太平. 素质教育的概念与分类[J]. 教育导刊,2001(8):9-10.
[13] 林崇德. 21 世纪学生发展核心素养研究[M]. 北京:北京师范大学出版社,2016.
[14] 马克思. 资本论(第 1 卷) [M]. 北京:人民出版社,1975.
[15] 皮亚杰. 发生认识论原理 [M]. 王宪钿,等,译. 北京:商务印书馆,1981.
[16] 斯腾伯格. 成功智力[M]. 吴国宏,等,译. 上海:华东师范大学出版社,1999.
[17] 苏晓峰. 高中历史教学中实施素质教育分析[J]. 中国校外教育,2018(5):26-27.
[18] 眭依凡,王贤娴. 再论素质教育[J]. 中国高教研究,2017(8):30-35.
[19] 王婷. 大学英语课程英美文学对素质教育的作用[J]. 吕梁教育学院学报,2018,35(2):113-115.
[20] 习近平. 在北京大学师生座谈会上的讲话[EB/OL]. (2018-05-02). http://www.xinhuanet.com/2018-05/03/c_1122774230.htm.
[21] 徐冰冰. 从综合素质评价到核心素养评价[D]. 上海:华东师范大学. 2016:182.
[22] 徐永华. 浅谈高中语文教学中的素质教育[J]. 中国校外教育:中旬刊,2018(14):182.
[23] 许邦兴. 素质教育概念的新诠释[J]. 甘肃高师学报,2005(6):97-99.
[24] 颜婕. 试论大学生文化素质教育思想之创新[J]. 中国教育学刊,2015(2):264-265.
[25] 杨桦. 谈大学英语教学在素质教育中的作用[J]. 才智,2018(23):148.
[26] 杨峻. 试论素质教育与大学生素质结构和培养[J]. 兰州大学学报:社会科学版,1997(2):46-53.
[27] 袁芳. 新形势下研究生素质教育的探索与实践[J]. 曲阜师范大学学报,2018(3):120-123.
[28] 张珂琪. 学生综合素质评价的实践性研究[J]. 中国校外教育:上旬刊,2018(8):5-6.

第二章 大学英语课堂实施德育的理论和方法探讨

近年来，党中央先后召开了全国教育大会、全国高校思想政治工作大会和学校思想政治理论课教师座谈会，加强了对教育的管理，进一步明确了教师在教育中的主体作用，强调了德育的重要性。这和大学英语教学中对学生文化素养的重视是完全一致的。2007 年颁布的《大学英语课程教学要求》就明确提出了外语学习应该是提高学生综合文化素养的手段之一，各类高等学校应该增强外语教育的通识教育功能，实现外语教育培养学生国际视野、跨文化交际能力的作用。该提议得到了外语教育界的普遍支持，成为指导外语教学改革的重要思想，同时也给广大的外语教学工作者提出了如何有效地在外语课堂中实施人文素质教育，特别是德育的新课题。

国内教育现状引起了不少研究者关于学生人生观、价值观、世界观，道德情操以及中华文化欣赏水平和鉴赏能力培养等方面的关注。蔡永良(2011)认为，在课程设置和外语教育中，应该认真考虑西方文化和本国文化之间的关系，因为没有限制的外语教育，尤其是在学生民族文化意识尚未确立之前的外语教育可能会影响受教育者民族文化认知，不利于民族优秀传统文化的传承以及学生思想道德水平的提高。外语教师们应该首先在思想上重视语言教学的文化和道德教育功能，在实践中处理好语言知识的学习和文化信息摄入之间的关系，在学习材料的选择、课堂活动的安排、课堂氛围的营造等方面贯彻和落实培养学生道德水平，弘扬民族意识、爱国精神，引导学生形成正确的人生观、价值观和世界观。

从理论上讲，道德一般被认为是知(道德认知)、行(道德行为)、情(道德情感)和意(道德意志)的统一体(刘献君，1996)。道德的知、行、情、意互相关联，互相作用，形成一个有机的整体。道德认知和道德行为互为表里，道德认知是内因，要通过道德行为加以体现；道德行为是道德认知的外在体现，道德培养的目的是实现“知行合一”；道德情感和道德意志是实现道德认知转化为道德行为的内在动力(张宇等,2003;张鸿燕,2003;冯振业等,2003)。本章从道德的认知层面、行为层面和情感层面说明道德教育与语言教育之间的关联,阐明在外语教学中实现道德教育的必要性和可能性,并结合笔者对教学活动的反思提出在大学英语课堂实施道德教育的具体方法。

1 道德认知和语言文化认知

道德属于意识形态的范畴,属于文化中比较稳定、不易变动的层面,但是会影响人和人、人和社会之间的关系。道德认知的具体内容反映了文化的价值倾向,影响人的思想和行为,对社会发展方向起到调节的作用。在语言学习过程中分析不同文化的道德价值和道德范式,是文化学习的重要环节,是了解文化差异的有效途径。在外语教学过程中,可以通过课文相关话题的讨论,让学生了解中西方文化的异同,自觉吸收中西方优秀道德传统,强化道德意识,提升道德水平。

1.1 弘扬中华文化以家国为本位的道德取向

以家庭为单位是中国社会构建的基本特征,这和中国几千年的宗法制度的盛行是密不可分的,这是中国文化的重要社会基础。在中国人的传统观念中,个人价值是通过自己对家族兴旺的贡献来实现的。家族成员之间虽然依据年龄和辈分形成清晰的等级,但是基于血缘的纽带将家人和外人截然分开,形成了家族成员共荣共衰的命运共同体。国家相当于规模更大的家族集群,封建制度将国家和皇族的内部治理统一起来,形成"家国同构"的局面。在现代社会,以农耕文明为基础的封建制度虽然已经不复存在,但是通过儒家文化的传承,几千年的家族思想和"家国本位"意识已经根植于中国人的思想深处,成为中华文化重要的价值取向。这是中华文明历经磨难绵延数千年但仍然生命力强盛的重要原因,也是在新时代实现中华民族伟大复兴的力量源泉。

不同于中国以家国为本位的道德取向,西方的道德中更重视个人的力量和贡献。有些学者认为这是海洋文明和农耕文明的差异所在。在古希腊人和海洋的较量中,个人的生存取决于自己的勇气和力量。基于个人价值的个人英雄主义一直以来受到西方人的推崇和向往,他们希望依靠自己的力量和智慧追求成功和幸福。在西方人的观念中,个人的独立是高于其他价值的首要选择,不管是老人还是小孩,都要千方百计地争取自己在精神和经济上的独立自主。个人主义和自由经济的结合给西方近代文明带来了迅速的发展,创造了前所未有的繁荣,但是,个人主义的思想和观念也给人类带来了深重的灾难。20世纪的两次世界大战让广大人民遭受了前所未有的痛苦,无序的竞争带来的是环境的破坏和资源的急速消耗。因此，在21世纪的今天，如何在尊重人的基本权利和自由基础上，弘扬集体主义精神，把个人的发展和国家的命运相结合是值得深入探讨的话题。

实践举例：个人和国家

《全新版大学英语综合教程1》（季佩英等，2014）第八单元的课文 *Fable of the Lazy Teenage* 通过一个寓言故事讲述了Hanley一家五代如何从穷苦的爱尔兰移民一步步奋斗成为美国中产阶级，然后由于不重视教育，放任孩子懒惰、不学习，最后又滑落到社会底层的经历。该故事源于作者对美国青少年在学习上的惰性和怕苦、怕累的现状的思考。寓言的结局是美国出现社会倒退，在战争中被日本打败，科技产品都得从日本进口。同时，最后一代的Hanley生活在贫民窟中，没有暖气，没有自来水，没有隐私，在垃圾堆中觅食。为了让学生认识到个人前途和国家发展之间的关系，笔者设计了如下的讨论问题：

(1) What are the major factors that account for the rise of a nation?

(2) Why do Chinese people say the country's survival and prosperity concerns every individual?

(3) How do you think you can contribute to the development of our country in the future?

1.2 继承中华文化以德治国思想，同时学习西方文化的契约精神

儒家思想是中国主流意识形态，儒家教化的重要目的是培养君子人格，让人人都成为有道德、守仁义、讲大义的君子。中国文化的道德色彩源于儒家对于个人修身养性的重视。作为儒者的形象代表，孔子兼具温、良、恭、俭、让的品质，成为历代统治者宣扬的读书人形象典范。作为完美人格代表的君子一定是将"修身养性"作为第一要务。在中国封建社会时期，道德培养的主要目的是维护从家族中尊卑长幼的礼节到社会秩序的稳定，它是维系国家管理的重要手段。这种以德治国的模式要求从读书人的内省修身到对统治者的"内圣外王"的人格要求，无不把道德自觉作为首要前提，将立德作为最高价值追求。西方重契约的精神源于海洋文明中较早出现的贸易行为，也源于基督教中"神"和人的"盟约"。在商品交换和贸易中，承认货物之间价值等同的观念延续到贸易参与者之间平等互惠和信守诺言的精神。这种对"契约"的重视和遵从带来的法律体系的完善和守法精神的盛行。在今天的中国，经济形式和社会组织机构已经发生根本性的改变，现代社会中的人际交往和经济往来日益复杂和频繁，所以尽管以德治国的传统仍然有重要的现实意义和社会意义，但是基于契约精神的依法治国也应该被重视和落实。所以，在今天的大学教育中，一方面要鼓励学生继承中华文化以德治国思想，另一方面也要学习西方文化的契约精神。

实践举例:寝室生活

《新视野大学英语视听说教程3》(郑树棠,2014)第四单元的主题是community。寝室是学生直接生活其中的小型社会,是培养学生道德意识最好的场所。为了帮助学生学习很好地与他人相处,培养他们宽容、善良、关心他人的品质,笔者设计的讨论话题包括:

(1) How do you enjoy your dormitory life?

(2) What qualities can help to make a good roommate?

(3) What favor have you done recently to your roommates?

通过这些话题的讨论,学生会反思自己在寝室生活中的行为,进一步认识到自己的一言一行对寝室的氛围造成的影响,对室友的生活造成的影响。非常可喜的是,很多学生都能够或者希望自己能够关心他人,为他人和集体服务,尊重他人并被他人尊重。他们对模范室友的期望是:

(1) He will not disturb others, especially when they are sleeping or studying.

(2) He will be ready to help his roommates when they are in need.

(3) He will be considerate and be willing to sacrifice his own interests for others' good.

(4) He will be open and share his happiness and sorrows with his roommates.

另外,为了培养学生的契约精神,笔者将学生分成若干个小组,通过小组讨论制定寝室生活十条准则,并鼓励学生在日常生活中遵守这些准则,用实际行动帮助创建文明友好寝室,提升寝室生活质量,促进学生学习效率效率的提高。

1.3 拒绝平庸,敢于竞争

西方伦理传统强调冒险、竞争和创造,这是西方自文艺复兴之后能够冲破封建社会的束缚开启大航海行动、世界范围内的殖民活动以及后来的工业革命的原因。这些活动大大促进了人类文明发展的进程,带来了物质生活的极大丰富和生产效率的极大提高,同时也提高了西方国家在世界文明中的地位和西方文化的地位。与西方文化相反,中国传统的伦理思想一直把中庸之道作为行为模式的重要原则。中国人强调凡事不走极端,道家思想更是在赞誉自然无穷奥秘的同时强调人力在自然面前之卑微,提倡一切依循自然,以逍遥自在带来的精神快乐为人生追求的最高目标。儒家"中庸"和道家"清静无为"的思想有利于和谐人际关系的建立,但是其不利影响是容易导致人们在思想上的满足现状、不思进取,这对社会的发展进步有一定消极影响,特别是在知识爆炸的今天,社会的发展日新月异,国家之间的竞争空前激烈,所以在文化教育中有意地培养学生的竞争意识和敢为人先的精神显得尤为重要。

实践举例1:小组竞赛

在课堂教学中,笔者先后举行了单词竞猜、中国国情知识竞赛和中国历史知识竞赛。小组竞赛以学习小组为单位打分,要求每个学生积极参加,为小组的成功而努力,也要求组员之间分工协作,以最优的方式完成任务。比如,在单词竞猜中,一个学生面向自己的小组同伴而背向屏幕上的单词,他不知道屏幕上显示的是什么单词,他得认真听自己的同伴们给出的各种提示来尽快猜出屏幕上的单词,这就要求该学生不但词汇量要大,而且要善于领会同伴的意思,熟悉他们的发音。给提示的学生必须有巨大的耐心,设法让自己的提示简明易懂,设身处地地想象猜词者的困难。小组竞赛活动大大增加了小组成员之间的凝聚力,让他们学会了相互支持和鼓励,懂得合作的重要性。最重要的是,这也让学生在竞争中体会到了努力的成果和胜利的喜悦。

实践举例2:笔者的成功之道

《新视野大学英语视听说教程3》(郑树棠,2014)第一单元的主题是 Access to Success。为了能让学生发现自己的优点和成绩,笔者给学生布置的演讲作业是:How to be successful at high school? 该作业的目的是让学生回忆自己的高中生活,总结自己高中学习阶段的成绩和取得这些成绩的经验。有些学生说自己在高中时很失败,没有什么经验可谈,笔者鼓励他们善于发现自己的优点优和过人之处。经过思考和比较之后,学生给出了很多很好的答案。笔者又鼓励学生假期回母校主动跟高中老师联系,跟自己的学弟学妹们分享自己的学习经验,为他们即将面临的高考献计献策。以下是学生给出的有代表性的建议:

(1) Talk to the teachers frequently to report your progress and ask questions concerning the difficult points.

(2) Collect errors made in exercises and exams and practise them again and again so that you really understand the points.

(3) Play sports regularly so that you are in the best condition every day to study.

(4) Work together with your classmates and make progress together.

(5) If you are really tired, have a good sleep and wake up to work more efficiently.

(6) Do a lot of test papers and find your weaknesses and overcome them.

(7) Listen to music sometimes to release your pressure.

(8) Communicate with students who do better than you in exams and find out how they study.

(9) Make plans for weekends so that the time will be used more

efficiently.

(10) Read extensively so that you know more than what text-books can teach.

2 道德行为和语言行为

语言是社会的，人和人之间的交往促进了语言的产生和发展。语言能力的高低反映了人际沟通能力的水平。美国人类学家和社会语言学家海姆斯(D. H. Hymes)提倡用"交际能力"取代"语言能力"(刘润清，1999)，指出语言教师的首要任务是提高学生的交际能力。交际能力不仅包括学习者对语言本身的知识的掌握，同时还包括他或她在一个具有多种多样语言环境的社会中恰当地运用语言知识的能力。交际能力的一个重要方面是如何正确使用所掌握的词汇和语法知识完成预期的交际任务。比如，在具体的语境中应该说什么(即话题选择的问题)，就该话题应该说多少(即语量的问题)，这些方面涉及的是文化习惯和语用规则。语用规则的掌握和使用直接关系到交际目的的实现，因为语用规则直接反映了交际者的态度和人际距离，包括是否是礼貌的、是否是合作的等。这些规则往往是隐晦的，在特别的文化中是约定俗成的。英国语言学家Leech在心理学家对于"面子"问题研究的基础上，分析了在语言交往过程中人们大量使用间接表达方式的原因，并归纳出构成礼貌原则的若干准则，其中主要包括得体准则、慷慨准则、赞誉准则、谦虚准则、一致准则和同情准则(刘润清，1999)。这些准则的正确使用才能最大限度地维护良好的人际关系，有利于交际活动的完成，并且帮助人际互动朝有利于交际双方的方向发展。所以这些规则的学习和道德原则的内化过程是完全吻合、高度一致的。从这个意义上讲，语言实践实际上已经进入了道德实践的范畴。

2.1 得体准则和慷慨准则

得体准则要求说话人基于交际双方的社会地位和相互关系，选择合适的话语体现对这种关系的尊重，任何不利于相互关系朝良好方向转化的话语都有可能导致交际的中断，不利于交际任务的完成。慷慨准则本身更是体现了道德上的利他主义，它要求交际者在语言交际中时时考虑当前交际任务给交际双方带来的影响，以此作为选择合适句法结构来表达意思的前提。比如，如果当前交际任务要造成对方利益上的损失(耽误对方的时间或造成经济上的损失等)，那么说话者不仅要在语气上尽量表达自己的客气和友善，而且需要用特定的语言结构来明确表达自己的态度。

(1) M：Could you give me a refund? (你能给我退钱吗?)

W：I'm afraid I can't do that.（我恐怕不能这么做。）

在这段对话中，男士（M）要求女士（W）退钱给他，显然该行为将给对方造成经济损失，所以在表述时一定要非常客气和委婉，所使用的结构是“Could you...?”，而且语调要尽量表现出礼貌和宽容。

（2）M：OK. Would you mind calling him for me?

W：Of course not. I'll just call him.

在这段对话中，男士（M）请求女士（W）帮忙打电话，这无疑会给她增添麻烦，所以这里第一句使用了“Would you mind doing...”的结构来缓和语气，表示礼貌。

由此可见，在语言实践过程中，学习者必须培养对社会关系的尊重，了解交际双方应该具有的心理距离，并表达对对方利益保护的善意，维护良好的人际关系，并引导其朝有利的方向发展。

2.2 赞誉准则和谦虚准则

心理学家发现，其实人都具有共同的心理需求，希望得到别人的赞美和承认，不希望得到别人的批评和贬低。赞誉准则和谦虚准则对应的就是交际双方的这种共同心理倾向，它要求说话人多赞誉和表扬别人，发现别人身上的优点和长处，并用语言表达出来，以创造良好的人际关系和交际氛围，为交际任务的完成做好铺垫。

例如，在课堂上，笔者鼓励学生多表扬自己的同伴和小组成员。

（1）You look fine! Any good news?

（2）Your outfit is fashionable. I like it!

（3）Your English is good!

正因为这些句子有助于激发听话者的积极心理，有利于交际活动的开展，所以它们可以是交际活动理想的“破冰”话语。课堂交际活动的训练有利于培养学生用敏锐的观察力去发现周围环境和人的美好，并有意通过语言放大这些美好，让交际双方能够有积极的心理感受。这种训练无疑有利于在语言学习者中培养积极、乐观的心态和健康的人格。

2.3 一致准则和同情准则

道德修养的一个重要方面是同情心的具备和展现，这和语用规则的同情准则是一致的。一致准则和同情准则要求交际双方尽量表达一致的意见和感受，因为这有利于缩短交际者之间的心理距离，增强交际意愿。这就要求语言学习者在语言交际过程中要尽快弄懂对方的立场和观点，寻找彼此共同的思想和见解，通过这些共同点建立沟通的桥梁和纽带，让语言交际朝有利于完成交际任务的方向发展。

(1) You are right.

(2) I agree with you.

(3) This is also what I'm thinking about.

同情准则要求说话人在表达不同意见和观点时要非常谨慎,并使用交际策略,以避免破坏良好的交际氛围,导致交际任务无法完成的局面。

(4) You did very well in the interview, but unfortunately we're not going to offer you the position this time.

(5) As you know, we've made a thorough medical examination on you. The good news is that your physical condition is generally OK. I mean, there is nothing wrong with your heart or your brain, as you suspected... but there is abnormality in your gallbladder.

以上两个例子中,说话人都是先通过表扬和肯定创立良好的交际基础,然后用转折词 but 提醒听话人注意,后面会有不同的意见或负面信息的出现,让听话者有心理准备,尽量让不同意见和负面信息更易于被接受。

(6) M:I got the promotion.

W:That's fantastic.

别人被提升时,你应该表示开心并给予祝贺。

(7) M1:I'm afraid I've got some bad news.

M2:Oh, no. That's terrible! Are you OK?

当别人发生不幸时,听者应该表示同情和关切。

(8) Oh, dear, You'd better see a doctor.

当别人生病时,应表示自己的同情,并给出合理化的建议。

综上所述,语言学习过程本身就反映出说话者的道德认知,语言实践过程本身可以成为优良品质培养的有效途径。事实上,大部分道德品质,如真诚、刚强、乐观等都是在社会实践中发育和成熟起来的(章英,2004),而语言学习更是有意识、有目的的社会实践,会实现性格塑造的目的,取得意想不到的效果。在语言学习过程中,学习者同时学会了尊重他人、关心他人、与人为善、谦虚自律等重要品格,提升了人格魅力。

3　在语言活动中升华道德情感

道德情感和道德意志为道德认知转化为道德行为提供内驱力,因而在道德教育中应该格外受到重视。积极的情感体验不仅有利于学生性格的塑造和人格的培养,而且也是文化教育成功的必要条件之一。课堂教学表明,语言教师在课堂中必须实施情感教育，让学生快乐地学习，语言学习只有在轻松愉快的状态下才能达到最佳效果（王正平等，2018）。这一点在以“学生为主”的课堂尤为重要，因为在以学生为主导的课堂，教师只是引导者、评估者，大部分的课堂活动由学生自主完成，所以教师在活动设计和引导过程中如果不考虑学生的情感因素，学生会形成抵触的情绪，无法成为课堂活动的自主完成者，那么再好的课堂设计也只能是计划，无法变成课堂现实。相反，如果学生的兴趣得到激发，他们会积极参与课堂活动，在课堂任务的完成中实现语言交际和学生之间的情感交流，既提高了语言运用能力，又培养了相互合作的习惯，并体会到学习的成就感。目前，外语界已经有不少研究涉及如何在课堂中培养学生的积极情感，董文周等（2001）认为外语教师可以充分利用多媒体的声、光、文字、图像、色彩等方面的优势，最大限度地营造有效的课堂氛围，激发学生的积极性。周月朋等（2018）认为教师在教学中角色的转换是课堂情感教育和教学效果保障的基础。

3.1 教师和学生之间情感的交流

“亲其师，信其道”，教师和学生之间情感的交流有利于拉近他们之间的心理距离。学生从高中进入大学后，一个让他们很不适应的地方是和教师接触的时间大大减少了，因为高校教师除了教学之外，还要承担大量的科研任务，所以不可能像高中教师那样每天围着学生转。这种现象导致的结果是学生对教师有较强的生疏感，这既不利于课堂活动的开展，也不利于学生性格的发展。因此，对于大学教师来说，花更多的时间和努力去了解学生，拉近和学生的距离显得尤为重要。特别是学生的自主学习能力培养起来之前，教师需要了解每个学生，包括他们的语言学习经历、个性特征、未来愿望等，再实施分类管理和个别辅导，真正做到因材施教、个性化教学，让每位学生都能体会到教师的关怀，得到相应的指导，形成适合自己的语言学习模式。最重要的是，学生在教师的指导下提高了语言能力，形成了良好的学习习惯，感受到了语言学习的乐趣，体会到了成功的喜悦，这也有利于增强他们自信心，达到完善自己性格的目的。

实践举例：认识学生

开学第一周，笔者让学生写一篇 self-introduction，介绍自己，比如自己的家乡、母校、爱好、性格、家人、偶像、学习目标、未来打算等。收齐学生的自我介绍之后，笔者会认真阅读，做成学生档案。在学期的头几周，笔者会花时间仔细阅读并记住学生的个人特征，并尽快认识每位学生，由于能够熟练喊出学生的名字并找机会和他们聊到他们熟悉的话题，一下子拉近了和学生之间的距离，让学生感觉到了教师对自己的关心，使学生更愿意参加课堂活动，学生也会在课外主动跟教师交流。

学生自我介绍实例

My name is Zhang CY, which means I was born on a rainy day in spring. My birthday is April, 22. Different from most of the students in our class, I am not an only child in my family. I have a sister who is five years older than me. Both my father and mother are workers. Without their help, I wouldn't have become a freshman in this college. As for my sister, she always gives me advice on how to study English.

Next I would tell you something I like or dislike. First, due to the influence of my hometown, Luo Yang, which is famous for her long history, I like traditional Chinese culture very much, such as Tang poetry, Song Poems, diabolo and so on. Besides, my favorite sport is table tennis, the symbol of our country's sport. By the way, although I am a boy who has stayed in Luo Yang over 18 years, I prefer plum blossom to peony. This is also one of the reasons why I chose to study in a college in Wuhan.

Next, I will write something with regard to my English study. To be honest, I don't have enough interest in English learning. With the purpose of arousing my interest in English, I plan to read some classical works written in English. Considering that my spoken English is terrible, I would like to watch English movies and imitate the pronunciation of the characters in the movie.

Hope I will make progress in English and enjoy my university time.

3.2 学生和学生之间感情的交流

在"以学生为主"的课堂,学生之间的交流非常重要。为了完成课堂学习任务,学生经常需要分工协作,共同制订项目计划,讨论所遇到的困难和挑战,找寻解决方案。在完成项目之后,学生要在学生面前展示项目成果。这些活动的开展都需要学生彼此沟通、互相交流,这是他们沟通思想、互相了解、相互学习、共同提高的大好机会。在语言学习的这个社群中,学生不仅学会语言知识,而且体验到了学生之间情感的交流,可以学会如何倾听别人的观点、如何咨询别人获得帮助、如何在尊重别人的前提下表达不同的意见、如何解决冲突和矛盾,以及如何在小组营造良好和谐的氛围,让每个成员有积极的情感体验。

实践举例 1:课堂调查

笔者设计的所有课堂调查主题一定是和学生生活密切相关的。比如在第一学期的一次课堂调查中,笔者设计的问题是:

(1) How can university students manage their time properly?

(2) How can university students manage their money reasonably?

(3) How can university students overcome their addiction of computer games?

(4) How can university students strengthen their motivation of learning?

调查者任意选择一个话题,采访班上至少5名学生,然后将采访的结果进行总结和归纳,并在课堂上进行汇报。笔者鼓励学生特别要采访自己不太熟悉的同学,去了解他们的思想和观点。学生的反馈是,每次采访都能搜集到一些非常新颖的观点,也可以发现学生的独特之处,从被调查者那里学到很多东西。该活动促进了学生之间的了解,有益于学习共同体的建立,也有利于课堂有效沟通的进行,让学生认识到自己不是在孤身奋战,而是和很多学生一起朝共同的方向前进。

实践举例 2:小组辩论

在小组辩论之前,笔者给学生讲清楚辩论的程序和规则,思维敏捷和观点鲜明固然重要,但是对规则的遵守和对对手的尊重同样重要。要成为一个好的辩手,学生必须学会仔细聆听、用心领会、抓住逻辑、寻找漏洞。在此过程中,批判性思维的运用非常关键,同时,学生还要学会尊重不同的观点,学会用适当的方式表达不同的观点和提出批评,并且学会控制自己的情绪,做一个成熟而理性的人。

3.3 创设情感课堂

课堂环境和教学工具的使用不仅可以极大地改进教学效果,而且可以让学生得到美的熏陶,培养高雅的情趣,获得丰富的情感体验。多媒体在课堂的应用在美育方面的功能十分强大。美丽的图片不仅能辅助传达教材课文主题信息,而且让学生在视觉上感受到信息的真实性,让人耳目一新,大大地增强了信息的可接受性和在头脑中的可持续性。一部电影更有声、光、电等媒介的综合运用,让学生体验到电影角色的喜、怒、哀、乐,深刻体会作品的主题思想。在电影欣赏基础上的角色表演更是让学生再现电影情景,充分发挥自己的想象力和创造力,通过声音、动作、表情等传递信息,表达情感,展示他们的表演才能,并有效锻炼了学生的勇气和自信心。所有这些活动不仅可以帮助学生有效学习语言知识,而且可以帮助教师在课堂上实现情感教育,让学生感受到美的熏陶,极大地愉悦学生的性情,丰富他们的情感体验,这都是道德情感教育的有效方法。

实践举例 1:演讲

演讲是练习英语的非常有效的方法,同时也是培养学生表达自己思想和情绪的绝佳途径。演讲是一个综合性的活动,一个好的演讲要主题鲜明、有理有据、有事实、有情感、声情并茂。为了让学生能做好演讲,笔者先让他们观赏学习名人演讲，从词汇的选择、句式的安排、修辞的运用、音量的高低、体态和手势的使用等方面学习成功演讲者的经验。然后在真正开始演讲之前，给学生大量的鼓励，以消除他们的紧张。一个好的办法是从最优秀的学生开始，他们精彩的表现、流利的英语、自信的态度都会起到示范作用，可以激励其他学生走上讲台，开始自己的尝试。开始的时候，大部分学生会紧张，不敢看台下的听众，甚至声音都是颤抖的，但是经过几轮的训练之后，大部分学生开始享受演讲的过程，不但演讲语言词汇丰富了，演讲水平上升了，而且还加上了动作和表情，人也更自信了。

实践举例 2：音视频的使用

音视频对于教学效果的改善能起到很好的作用，特别是用在读前活动中能很好地调动学生的兴趣，引起学生的共鸣。比如，在《全新版大学英语综合教程3》（季佩英等，2014）第八单元的 Warming-up 部分，笔者先播放了电影 *The Sixth Day* 的片段，让学生很快地了解了科幻片中克隆人和自然人之间可能的冲突和矛盾，然后引出如下的问题让学生思考：

(1) Do you want to be cloned? Why or why not?

(2) How can genetic engineering benefit humans and improve their life?

(3) Why so many people are against human cloning?

音视频文件以其独特的方式激发了学生的情感，不仅让所学的内容更容易理解和吸收，而且能让学习过程变得轻松、愉快，有利于培养学生的美感。

实践举例 3：角色表演

读后活动中的角色表演不仅能加深学生对课文语言知识的学习，而且有益于学生的情感体验。比如，《全新版大学英语综合教程3》（季佩英等，2014）第六单元课文 *The Last Leaf*（《最后一片叶子》）讲述了一位好心的老艺术家贝尔曼（Bahrman）为了挽救年轻画家琼西（Johnsy）的生命而冒雨在寒冷的夜晚描画最后一片树叶的故事。学生在表演这个剧的时候不得不进入不同角色的内心，感受他们的生活。比如，好朋友苏（Sue）在琼西生病时候的焦虑、伤心和小心翼翼，而贝尔曼在硬朗的外表下其实有一颗柔弱的心。为了把这些情感表现得淋漓尽致，学生必须运用自己的声音、表情、动作等手段来传递信息。在表演的过程中，学生的情感得到升华，内心也得到净化，能起到道德提示的作用。

4　结论

综上所述，在大学英语教育中实施德育有其认识论的理据，因为外语教育和德育在文化教育的内容上有一致性，中西文化对比既是语言学习的一部分，也是道德教育的环节，语言文化知识的学习可以成为强化道德认知的途径。外语教育和德育在实践中的结合是彼此促进的，因为语言交际过程中语用规则的使用本身就是道德行为的实施过程，学习者在语言交流过程中培养了人际沟通的敏感性、人际距离的心理真实性，并在有意无意中提高了道德品质。另外，在外语课堂丰富多彩的活动中，学生的道德情感得到了升华。正是由于大学英语课堂具有了强化道德认知、实践道德行为和提升道德情感的功能，所以它能够也应该和德育紧密结合，成为学生思想文化素养提高的重要阵地。大学英语课堂中，学生的积极情感体验、道德行为转化模式、道德认知的变化等方面都值得深入研究。

本章参考文献

[1] 蔡永良．关于我国语言战略问题的几点思考[J]．外语界，2011(1)：8-15.

[2] 教育部高等教育司．大学英语课程教学要求[M]．上海：上海外语教育出版社，2007.

[3] 董文周，孙凯．多媒体与外语教学改革[J]．外语电化教学，2001(80)：30-33.

[4] 冯振业，刘世丽．战后美国公民嬗变及启示[J]．外国教育研究，2003(4)：26-28.

[5] 季佩英，吴晓真，陈进．全新版大学英语综合教程 3：教师手册[M]．上海：上海外语教育出版社，2014：206-209.

[6] 刘润清．论大学英语教学[M]．北京：外语教学与研究出版社，1999：156.

[7] 刘献君．大学德育论[M]．武汉：华中理工大学出版社，1996：21.

[8] 王正平，林雅静．立德树人：教育伦理的根本原则[J]．道德与文明，2018(4)：111-118.

[9] 张鸿燕．儒家伦理与新加坡的公民道德教育[J]．外国教育研究，2003(4)：36-40.

[10] 张宇，夏晓虹．中国传统文化与当代素质教育论纲[J]．山东大学学报：哲学社会科学版，2003(1)：83-86.

[11] 章英．略论素质教育[J]．大众科技，2004(2)：21-23.

[12] 郑树棠．新视野大学英语视听说教程 3：教师用书[M]．北京：外语教学与研究出版社，2014：32-34，140.

[13] 周月朋，丁兆明．高校教师推进“课程思政”建设主体作用研究[J]．北京教育，2018(11)：77-79.

第三章　读写结合写作任务模式下大学英语教学中德育渗透——以《全新版大学英语综合教程》第3、4册为例

古人云："小赢于智，大赢于德。"道德之于社会和个人的重要作用已成公论。众所周知，每位高校教师都担负着立德树人的重任，英语教师更是如此。大学英语教学作为高等教育的有机组成部分之一，是所有在校生的必修课之一。在英语教学中渗透德育的重要性、必要性以及可行性得到了国内外研究者的一致认可(Shaaban，2005；刘丽玉等，2007；李朝红，2012；唐红，2013)，这些研究成果为一线教师的教学实践提供了指导。但针对上海外语教育出版社出版的《全新版大学英语综合教程》(以下简称《综合教程》)第3、4册进行道德教育渗透的实践研究未见报道，通过读写结合的方式在大学英语教学中渗透道德教育的实践更是阙如。《综合教程》第3、4册具有丰富的人文内涵，是道德教育的重要载体。在英语教学中，"除了课堂活动设计，学生写作是体现语言能力和道德教育效果的基本途径"(冯德正，2015)。鉴于此，本章以《综合教程》教学为例，通过仿写、改写、续写和写阅读感受等"读写相结合"，以学生为主体的方式将道德教育有机地渗透到大学英语教学中，以期达到英语教学工具性与人文性的双重属性协调统一的教学目标。

1　道德教育、高校育人与课程教学

德育是道德教育(moral education)的简称，由英国哲学家 Herbert Spencer 在其著作《教育论》(1861)中首次提出。从此，"德育"一词风靡全球。该词于1904年传入中国，被王国维和蔡元培等引用到他们对人的全面教育主张中。尽管"德育"一词在不同国家和地区的外延不尽一致，但教育界对其内涵的看法基本一致，即德育是培养受教育者道德品质的活动(Nucci，1987；Shaaban，2005)，是"指向人的德性培养的教育"(朱小蔓等，2002)，是"与个人品行、德性相关的教育"(叶澜，2001)。本章主要采用的是该词的内涵定义，即道德教育的基本内

容包括诚实守信、责任心、爱国、热爱生命、感恩等道德品质。

重视道德教育是古今中外教育的普遍现象，道德教育之于育人和造就良好的国家公民的重要性已成共识。道德教育是高校培养高素质人才和公民教育不可或缺的部分，不论是发达国家还是发展中国家，都看到了高校道德教育的必要性及其迫切性，将德育渗透到各学科教学中的重要性得到了广泛认同。美国知名高等教育家、哈佛大学前校长 Derek Bok(1990)特别强调大学道德教育的重要性，他认为美国高等院校不仅考虑传授学生在一个高度信息化、技术化和全球化市场所需的知识和信息，还应考虑培养学生未来作为全球和地方公民所需的道德规范，从而更好地服务于公共利益。他呼吁美国著名高校在他们的课程中融入培养学生履行社会责任所必需的道德和公民教育的要素，为其他高校起示范作用。美国高校采用了多样化的途径和方法进行道德教育，在课程教学中渗透道德教育就是其中的一个重要途径，如学者张晓明(1992)所言，“专业课程是每个大学生的主修科目，美国大学注意在专业教育中渗透道德教育。其方法是对每一门主修专业，都要从历史社会和伦理学的角度学习和研究”。美国教育学家托马斯·里克纳(2001)认为，“学术课程在价值观培养方面的作用是一个沉睡的巨人”。国内不少学者也强调大学专业教师应肩负德育重任，发挥课程教学在价值观培养方面的重要作用。江庆心(2007)指出，“高等教育应注重引导青年学生确立正确的人生观和价值观，这不仅仅是思想政治教育的使命，也是应用基础学科和专业学科的教育重任”。总体而言，研究者发现，“有效的德育应该是融合在课程教学中”(Nucci,1987)。

《国家中长期教育改革和发展规划纲要(2010—2020 年)》也要求坚持德育为先，立德树人，加强理想信念教育和道德教育，把德育渗透到教育教学的各个环节。该纲要对高校学科教学有着很强的指导性。高校教师在从事课程教育活动时，都应将道德教育有机融入学生专业学习的各个环节，进行有效渗透，达到教书育人之目的，为社会培养德才兼备的公民和人才。

2 道德教育应被纳入大学英语课堂教学目标

2004 年，中共中央、国务院发出《关于进一步加强和改进大学生思想政治教育的意见》，强调指出：“高等学校各门课程都具有育人功能，所有教师都负有育人职责。”教育部高等教育司 2007 年发布的《大学英语课程教学要求》指出，“大学英语课程不仅是一门语言基础知识课程，也是拓宽知识、了解世界文化的素质教育课程，兼有工具性和人文性”。道德教育具有鲜明的人文性特征，是素质教育的核心。结合《国家中长期教育改革和发展规划纲要(2010—2020 年)》，大学英语教师应在培养学生听说读写能力的教学中融入道德教育，肩负起育人的责任。

然而，道德教育在大学英语课程的设计和教学实践中往往被忽视，大多数教师在大学英语教学过程中十分重视语言知识的传授和语言技能的训练，而轻视对学生的德育和价值观的引导，其主要原因“一方面是觉得这不是英语教师的分内之事，另一方面认为大学生已是成年人，思想已趋成熟。正是这种认识上的不足，使得德育在大学英语教学过程中没有给予足够的重视，德育这一环节显得比较薄弱”（吴亚萍，2007）。

大学英语作为一门必修的语言课程，不能被看作单一的语言教学活动，“不仅要体现英语的工具性特征，而且更要发挥其特有的人文优势”（成镇权，2008）。英语作为交际工具和人文价值观载体，将道德教育融入大学英语课程“不仅能够推动外语教育发展，而且对于提高学生人文道德素养具有重要意义”（冯德正，2015）。大学英语教学的任务不只是培养学习者的语言技能，它的教育功能还应当体现在对学生的德育培养。大学英语教师在教学中有意识地渗透道德教育是极其必要的。教师应结合教材中的文章因势利导地对学生进行爱国、责任心、奉献、感恩等方面的思想情感教育，将语言技能的培养与德育有机结合，提高学生的全面素养。

在ESL（English as a Second Language，以英语为第二语言/外语）或是EFL（English as a Foreign Language，非母语的英语教学）教学中渗透德育是国外学者关注的焦点（Pereira，1993；Ghaith 等，1994；Anderson，1996；Brown，1997；Johnston 等，1998；Shaaban，2005）。Pereira 认为公民教育应该渗透到美国学生的 ESL 课程中，他从五个方面探讨了渗透的方法，即需要和目标、内容和课程材料、合作学习、外部资源支持人、为教师提供资源的国家组织。Ghaith 讨论了在 ESL/EFL 课堂中进行和平教育的课程与教学的框架设计。Brown 等论述了如何在语言教学中处理道德和政治问题。Johnston 等（1998）对 ESL 教学中的道德维度进行了研究，论述了 ESL 教师在道德教育中的中介作用。特别值得一提的是，Shaaban（2005）指出，在 ESL / EFL 教学中渗透德育会帮助学习者提高他们的语言和认知技能、社会意识、情感健康水平、批判性思维和宽容的世界观。这与 ESL / EFL 教学的目标是一致的。他还从价值观实质、语言技能、学习效果、教学资源、教学活动、教学指导和评估方法等方面提出了具体的道德教育综合框架。

大学英语教学的工具性和人文性的结合近几年受到越来越多国内学者的关注。研究者认为，只有将二者有机结合，才能培养高素质的外语人才。语言是表达思想的工具，而道德教育必然会反哺学生的语言能力。国内不少研究者探讨了在大学英语教学中渗透道德教育的途径、方法和功能，既有理论的指导，也有具体的案例实践分析。

杨建中(2005)论述了在大学英语教学中进行德育的必要性,强调大学英语教学中的德育首先要立足于教材,介绍了道德教育的途径,并提供了道德教育的具体操作策略与实践体会,具有一定的参考意义。刘丽玉等(2007)指出,教师在英语教学过程中应把握好德育渗透的路径,着力发掘教材所蕴藏的人文精神和道德价值,既“教书”又“育人”,但也要握好关联性、适度性、针对性的原则,避免说教,否则适得其反。该文为高校英语教师的道德教育实践提供了具体指导,特别是教案设计方面,真正做到工具性和人文性的有机统一。伏春宇(2011)对当前大学英语教师在教学中实施德育的现状进行了详细分析,并以《大学英语课程教学要求》为纲要,阐明了德育在大学英语教学中的重要性,提出了在大学英语教学中实施德育的重要依据,分析了德育的两个特性和六大功能,为提升德育在外语教学中地位奠定了理论基础。李朝红(2012)对大学英语教学的德育隐性功能进行了探究,指出教师在教授语言知识的同时可适时渗入道德教育,并提出了一些具体的践行策略,如通过建设优秀的一线教师队伍、打造灵活多变的外语教学课堂、培养良好的思维习惯和强调文化的传承与比较等。石书蔚等(2012)认为,在高校英语教学中,渗透德育是素质教育的客观需要,并对教师如何实施德育渗透提出了建议,涉及教师思想认识和自身修养的提高等方面。唐红(2013)论述了大学生德育的重要性、必要性以及可行性,并以《大学体验英语综合教程 2》为例探讨了大学英语教学中德育渗透的有效途径,即教师通过课文中蕴含的道德精神因势利导地对学生进行道德教育。张金茜(2015)则采用定量与定性研究相结合的方法,如国际比较、问卷调查、访谈和文献法等系统详细地分析了中国和新加坡大学英语教学中的德育渗透之异同,指出了中国大学英语教学中德育渗透存在的问题,介绍了新加坡大学英语教学德育渗透的成功经验。冯德正(2015)以系统功能理论为基础,探讨了如何在英语教学中利用多模态资源实施人文道德教育,提出并阐释了基于多元读写理论的正面价值观多模态建构理论框架。他指出,“与道德教育研究提出的笼统课堂教学原则相比,多元读写理论为有效设计道德教育提供了更具操作性、实践性的方法。多元读写的道德教育分为实景实践、明确指导、批评框定、转化实践四个步骤”。该文为高校英语教师有效设计道德教育提供了理论和指导,给出了更多的启示和建设性意见。

尽管将道德教育融入大学英语教学的理论与方法都还在探讨发展之中,但是以上研究为大学英语教师实施道德教育实践和研究提供了一定的启发和指导,有助于帮助大学英语教师转变语言教学观念,提高对德育的重视度和认知度,开发英语学科的德育功能,探索实施道德教育渗透的方法和途径,增强大学英语德育渗透的针对性和实效性。

3　读写结合写作任务模式下大学英语教学与道德教育的结合

关于在大学英语教学中渗透道德教育的途径，学者们所提供的路径概括起来主要有以下几个方面：

(1) 充分利用教材，深入挖掘教材中的德育元素，寻找合适的道德教育切入点，如在讲解单词和分析课文中心思想时进行德育渗透；

(2) 灵活多样的课堂教学环节设计；

(3) 建立多维评价体系；

(4) 提高教师自身的道德修养，树立"以人为本"的正确教育观。

通过读写结合的方式在大学英语教学中进行具体的德育渗透实践，有关这方面的课堂设计和实践研究不多，有待进一步探究。

大学英语读写结合写作任务模式的效果得到了学界的肯定(王天发，1998；张新玲，2009；纪小凌，2009)。研究表明，这种模式对学生阅读能力、写作能力以及写作抽象思维发展的影响都有促进作用。那么，如何利用"读写结合写作任务"模式在大学英语教学中进行有效的德育渗透？目前学界仅有冯德正(2015)在研究中采用多元读写教学法，详细介绍了在英语课堂教学中具体实施道德教育的教学模式与步骤。虽然他在研究中仅笼统地提到英语课堂，并未特别提及大学英语教学和大学生群体这个教学对象，但他提出的以下四个教学要素值得借鉴：

(1) 实景实践，将英语教学置于真实语境之中；

(2) 明确指导，指导学生如何在真实语境中创造性地建构意义；

(3) 批评框定，读写能力与社会价值观、意识形态等不可分割，而批评框定就是使学生在实景实践中通过教师的明确指导，了解语篇中的价值观与意识形态；

(4) 转化实践，学生不仅能够熟练应用所学知识，而且能够超越所学知识，创造性地解决问题。

笔者拟借鉴冯德正(2015)提出的道德教育教学模式，同时针对大学英语教学的目标，采用读写结合写作任务模式，特别是仿写、改写、续写和写阅读感受等方式，在设计读写结合写作任务时，尽量设置真实语境，指导学生的价值观建构，引导他们汲取思想营养，并在日常生活中努力践行，以期探索在课程教学中有效进行道德教育的路径。

4 读写结合写作任务模式下道德教育实践

基于《综合教程》第 3、4 册的内容，开展了英语教学与道德教育实践。《综合教程》第 3、4 册蕴含着丰富的人文思想，笔者在备课环节中有意识地设计道德教育目标，以重视学生主体地位为基础，挖掘课文中的人文价值与道德教育因素，采取仿写、改写、续写和写阅读感受等"读写相结合"的方式有效设计道德教育元素，对学生进行德育渗透，以达到英语教学与德育的双璧合一的目的。

4.1 课文仿写与爱国主义教育的结合

爱国主义教育是德育的重要内容，是提高全民族整体素质的基础性工程，也是引导大学生树立正确人生观和价值观的重要工作。尽管当代大学生的主流思想是积极向上的，但也有部分学生理想信念淡薄。笔者在英语教学中尝试将语言技能训练和爱国主义教育有机结合，要求学生用英语讲述中国的抗日战争和革命先烈的事迹，培养学生的爱国主义情怀。现以《综合教程》第 3、4 册中的两篇课文教学设计为例，来说明如何在大学英语教学中渗透爱国主义教育。

The Freedom Givers 是《综合教程 3》第二单元课文，主要颂扬了帮助美国黑人摆脱奴隶制、追求自由人权的三位默默无闻的"地下铁路"英雄。这三位英雄中既有不甘于被奴役的黑人，也有以"人生来平等"为信仰的白人贵格教徒们。这是一篇有着丰富人文内涵的课文。在教学设计中，笔者首先让学生预习课文，提出问题。班长统一收齐学生的问题后提前发给笔者。学生提出的问题，既有语言层面的，也有主题篇章方面的问题。其中，学生提出三个问题特别有深度，涉及课文语篇的深层主题：

(1) What's the link among the characters the author mentioned?

(2) Why does the author organize the passage in this order?

(3) What made the Quaker keep helping the fugitives along with so many threats?

课文涉及了 Bordewich、Barbara Carter、John Parker、Levi Coffin 和 Josiah Henson 五个人物。笔者首先引导学生分析这几个人物之间的关系。作者肩负着讲述那些默默无闻的"地下铁路"英雄们的故事，并且让他们的事迹重放异彩的重任，特别是 John Parker、Levi Coffin 和 Josiah Henson 三位英雄的故事，"For the heroes of the Underground Railroad remain too little remembered, their exploits still largely unsung. I was intent on telling their stories"。Barbara Carter 是 Josiah Henson 的曾孙，她以她先辈的事迹而骄傲，对家族历史进行了追溯，对先辈的精神进行了践行。作者为了更多地了解 Josiah

Henson 而与 Barbara Carter 联系，Barbara 是“my guide back to a time when the surrounding settlement in Dresden, Ontario, was home to a hero in American history”。尽管 Barbara Carter 和作者以及三位英雄处于不同的时代，却因“记忆”和“薪火相传”而处于同一时空、一个并置的世界，并不是简单地从过去到现在的世界。引导学生弄清人物关系后，笔者将话题又进一步引到“铭记历史”“不忘初心”的意义。学生也明白了作者叙述安排的匠心独运，关于文章谋篇方面的疑惑迎刃而解，对课文的理解也随之加深。对于学生的疑问，为什么不少白人冒着生命威胁帮助黑人获得自由，笔者采取了类比的方式让学生理解“信仰的力量”。虽然课本给出的答案是那些白人“受到了宗教信仰的感召”，但由于中西文化的不同，学生对此不甚理解。笔者便列举了我国革命先烈因“共产主义信仰”不畏威逼利诱，抛头颅、洒热血的故事，学生不仅理解了课文内容，也受到了爱国主义教育。

帮助学生理解课文的深层语篇和主旨后，笔者因势利导地引导学生分析作者是如何讲述三位民权斗争英雄的故事。作者选取了具有典型性和感染力的横切面，以细致详尽的笔墨，把读者带入那段历史之河中，让他们穿越时空，身临其境地感受了那些为争取人身自由所做的努力和当时的情感表露。学生对作者的叙事手法有了深入理解，特别是关于 Josiah Henson 的故事的讲述。然后笔者布置作业，让学生以“信仰的力量”为题，模仿课文写他们耳熟能详的革命先烈的英雄事迹，如刘胡兰、瞿秋白、方志敏等，并要求他们在作文结尾段点题。学生的点题令人印象深刻，说明他们受到了革命先辈事迹的启示和教育。现选取学生的部分点题为例：

(1) It is the power of faith that enables the revolutionary martyrs to pursue their noble ideals with tenacity when facing death threats.

(2) The happy life we live now is earned by the older generation of revolutionary martyrs who sacrificed their lives. We should not only cherish it, but also inherit their spirits and carry the fire.

(3) It is crucial for us college students to have a firm belief both at the individual level and at the national level. The firm belief allows us to overcome difficulties in our daily life and academic learning, to build confidence when confronted with adversity, and not to be overwhelmed by the setbacks of life.

笔者在教学设计时并没有将教学范围局限于语言层面，而是引导学生深层次理解和提炼文章内涵，感受与模仿文章写作手法，在写作中提高思想认识。

另外的一个教学案例涉及《综合教程 4》第一单元 *The Icy Defender*（《冰雪卫士》）。该文主要分析了拿破仑和希特勒分别在 1812 年和 1941 年入侵沙俄和苏联皆遭惨败的原因。课文对战役的描写极为细致，因此，笔者在教学时，给学生设计了仿写的任务，让他们以组为单位，用下列所学的课文词汇和表达仿写这些重要抗日战役：淞沪会战、平型关战役、忻口战役、百团大战、黄土岭之战与湘西会战。

devastating (L. 5)
launch (L. 7)
might (L. 8)
mow down (L. 9)
campaign (L. 10)
conquest (L. 16)
toll (L. 116)
close in (on/upon) (L. 76)
desperate (L. 78)
siege (L. 81)
bring to a halt (L. 91)
offensive (L. 92)
turn the tide (L. 102)

现选取学生根据要求仿写的"百团大战"作文为例：

The Hundred Regiments War (August 20th-December 5th, 1940) was a large-scale offensive launched by the Communist Party of China's army, the eighth route army in Northern China against the Japanese-held cities and the railway lines linking them. The commander in chief was Zhu De. The main force of the eighth route army was composed of more than 100 regiments and about 300,000 soldiers. The war consisted of three stages.

The first stage last for 20 days from 20th August to October 10th whose central task was to mow down the Japanese main traffic, Zhengtai railway lines. The eighth route army devastated the enemy's numerous strongholds built on major railways in northern China. The Jin-cha-ji military area command and 129 division were mainly engaged in devastating the Zhengtai railway lines. They blew up bridges and tunnels, and ripped up track. Japanese railway lines were brought to a halt and the enemy's might was weakened.

In the second and third stages of the campaign, the eighth route army continued to engage the Japanese troops and sweep away enemy strongholds on both sides of the railroad lines and inside the revolutionary base areas although the Japanese troops counter-attacked desperately. The CPC's army turned the tide and smashed the large-scale retaliatory "mopping-up" by the Japanese.

On December 5th, the Hundred Regiments War ended with a brilliant victory for the CPC's army. In this campaign, the CPC's army has engaged the Japanese troops 1,800 times, removed about 3,000 enemy strongholds. The casualties for the Japanese reached 20645 persons, captured more than 18,000 Japanese men and seized a large number of military supplies.

不少学生在作文结尾写到了他们的感悟，如"Don't forget the anti-

Japanese war and learn from it","Being familiar with the anti-Japanese battle made me have highly patriotic feelings" ,"We should do our contribution to the great rejuvenation of the Chinese nation "等。该学习任务的设计不仅让学生理解和掌握了课文的精彩表达、语篇结构和写作方法,还让他们在搜集资料和写作过程中,对中国的抗日战争历史有了深入的了解和感悟。他们重温中国抗日战争历史,自然而然地接受了爱国主义教育,认同本国的文化价值观念,增强了他们的国家认同感、文化自信和爱国主义情怀。语言是表达思想的工具,而思想决定了语言表达的高度。只有工具性和人文性结合的教育才能建立学生的道德感和对人类的责任。此教案的设计让学生"通过语言工具的使用达到某种精神进化和思想提高的目的"(蔡基刚,2017)。

4.2 课文改写与感恩教育的结合

感恩是人文精神的重要内涵,它不仅是个人的一种生活态度,更是做一个社会人最基本的道德准则,是公民必备的素质。"感恩意识是每个大学生都应具备的基本道德原则。感恩教育应该成为高校德育的重要组成部分"(邓永超,2006)。《综合教程3》第五单元的课文 *Writing Three Thank-You Letters*(《写三封感谢信》)是由美国著名作家亚历克斯·黑利(Alex Haley)根据自己的亲身经历所写。作者于第二次世界大战期间在海岸警卫队服役时,恰逢感恩节,在这个令他倍感孤独的日子,他开始认真思考感恩节的真正意义,因为对多数美国人而言,这个节日已失去其原初的意义,变成大吃大喝、看橄榄球比赛的日子。黑利决定给父亲、奶奶和他的一位小学老师写感谢信,以此来体会感恩的真正含义。

笔者在进行这一课的教案设计时,首先引导学生细读文本,读出深层含义,然后通过改写的方式将语言技能的培养同德育有机结合。课文的第一段给出了详细的细节描写,但学生往往容易忽视这些细节。所以笔者注重引导、启发他们领悟这段的深层含义,感受文字所传递的信息和情绪。课文第一段的原文如下:

It was 1943,during World War Ⅱ,and I was a young U. S. coastguardsman. My ship,the USS Murzim,had been under way for several days. Most of her holds contained thousands of cartons of canned or dried foods. The other holds were loaded with five-hundred-pound bombs packed delicately in padded racks. Our destination was a big base on the island of Tulagi in the South Pacific.(李荫华等,2014)

这些细节暗示了战事的严峻性以及作者可能与家人永别的可能性。学生也理解了"及时感恩"的意义。黑利在该文中并未直接展示三封信的原件,而是概述了其主要内容。首先,笔者让学生在课文中找出表达感谢的词汇,如

particularly and lastingly helpful to me, heartfelt appreciation and gratitude, sprinkle my life with stardust, give me insight into sth. 等。笔者布置了让学生在课堂上完成 10 分钟快写的任务，将概述的内容以信件的方式改写，可以结合对自己父亲、奶奶和小学老师的感恩之情来填补作者未言的内容。

现选取两篇学生的改写作文为例。

学生作文 1

Dear Dad,

I recall how much you've done for me when I am at sea this Thanksgiving. I really want to convey my gratitude to you on this special day.

Thank you very much for leading me into the world of books. Your love for reading books has a great influence on me. Exposed to the atmosphere of peaceful reading, my passion for reading increases gradually and then reading becomes a habit.

Thank you again for cultivating my reading habit. Words fail to express my sincere appreciation.

Your loving son,

Alex

学生作文 2

Dear grandma,

On this special day Thanksgiving Day, I am writing to express my heartfelt appreciation to you. When I began to compose my letter, memories of happiness flooded into my mind. You used to teach me how to be honest, to be empathetic, and to be tolerant and considerate of others, which exerts great influences on my life. What's more, you also taught me how to cook, sprinkling my life with stardust.

No words can express my appreciation to you. Best wishes to you! And I will come to see you soon.

Love,

Alex

以上两篇例文表明学生把握了文章的中心思想，掌握了关键表达，展开了合理的想象和联想，感恩之情自然流露。

4.3 课文续写与正面价值观培养的结合

当代大学生生活在一个消费主义盛行的时代，他们面临着诸多诱惑和挑战。利用英语课文中蕴含的正面价值观来引导学生养成正确的价值观和消费观,纠正和引导消费主义给他们带来的负面影响,如拜金主义、享乐主义和极端个人主义等,是英语教师不可推卸的责任。《综合教程3》第一单元的课文 *Mr. Dohetty Builds His Dream Life*(《多尔蒂先生创建自己的理想生活》)就是这方面很好的教学资源。该文主要叙述了作者的乡村生活,既有安宁与闲适,也有孤独和艰辛。但作者的乡村生活锤炼了这些品质:耐得住寂寞、经得住诱惑、顶得住压力和负得起责任等。这些正面价值观是令大学生受益终生的财富,特别是在当今消费主义盛行的时代。笔者在教学设计时将道德教育巧妙地渗透到教学中,对学生的品德的培养起到了潜移默化的作用。

Buchori(2019)认为,品格或道德教育需要包含三个必不可少的过程:首先必须让学生有是非观,然后在情感上认同作品所传递的正面价值,最后自觉践行。基于 Buchori 的道德教育理念,在课堂教学中,笔者首先让学生从课文中找出与这些正面价值观相关的表达,如 self-reliant, make up the difference in income, tolerance for solitude, resist the temptation, remain energetic, remain enthusiastic。然后布置用这些表达续写作者回城生活的写作任务,要求他们重点论述乡村生活经历对他们应付城市生活的种种困境和挫折。

学生提交的作文主要续写了作者回到城市后,如何克服消费诱惑以及如何处理工作压力和人际关系等问题,说明他们从课文中学到了对待金钱和名誉的正确态度,这将有助于培养他们独立健康的人格。续写的任务设计不仅让学生掌握了课文核心表达,理解了课文的主题,将语言输入和产出有效结合,还使他们识别、理解、认同并践行课文中的正面价值观。

总之,读写结合的续写方式让学生在学习过程中理解和内化了优良品德和正确的价值观,对建构他们的正面价值观、摒弃负面价值观、形成良好的品格和正确的人生观与价值观起到了潜移默化的作用。

4.4 课文阅读感受写作与热爱生命和奉献精神教育的结合

《综合教程3》第六单元课文 *The Last Leaf*(《最后一片叶子》)是美国短篇小说家欧·亨利的经典代表作之一。两位居住在纽约"艺术区"的年轻女画家苏(Sue)和琼西(Johnsy)因在诸多方面投缘而成为挚友。琼西的夙愿是有一天她能去画那不勒斯美丽的海湾,却不幸被严重的肺炎缠身,生的希望渺茫。房子窗外有一棵常青藤,琼西每天呆望着这棵植物在瑟瑟秋风中摇曳,数着它一天天减少的藤叶。她告诉苏,当最后一片叶子凋零的时候,她的生命也随之戛然而止。苏把琼西的想法告诉了邻居贝尔曼(Behrman),一个酗酒邋遢、失意落魄的老画家。他指责琼西不该有如此愚蠢的想法。琼西每天数着藤叶,但最后一片叶子却挺过疾风骤雨,毅然伫立在枝头。琼西看到了生的希望,健康得到了恢复。然而,老画家贝尔曼却突然被肺炎夺去了生命。苏告诉琼西真相,在最后一片藤叶飘落的那个晚上，贝尔曼冒着风雨用自己的生命在常青藤高高的枝头画出了一片永不凋零的藤叶。这位画家一生贫困潦倒但始终热爱绘画，期望有一天能画出杰作，他最后用生命完成了人生的夙愿。作者对老画家贝尔曼的人物刻画栩栩如生，令人印象深刻。

冯德正(2015)指出，“在德育中，英语教师可采用通过事件中的人物塑造等引发学生的情感投入与认同”，“正面价值观首先可能暗含于人物特征中……在教学过程中，教师需要明确指导对故事人物的评价，或是褒奖鼓励，或是批判打击，帮助学生树立正确的价值取向”。笔者并未对该小说所蕴含的热爱生命和奉献精神等人文道德价值进行简单的说教，而是以学生为主体，设计了首先让学生思考谁是这篇小说的主人公的问题，提醒学生小说的主人公应是对小说情节的推动以及对主旨的表现有着重要作用的人物。学生各抒己见，大致有以下三种看法。

(1) 苏是小说主角，她竭尽全力帮助病危的朋友琼西，给予她继续生活的信心和勇气。她的善良细心和乐于助人是值得学习的，而且全文描写她的笔墨颇多。

(2) 琼西是主角，小说叙述了她从失去生活的希望到重拾希望的过程。当她看到最后一片孤零零的常青藤叶子时，猛然醒悟，认识到想死的念头是一种罪过。她的得病和恢复贯穿全文。

(3) 贝尔曼是整篇小说的灵魂，作者对他的着墨不多，关于他的语言与行动只有寥寥数笔。然而，他却是琼西与苏的“保护神”，最后一片叶子是他用生命换来的杰作，是同情心和自我牺牲精神的象征，闪耀着人性的光辉，是全篇的灵魂。这与小说题目所隐含的主旨也契合，即最后一片叶子象征着作为普通人的老画家舍己救人、自我牺牲的精神。

通过讨论，第三种看法得到了大多数学生的认同。学生讨论后，笔者明确指导学生对人物进行评价，要求他们用形容词来评介这三位人物。学生给出了以下答案：

(1) Sue—helpful, considerate, positive, warm-hearted and persistent;

(2) Johnsy—desperate, negative, passive, ambitious and self-reflective;

(3) Behrman—poor, unappreciated, fierce, unlucky, ambitious, drunken, kind, considerate, devoted and great.

随后，笔者给学生布置在课堂上写读后感的任务，时间是10分钟，以期学生通过自己的阅读感受来认同该小说所传达的奉献精神。现选取三篇学生的读后感为例。

学生作文1

Finishing reading the short story, I'm deeply impressed by the old man,

Behrman, who is tough, kindhearted and selfless.

I learned a good lesson from the story. Never judge others by their appearance. Just as the old, poorly dressed ordinary man, he can risk his life to bring back the will of life in Johnsy's mind. Just as the saying goes, saving one life equals to saving the whole world. Behrman has fulfilled his dream of drawing a masterpiece by risking his death, which gives Johnsy the hope to survive her illness. I appreciate his spirit of kindness and sacrifice.

学生作文 2

What moves me most is not the last leaf but the selfless love of Behrman, who finished his lifelong masterpiece.

He is a fierce little old man who mocked terribly at softness in any one and regarded as guard dog to the two young artists. How kind and considerate he is under his rough manner. From him , I see the altruistic spirit of an old ordinary artist. We can' t imagine how cold and desperate he is at that icy night, but we do understand that he is happy to devote, like a candle, always burning himself to bring light to others.

学生作文 3

Now, I am writing to express my feelings about the character that leaves me the most deep impression, old Behrman. To some degree, he was a failure in art and never create a masterpiece which will be admired by the public. Nevertheless, he was still ambitious and fierce. He showed his deep concern for Sue and Johnsy without any words and supported them by playing a role as a unprofessional model. At the end of the story, we know that old Behrman drew the last leaf at that raining night. He devoted his soul to accomplish the most marvellous work to raise the hope of life for Johnsy. Unluckily, he died from pneumonia. He is a warm-hearted man. At this point, he is the best master.

从学生的阅读感受，我们不难看出，小说对贝尔曼成功的人物塑造震撼了他们的心灵，引发了他们强烈的情感投入与认同。他们在艺术享受中不知不觉地接受了道德教育。学生对贝尔曼的印象经历了三个阶段：一个穷困潦倒、失意的老画家；善良、关心鼓励后辈的长者；富有爱心、自我牺牲精神的英雄。此项教学设计充分利用小说所蕴含的人文精神，发挥学生的主观能动性，有效地通过小说成功的人物塑造触发他们的情感共鸣，丰富他们的道德感知，陶冶他们的道德情感，引导他们追求真善美，树立正确的价值观。

5 结语

在《全新版大学英语综合教程》第3、4册的精读教学中，笔者秉持大学英语教学的课程设计需将工具性和人文性和谐统一的原则，不仅训练学生的语言技能，还重视培养他们正确的价值观。借鉴道德教育研究者的理论和方法指导，备课时充分探究教材内容与道德教育的最佳结合点，教学设计时尽量发挥学生的主体性，通过阅读与写作相结合的方式将输入与输出、语言能力和道德教育有机结合，水乳交融，尽量避免说教，避免语言技能训练与道德教育脱离与失衡的问题。以上道德教育案例的设计与实践表明，大学英语教学不能停留在语言的表面形式，教学活动更应将语言技能的培养与价值观的引导有机融合。大学生在成长的道路上需要教师对他们的价值观与人生观加以正面、积极、科学的引导。唯有如此，大学英语课程才"有血有肉"，有"灵魂"。英语教学中的德育渗透也反哺了学生的英语学习。由于学生在英语语言学习中接受了正面的教育，树立了正确的世界观、人生观和价值观，他们的思想和精神面貌都受到了良好的影响。笔者所带班级学风端正，充满正能量，学生之间互相学习，团结合作，认真完成各项英语学习任务，不少班级还荣获"华中科技大学优良学风班"。如测量和控制1702候选班级的学生在申报"华中科技大学优良学风班"中就特别写到了他们的英语学习，"我们班英语学习氛围浓厚，在四级考试中取得了全体通过的好成绩，其中不乏六百分以上的高分通过者"。这个班是英语普通班，有这样的成绩也是道德教育与英语语言学习相结合的一个成果。每至学期结束，笔者还收到不少学生的感恩卡片。在今后的教学中，笔者会在会教案设计中更明晰地设定德育目标，德育渗透的规划会更加完整，贯穿整学期教学，还会注重大学英语教学中道德教育的定量性评估，丰富德育渗透途径，利用多模态资源更加科学有效地实施道德教育。

本章参考文献

[1] ANDERSON G G. Global issues in the university ESL classroom. The language teacher online[EB/OL]. (1996) [2018-11-10]. http://langue. hyper. chuba. ac. jp/jalt/tlt/96/nov/univ. html.

[2] BOK D. Universities and the future of America [M]. Durham: Duke University Press, 1990.

[3] BROWN H D. The place of moral and political issues in language pedagogy[J]. Asian Journal of English Language Teaching, 1997 (7):

21-33.

[4] BUCHORI M. Character building dan pendidikan kita[EB/OL]. (2007) [2018-10-15]. http://www. kompas. Co. id-/kompas-cetak/-0607/26/opini/2836169. htm.

[5] GHAITH G, SHAABAN K. Peace education in the ESL/EFL classroom: A framework for curriculum and instruction[J]. TESL Reporter, 1994, 27(2): 55-62.

[6] JOHNSTON B, JUHASZ A, MARKEN J, et al. The ESL teacher as moral agent[J]. Research in the Teaching of English, 1998, 32 (2): 161-181.

[7] NUCCI L. Synthesis of research on moral development. [J]. Educational Leadership, 1987, 44(5): 86-92.

[8] PEREIRA C. Educating ESL students for citizenship in a democratic Society. ERIC Digest[EB/OL]. (1993) [2018-10-17]. https://eric. ed. gov/? id=ED377138.

[9] SHAABAN K. A proposed framework for incorporating moral education into the ESL/EFL classroom. Language[J]. Culture and Curriculum, 2005, 18(2): 201-217.

[10] 蔡基刚. 从语言属性看外语教学的工具性和人文性[J]. 东北师大学报：哲学社会科学版, 2017(2): 1-6.

[11] 成镇权. 工具性与人文性的和谐统一——关于大学英语课程理念的思考[J]. 山东外语教学, 2008(5): 9-12.

[12] 邓永超. 感恩教育：高校德育的应有之义[J]. 教育探索, 2006(10): 9-13.

[13] 冯德正. 英语教学中的人文道德教育：正面价值观的多模态语篇建构[J]. 外语界, 2015(5): 27-34.

[14] 伏春宇. 大学英语教学中的德育研究[J]. 华北理工大学学报：社会科学版, 2011(1): 78-81.

[15] 国务院. 国家中长期教育改革和发展规划纲要(2010 年)[EB/OL]. (2010-07-29) [2018-10-17]. http://old. moe. gov. cn/publicfiles/business/htmlfiles/moe/info_list/201407/xxgk_171904. html.

[16] 纪小凌. 泛写与读写结合对英语写作水平影响的比较研究[J]. 天津外国语大学学报, 2009, 16(5): 65-71.

[17] 江庆心. 大学英语教学应加强对学生的价值观引导[J]. 中国高等教育, 2007(6): 39-40.

[18] 教育部高等教育司. 大学英语课程教学要求[M]. 上海：上海外语教育出

版社,2007.

[19] 李朝红.探究大学英语教学的德育隐性功能[J].中国高等教育,2012(12):52-53.

[20] 李荫华,王德明.全新版大学英语综合教程3[M].上海:上海外语教育出版社,2014.

[21] 刘丽玉,申波.论大学英语教学中的德育渗透[J].逻辑学研究,2007(5):43-45.

[22] 石书蔚,袁金秋.实施德育渗透对高校英语教师的几点要求[J].长春师范大学学报,2012(12):164-165.

[23] 唐红.大学英语教学中的德育探索[J].2013(9):122-144.

[24] 托马斯·里克纳.美式课堂品质教育学校方略[M].刘冰,等,译.海口:海南出版社,2001.

[25] 王天发.读写结合、训练语篇思维能力,提高大学英语写作水平[J].西华师范大学学报:哲学社会科学版,1998(1):94-97.

[26] 吴亚萍.德育在大学英语课文教学中的渗透[J].辽宁行政学院学报,2007,9(8):124-126.

[27] 杨建中.大学英语教学中的德育[J].常州大学学报:社会科学版,2005,6(3):74-76.

[28] 叶澜.试析中国当代道德教育内容的基础性构成[J],教育研究,2001(9):3-7.

[29] 张金茜.中国、新加坡大学英语教学中德育渗透的比较研究[D].西安:西安外国语大学,2015.

[30] 张晓明.美国大学的道德教育[J].高等教育研究,1992(1):20-36,87.

[31] 张新玲.读写结合写作任务研究综述[J].天津外国语大学学报,2009,16(1):75-80.

[32] 中共中央国务院关于进一步加强和改进大学生思想政治教育的意见[EB/OL].(2004)[2018-10-10],http://www.moe.gov.cn/s78/A12/szs_lef/moe_1407/moe_1408/tnull_20566.html.

[33] 朱小蔓,其东.关于学校道德教育的思考[J].中国教育学刊,2002(5):18-22.

第四章 教育生态学视野下大学英语教师角色探析

随着社会的快速发展,对人才的需求与日俱增,这种增加不仅体现在数量上,也体现在质量上。高等院校承担着培养人才和输送人才的重要责任,毫无疑问,其教学质量受到社会各界的广泛关注。大学英语是高等教育体系中的一门基础课程,也是大学生必须掌握的一门语言课程,大学英语教学质直接影响高校输出人才的质量。但是,目前的高校英语教学虽然几经变革,仍然存在不少生态失衡的问题,例如:课堂仍然以教师讲授为中心,学生的自主学习能力低下,导致教师与学生之间的失衡;课本材料单一,师生互动少,学习环境封闭,导致作为课堂生态主体的教师和学生与课堂生态环境之间的失衡;课堂教学仍然以考试为"风向标",导致教育实践的过程与可持续发展目标之间的失衡。

1 研究背景

在传统的英语课堂教学中,教师往往是课堂的主宰,是整个课堂教学活动的掌握者,教学活动的每一个环节通常由教师掌控和安排,学生只是被动的课堂活动的参与者以及教师指令的服从者。教师通过讲解语法、单词、分析课文来实行灌输式教学,学生只是作为教师所讲授的知识的"记录员",被动地记笔记,简单地模仿和重复,或者回答教师提出的问题。在这样的教学模式下,学生通常无法发挥主观能动性,学习兴趣低下,与教师之间无法进行良好的互动,因此学习效果不佳。然而,当代大学生思想活跃,反应敏捷,善于独立思考,敢于标新立异,涉猎的知识领域也非常广泛。以上所述的传统的教学模式违背了大学英语教学改革的目标,难以充分调动学生学习积极性,难以激发学生探索知识的欲望,难以培养学生具有可持续性发展的学习能力。这些都不利于高等院校培养社会所需要的有创新思想、有学习能力的综合性人才。

本章将从教育生态学的视野下来探究大学英语教师的角色,以期为大学英语课堂教学提供一定的指导和参考。

2 相关文献综述

2.1 教育生态学的相关概念

“生态”可以定义为是一种生物与生物之间、生物与生存环境之间建立的动态平衡关系。在20世纪初，生态学的概念被广泛应用到社会科学领域。“课堂生态学”(ecology of classroom)一词是由美国学者沃勒于1932年在《教学社会学》一书中首次提出，他将生态学的观点应用到教育学研究领域。美国学者劳伦斯在1976年以德国生物学家黑格尔“生态学”理论为基础，在《公共教育》一书中提出了“教育生态学”(ecology of education)的概念。从此，生态学的理论和思想被用来研究教育方面的问题。

我国在教育生态学方面的研究起步稍晚，开始于20世纪80年代。教育生态学融合了生态学和教育学的思想，也就是将生态学的理论思想应用到教育领域，实现教育过程中的和谐、平衡、可持续性的目标。教育生态学就是探讨教育生态环境中的各个生态因子与其生态环境之间的相互作用的规律和机制。从微观上来看，它关注的是整个教育生态系统里所涉及的人、教学环境、教学内容和教学活动等。从宏观上来看，它关注的是教育与环境的关系。经过几十年的发展，教育生态学涉及面日趋广泛、更加具体，还包括了学校生态、课堂生态、班级生态等方面的实践性研究和探索。如今，教育生态学已经不仅仅是一门学科，它为研究者提供了一种新的研究视角来审视课堂教学。在课堂教学中，学生、教师和课堂环境是课堂生态中的三个生态因子，而教学的过程就是要充分发挥这三个生态因子之间的相互作用，最大程度地发挥各自的功能，从而使得整个课堂生态得到和谐、平衡、可持续性的发展。

2.2 外语教学中的教育生态学研究现状

随着教育生态学理念在课堂教学中的逐步渗透，越来越多的学者开始将其运用于外语教学研究中。在教育生态学视角下的外语教学研究包括课程设置、课堂模式、教学模式、教学策略、课程体系、教学改革等方面。例如，董曼霞(2015)针对目前英语专业课程设置存在的问题，以生态学理论为基础，提出英语专业课程生态系统的平衡要建立在坚持整体性、可持续发展、开放性和动态平衡的生态原则之上。薛金祥(2013)的研究以课程生态观和生态位为理论基础，以课程生态群为课程体系核心，在解决好各种生态矛盾的基础上，以处理好各种生态关系为构建方法和途径，构建“可持续发展、和谐发展与科学发展”的商务英语专业课程体系。刘森林(2008)提出了改革大学英语课程设计，改进课堂教学策略，并且建立生态化课堂教学质量监控体系的观点。刘芹(2013)认为，为了充分发挥教师和学生这两大生态主体的积极性，需要构建以教育生态学为理论基础的"分层次递进式大学英语教学模式"。曹路漫(2011)依照教育生态学观点，对高校英语教师、学生，以及大学英语教学提出了相应策略。王抒飞(2013)提出以教育生态学为理论指导思想来构建多元化、多层次的立体式英语教学，从而建立开放性、整体性和可持续发展的良性生态系统下的英语课堂。孙丹等(2013)以教育生态学为研究视角，探讨了大学英语教学系统中的各种要素关系和结构功能，提出为了实现教育生态学中可持续发展的教学观，要采用分级教学的教学模式，并广泛开展课外大学英语网络教学的教学方法。孙璐(2013)以教育生态学为理论基础，探讨和分析了目前商科院校大学英语教学模式存在的优势和弊端，提出了建立基于动态平衡的大学英语课程体系的构思。

综览上述研究成果可以发现，目前，外语教学中的教育生态学研究偏向于宏观层次的研究，而微观层次的研究，如教师，在整个教学生态系统中的定位及角色转换较少涉及。

2.3　外语教学中的教师角色研究现状

在新的时代背景下，随着外语教学领域的不断发展，传统的教师角色面临着全新的要求和巨大的挑战，教师角色的研究也呈现出新的态势。从研究范围来看，外语教学中的教师角色研究主要集中在 ESP(English for Specific Purposes，即"专门用途英语")、自主学习模式、多媒体或者网络环境等；研究角度既包括宏观研究，也包括微观研究；研究方法既包括理论性研究，也包括一些实证研究。在理论性研究方面，郭燕玲(2012)将研究范围聚焦在 ESP 领域，分析了国内 ESP 教师角色研究的现状，并提出了 ESP 教师专业发展的可行性策略。徐锦芬等(2004)针对目前国内大学生英语学习的现状，提出大学英语教师的角色应该分别是学生自主学习的引导者、促进者、合作者和协调者。龚嵘(2006)研究了大学英语自主式课堂教学中的教师角色，从微观的角度分析了在以学生为中心的课堂中，教师应该如何协调课堂环境中的多重交互关系。张瑾(2007)针对目前多媒体技术在大学英语课堂的广泛应用的现状，提出大学英语教师应该转换角色，成为学生英语学习的组织者、引导者、合作者和观察反馈者。杨晓丽(2005)的研究集中在网络英语教学中的英语教师角色问题上，认为网络教师应该重视网络教学过程的每个阶段，教师的角色应该分别是引导者、探索者、讲授者、监督者、操练者、检览者和资源建设者。在实证研究方面，蒙志珍等(2011)采用问卷调查结合个案研究，具体探讨了英语教师的角色信念与课堂教学行为之间的关系。靳铁柱(2010)的研究聚焦在教师角色观念与实际教学行为的相关性及教师角色转换所面临的问题上，该研究采用教师说课、调查问卷及访谈相结合的研究方法。陈颖等(2015)采用问卷调查的方式，探讨了远程学习者对英语教师角色的隐喻信念，研究结果表明英语教师具有交流者、指引者、培育者、鼓励者、施救者等九项主要的概念隐喻。

综合上述研究成果，我们可以发现，在外语教学领域的教师角色研究涵盖范围广，以定性研究为主，实证研究稍少。国内从教育生态学的角度来分析大学英语教师角色的文章为数不多，且多数文章偏重理论方面的论述。曹晓英(2016)在教育生态学理念的指导下，论述了大学英语教师应该调整和转换课堂角色，达到英语课堂生态系统的平衡，从而提高教学质量，从根本上解决目前大学英语课堂存在的问题。高晓慧等(2013)的研究对象是研究生英语教师，以教育生态学为理论基础，对研究生英语教师进行了多元角色定位，包括教师与环境之间、教师与学生之间、教师自身等方面。但是该研究是纯理论性的探讨，缺少具体的教学实践作为支撑。在为数不多的实证研究中，朱巧蓓(2011)采取的是个案研究的研究方法，该研究以教育生态学为基础，首先提出了生态学原则下对教师角色的新的要求，通过个案分析了在具体教学实践中的教师角色的实现情况。该研究为课堂生态环境下的教师角色研究提供了一个新的研究方法。根据上述分析，为了弥补教育生态学理论下的教师角色研究尚存在的不足，本章将从教育生态学的角度，从教学实践过程中所使用的教材的新角度，来进一步探讨大学英语教师的角色，希望能为大学英语课堂教学提供一定的参考。

3　教学实践及反思

在教育生态学的理论指导下，课堂教学实际上是由学生、教师、课本、教学内容、教学方法、教学手段、教学环境等因素组成的一个微观生态系统。在这个生态系统中，各个因素之间都是相互联系、相互影响的。课堂教学的终极目标就是实现这个微观生态系统中各因素的动态平衡。学生和教师是这个课堂生态系统中的最重要的生物因子，他们之间存在着相互作用、互为参照、互相塑造的关系。从教育生态学的角度出发，就英语教师而言，我们要首先考虑转变教师在英语课堂教学中的传统角色，教师设计和组织的课堂教学内容要密切关注教学生态系统中的每一个因子，包括生物因子(学生和教师)和非生物因子(课本、教学内容、教学方法、教学手段、教学环境)，要使得各因子之间相互作用、互为依赖，达到一种和谐发展、充满活力以及生命力的可持续发展的状态，将课堂真正变为一个良好的学习语言、学习文化知识、交流思想的教学生态系统。

当今社会，“生态”和“和谐”的概念和观点深入人心，并且得到广泛认可。作为英语教师，我们要从生态学的角度来审视课堂教学，让课堂教学达到生态和谐的统一。生态学认为，生物在一定的生存环境下存活的条件就是需要有多种能够共同发展的生态因子。如果某种生态因子过多或过少，都会影响到生物的生存和发展，这就是生态学中的限制因子定律。反思英语课堂教学，学生和教师之间应该是一种相互尊重、相互配合、共同发展的关系。为了保持生态课堂的和谐共进，教学方法、教学内容、教学过程应该具有灵活性和多样性的特点。为了达到和谐共进的目标，我们必须转换观念，对课堂教学生态系统中的重要生态因子，即教师这一生态因子进行重新定位，并对教师角色进行相应的调整和转变。众所周知，角色是指个人在某一社会群体中的身份，还包括与其身份匹配的行为规范。教师作为一个具有主观能动性的个体，在不同的社会环境下扮演着不同的社会角色。在生态课堂环境中，应以生态化的思维方式重新构建师生关系。在生态课堂中，师生关系应该是平等互助、互相尊重、和谐共存的新型关系。这种新型的师生关系中，学生和教师之间不存在上下关系、主从关系，而是互利共存的关系，教师的正确引导可以促进学生的健康成长，而在学生健康成长的同时，教师也获得了自身的良好发展。为了实现师生共同进步的目标，我们要对教师角色进行重新定位。国内学者在生态课堂中教师角色方面的研究中，对教师角色进行了如下的归纳，即参与者、指引者、守护者、反思者、环境塑造者等，这些角色的内涵都是一致的，都倡导尊重学生学习上的个性需求，关注学生全方位的发展，并且强调教师是与学生平起平坐、共同发展的。

综上所述，在教育生态化理念的指导下，根据笔者的教学实践，生态化课堂中教师角色分别是学生可持续发展的关注者、课程教学的协调者、学生学习兴趣的激励者、教学实践的反思者，本章将从上述四个方面进行教学反思。

3.1　学生可持续性发展的关注者

在生态学可持续发展的原则指导下，课堂教学应该多关注学生生命本真的和谐发展与健康成长。人的本真的回归，可持续发展才是教育的最终极目标。课堂教学中，教师不应该只关注到短期效应，如学习成绩的提高，而应该关注到学生作为一个单独个体人的持续有效的提高和进步。也就是说，教学不仅仅以传授知识为唯一目的，而是要使学生在人格、修养、道德情操等方面都得到全面、均衡的发展。因此，教师要多关注学生“三观”的建立，关注学生对国家、社会等诸多方面的看法和见解；在课堂上，教师不仅要注意学生发言的语音是否正确、语法是否标准，还要密切关注学生课堂发言时所流露出来的情感观和价值观，从而进行正确的引导，做好学生人生道路上的引路人。

教书育人，在笔者看来，不仅是一个帮助学生提高、成就学生的过程，也是一个自我提高、自我成就的过程。学生的点滴进步，带给笔者是职业上的满足感和成就感。而教学相长的过程，也让自己有更大的信心和动力，不断学习，不断提高自己的语言能力，扩展自己的知识范围。在此方面，笔者的实际做法颇多。例如，每次课前、课间以及课后，主动和学生聊天，了解学生的近况和动态。如果遇到学习状态不佳的学生，会单独与他聊天，尽可能地帮助和开解。随和融洽的师生关系，可以制造轻松愉快的学习气氛，让学生可以全身心地投入学习之中。另外，每学期的期中，专门搜集学生对英语课堂的建议，要求他们不记名地写下心里的真正想法，畅所欲言。然后仔细阅读每条意见，整理出一份详细的汇总表，并就汇总表上的内容，在课堂上专门抽时间逐条进行说明，包括能接纳的好建议，以及因为实际情况而不能实施的建议。这样的做法也是对认真撰写建议的学生的一种尊重。在数年的教学中，不少实际做法就是源于学生的建议，如课前组织大家跟录音读英语，小组的成员组合时考虑性别搭配，不同班级之间的英语大比拼，学生自行推荐英语歌曲等。学生的想法，凝聚着学生的智慧，也给笔者安排各类教学活动带来了诸多灵感。

3.2 课程教学的协调者

课堂是一个微观生态系统，它由三个生态因子构成，分别是教师、学生和课堂环境。其中主体是教师和学生，三者之间是相互影响、相互作用、共同存在的关系。由此看来，师生之间的关系应该是平等的，而不是传统课堂中的那种上下级的关系。教师要扭转高高在上的传统观念，要平等对待学生，让学生积极参与课堂中的各项教学活动。教师还要协调好课堂上的各种生态关系，包括师生关系、学生与学生之间的关系，以及学生与课本之间的关系。为了达到最佳的教学状态，教师要尽力优化各种生态因子之间的相互作用和相互影响，这样才能对学生的学习产生积极的影响和促进作用。

笔者认为，完全由教师主宰的课堂是沉闷的、效率低下的，语言是靠交流、分享这样的实际使用过程才能获得并提高。在课堂上，笔者经常制造让学生主宰课堂的机会，并且做好协助、协调的工作，当然也会做一个最好的“听众”和“拉拉队队长”。例如，每次上课，笔者都让学生从准备的英语习语列表中选取一个英语习语，学生自行准备后，用英语进行讲解；笔者逐个进行点评和补充；最后全班就所学到的英语习语进行测试。另外，在《全新版大学英语综合教程3》(季佩英等，2014)第六单元课文 *The Last Leaf*(《最后一片叶子》)的学习中，鉴于学生对课文内容的熟稔，笔者摒弃了由教师对文章内容详细讲解的传统做法，而特意安排学生以小组为单位，自行设置问题，向其他小组来提问的竞赛形式。问题形式不限，可以是内容理解方面、写作技巧方面以及语言知识方面等。回答正确的小组可以获得分数，最终得分最高的小组将成为小组竞赛的冠军组。这样的教学设计，积极发挥了课堂中以学生为主体的教学理念，充分调动了学生的积极性。学生设置的问题，有些是非常有思想和深度的，也体现了学生的英语素养和文学素养，教师在此过程中不仅欣赏到了学生的智慧，也能和学生一起思考，加深对课文的理解。这样的活动设计，新颖而且具有挑战性，每次都取得了良好的效果。

3.3 学生学习兴趣的激励者

兴趣是学习最好的动力来源，因此，在教学活动中，笔者努力设计一些新颖和具有挑战性的活动，有大型语言实践项目，也有小型的实践项目。大型语言实践项目包括学生以小组为单位采访外国人并制成视频，全班课间进行播放，教师和学生一起点评。采访的话题来自课本，如《新视野大学英语视听说教程4》(郑树棠，2014)第一单元课文 *How We Behave Is Who We Are*，其中采访的问题包括"What kind of behavior in public places in China gets on your nerves? ","What good or bad manners did you experience in China recently?","What do you usually do when you see someone behave inappropriately in public places in China? "。选择这个话题进行采访，不仅仅考虑到课本知识的活学活用，也考虑到让学生有机会从外国人在中国的经历来反省自身的言行举止。这样的采访外国人的活动每学期进行一次，受到了学生的喜爱。很多学生纷纷表示，学英语以来，这是第一次和外国人进行英语交流，既新鲜也胆怯，只要战胜自己迈出第一步，就能极大地增加自己说英语的信心，并体验到了用英语交流的乐趣。学生在采访报告中写下了个人感悟，摘选之一：

At first, we faced a challenge that whoever we asked, they just said they have no time to have our interview. Nevertheless, a beautiful and friendly girl happened to us. She was surely warmhearted that she was willing to be asked some questions. When it comes to the bad manners she met in China, she considered that smoke and spit was quite impossible. In her words, everybody smokes everywhere even without permission. I do agree with her. Actually for me, I feel good this time. I know more to communicate with others. And I can also understand others easier. So I think we should practice more if we really want to improve our English. At the same time, we can make more friends. In this interview, we gained a lot. We improved our oral English and could communicate with foreign friends more smoothly. Besides, we also knew that some bad behaviors of Chinese people in public places would make them feel uncomfortable.

摘选之二：

During this interview, we talked a lot with the foreign friends. I can still remember the awkward dialogue when we interview someone the first time.

However, this time the one we interviewed is the the friends of one of our group, which may reduce the stress to some degree. So apart from the questions that are required to ask, we also talked about his experiences in China, how he can speak Chinese so well and so on. Finally, we even ask each other's ID for future contact which means that we can teach him Chinese and he can teach us English on the contrary, and that may benefits both of us a lot. I always consider the interview of foreign people as a training to our speaking English. Despite the shyness and lacking in abilities, I can feel our speaking English become better through the conservation. But if it weren't the homework, I might not offer to communicate with them. I'm really grateful for the chance.

为了提高学生的写作兴趣，笔者在布置写作任务时，不仅仅局限在写四、六级类型的文章，还采用 free-writing 的做法，自由写作包括美文欣赏、电影赏析、课文故事续写等。写作形式也不仅仅局限在个人写作，还采取了小组合作写作的方式，以及作文互评的形式。总之，多种多样的写作活动，极大地提高了学生的写作兴趣。学生在教学反馈中表示“很喜欢这样的自由写作形式，以前在高中阶段写的作文全部都是应试作文，都是套路式的作文，写的题目也都很枯燥，没有趣味。进入大学后，自由作文的题目宽泛，形式多样，希望老师能够多增加一些这样的写作训练，这样的写作很有意思，能够给我们自由发挥的空间，还能够让我们在合作写作中以及作文互评中，互相学习，共同提高”。

对课文的讲解，有时候笔者会采取 drama play 的形式，让学生自己编写剧本，鼓励在课文基础上的创新和扩展，更加深刻地理解课文的内涵，增加参与性和实际运用的机会。例如，在学习《全新版大学英语综合教程 3》(季佩英等，2014)第二单元 *Civil- Rights Heroes*(《民权英雄》)的课堂上，笔者给学生布置了分组进行场景表演的活动形式。要求学生在课文内容的基础上，自行设计台词，制作简单的道具并进行表演，台词要求脱稿而出。这样的活动形式，不但加深了对课文的了解，而且提高了学生仔细研读课文中的字句词的兴趣，起到了很好的教学效果。

在课堂中还举行了班级内部的配音大赛，以个人为单位的一轮比赛，以小组为单位的第二轮比赛。配音大赛要求学生利用英语趣配音 App 上的视频资源，进行反复练习，以期在课堂上的配音大赛中达到令人满意的配音效果。在配音大赛实施过程中，笔者发现学生对这样的比赛兴趣盎然，他们精挑细选出适合自己嗓音和表演的视频片段，而且经过反复练习后，发音清晰准确，再加上肢体动作的表演以及表情的传神演绎，不论是个人配音大赛还是小组配音大赛都取得了非常好的效果。台上的学生倾情表演配音片段，台下的听众认真投入地聆听，大家都一起享受比赛的过程，体验英语配音带来的学习快乐。这样的配音大赛能鼓励学生平时多锻炼发音，增加语音练习的积极性。除了配音大赛，为了学生有更多机会练习发音，提高学生的发音准确度和流畅度，笔者还要求学生定期在班级 QQ 群里分享自己的配音作品。

以上各种课内外活动的实施，都提高了学生学习英语的乐趣，让他们不再将英语学习当作是一个痛苦的过程，而是逐渐开始享受使用语言的快乐。有了兴趣后，学生才会更加主动地去学习，并在一学年的学习结束后，仍然有动力去继续学习，继续驰骋在英语学习的旅途中。

3.4 教学实践的反思者

课堂就是一个微观生态系统，而且这个生态系统是不断发展变化的，教师作为这个系统中的一个重要组成部分，要尽力做到保持这个生态系统的平衡发展。为了实现这个目的，教师必须具备时刻自我反思的能力，在教学实践过程中，不仅要善于发现存在的问题，而且还要有敏锐的反应能力，迅速而准确地找到解决问题的办法，只有这样，才能不断完善教学中有待改进的地方，提高自身的业务水平。此外，因为教育生态系统的各个因素都是相互影响、共同成长的，在教师提高自身水平的同时，学生也能够受到良好的影响，因此整个生态系统都得到了良好的循环发展。

教学不可能是一个一成不变的过程，诸多因素不断变化要求教师不断调整和改进教学内容、教学节奏。这些因素既包括学生原有知识水平和语言能力的变化，也包括班级之间的不同学风和班风、不同学期阶段学生学习热情的变化等，需要教师的细腻观察和认真思考，积累丰富的教学经验。

比如，近几年来，由于四、六级考试中增加了新闻听力的考核，鉴于学生对英语新闻的听力能力偏低，笔者专门设计了由学生进行新闻播报的过程，新闻播报通常是在第二学期进行。根据班级大小，笔者将新闻播报设计为两轮进行。第一轮中，由学生自行选择感兴趣的新闻内容，但是要求符合一定的长度。播报前，学生对新闻中出现的生僻单词和专有名词进行适当的讲解。新闻只播报一次，要求学生在播报前反复朗读，确保发音准确。播报结束后，播报者对其他学生进行测试。测试类型包括简答题、选择题、填空题等。播报新闻的学生还需要对新闻进行适当的讲解。测试题由学生自行设计，并制成 PPT。PPT 的内容和新闻的选择，在课前由笔者进行审核，如果新闻内容难度不适当，或是题目设计不合理，笔者会要求学生进行重新修正，直至达到要求。在第一轮的实施过程中，笔者发现学生最初听新闻播报和答题有一定的困难，但是随着时间的推移，这样的练习他们越来越得心应手，而且感觉乐趣无穷，准备新闻播报和听新闻播报都是一个提高的过程。新闻听力中广泛的题材和内容也深深地吸引了学生。在第二轮的新闻播报中，因为时间已经临近四级考试，笔者要求学生直接采用四级听力中新闻听力的原题，播报仍然由学生进行，播报后进行题目测试和讲解。两轮新闻播报训练后，学生在新闻听力方面得到了很大的提高，听新闻基本无障碍，做题的正确率也有了明显的提高。学生对这个做法非常支持和喜爱。在学期末的课堂教学意见反馈中，学生们表示“在课堂的新闻英语播报环节中，我听到了不同口音的英语，刚开始不习惯，后来慢慢习惯后，发现自己能够适应各种口音的英语了”，“通过练习新闻英语，我开始不再畏惧新闻听力了，找到套路后，发觉这个题目没有原来想象中的那么难”，“设计题目的时候，我们小组成员挺挖空心思的，通过自己出题，我们能更加了解出题人的思路和心态，这样以后自己答题时也更加有技巧，答题也更加有把握了”，“刚开始做题目时错得挺多的，后来就越错越少了，挺有成就感，考四级也不再害怕了”。诸如此类的学生反馈，说明教师在教学实践过程中，可以通过不断发现问题，然后尝试解决问题的方法，通过这样的不断摸索和反思，提高自身教学水平的同时，也逐渐找到适合学生的教学活动设计，从而取得良好的教学效果。

4 结语

在教育生态学的研究视角下，教师的角色被赋予了新的内涵。在实际教学工作中，教师应该转变“一言堂”的权威形象，采取新的教学思维和教学理念来管理和组织课堂教学。教师也应该转变观点，树立以发展学生能力为主要宗旨的思想，搭建一个师生共同学习、共同交流的和谐积极的教学生态环境。目前，对大学英语生态化教学的研究工作越来越受到学者的关注，但针对生态化英语课堂教师角色的研究相对较少，生态化课堂中英语教师的角色如何定位仍需要继续研究和讨论。

本章参考文献

[1] 曹路漫.教育生态学视角下的大学英语教学策略研究[J].中国高等教育，2011(8):58-59.

[2] 曹晓英.大学英语课堂教师角色的调整与转变——基于教育生态学视阈[J].新西部，2016(36):157-158.

[3] 陈颖，马羽安，嵇建琴，等.远程学习者视角下的英语教师角色——一项基于隐喻分析的实证研究[J].中国远程教育，2015(8):45-52.

[4] 董曼霞.生态学视角下英语专业课程设置原则探析[J].西安外国语大学学报，2015(6):59-63.

[5] 高晓慧,于娜.基于教育生态学的研究生英语教师多元角色定位[J].高等农业教育,2013(6):51-54.

[6] 龚嵘.大学英语自主式课堂教学模式中教师角色探微[J].外语界,2006(2):16-22.

[7] 郭燕玲.ESP教师角色与教师专业发展[J].中国外语,2012(6):86-90.

[8] 靳铁柱.网络环境下大学英语教师角色实证研究——以北京交通大学为例[J].北京交通大学学报,2010(7):123-128.

[9] 刘芹.教育生态环境下分层次递进式大学英语教学模式探索——以上海理工大学为例[J].外语界,2013(5):51-58.

[10] 刘森林.生态化大学英语课堂模式设计研究[J].外语电化教学,2008(5):33-37.

[11] 蒙志珍,李晓.教师角色信念与课堂教学行为关系的实证研究[J].黑龙江高教研究,2011(10):93-95.

[12] 孙丹,殷际文,李舰君.论教育生态学视角下大学英语教学创新[J].黑龙江高教研究,2013(5):189-190.

[13] 孙璐.生态学视角下的商科院校大学外语个性化教学改革探析[J].黑龙江高教研究,2013(4):155-158.

[14] 王抒飞.教育生态学视域下立体式大学英语课程体系的构建[J].黑龙江高教研究,2013(10):158-161.

[15] 徐锦芬,徐丽.自主学习模式下大学英语教师角色探析[J].高等教育研究,2004(3):77-79.

[16] 薛金祥.生态学视域下的商务英语专业课程体系的构建[J].黑龙江高教研究,2013(2):163-165.

[17] 杨晓丽.高校网络英语教学:问题、特点及教师角色[J].外语电化教学,2005(2):75-78.

[18] 张瑾.多媒体背景下的"大学英语"教师角色转换[J].江苏高教,2007(5):76-77.

[19] 朱巧蓓.生态学视角下的大学英语教师角色反思[J].南昌教育学院学报,2011(9):162-164.

第五章 基于情感认知平衡理论的大学英语课堂教学反思

基于行为主义的传统学习理论强调学习过程中的认知过程，包括记忆规律、逻辑训练、空间感等，而人本主义的学习论扎根于自然人性论，在学习者内在倾向的基础上提升自我发展潜能，其核心是促进情感和认知的统一，尊重学生作为人的价值、创造性和自我实现。

1 文献综述

情感因素是从人本主义视角理解师生关系的新维度。师生关系是教学过程中基本的人际关系，是有效学习的润滑剂。师生关系属于人际关系范畴，是教师和学生在教学活动中通过持续稳定的教学互动而形成的相互影响、相互作用的心理状态。美国人本主义心理学家罗杰斯(Rogers，1969)认为师生关系决定教学成败，并提出新型师生关系三要素：第一，真实、真诚、表里如一(realness，genuineness，congruence)，即师生间应该坦诚交流，如实地表达观点和想法；第二，奖励和认可(reward and acceptance)，即教师应充分尊重学生，欣赏学生的优点，维护学生的尊严；第三，移情理解(empathic understanding)，即教师应该了解学生的内心世界和成长环境，从学生的角度理解他们。罗杰斯的观点代表了学术界对师生关系的新理解，即师生关系中的情感因素。

人本主义理论激发了更多关于情感因素影响学习的研究，其中首推态度平衡论和情商论。心理学家 Heider(1958)基于情感和认知的协调发展提出了态度平衡论(balance theory)。个体对单元中两个对象的态度一般属于同一方向，如爱屋及乌。当个体对单元的直觉与对单元内两个对象的情感关系矛盾时，其认知体系就失衡，认知失衡导致个体改变情感关系，重建平衡。按照该理论，师生关系会出现两种状态：学生对教师的积极情感促使他们积极地学习，反之，对教师的情感疏远导致其消极地学习。相对智商(IQ)而言，情商(EQ)是一种情绪能力，指的是个人管理高兴、愤怒、烦恼、伤心、沮丧、挫败、兴奋、惊讶等各种情绪的能力。美国哈佛大学心理学教授 Goleman(1995)在前人研究的基础上，对传统的智商提出挑战，提出与智商不同而又相互联系的非智力因素影响个体成功与否。在教学实践中，师生们直觉地感到，同一个班级内部，良好的师生关系能提升学生的学习效果，学生喜欢教师，也会喜欢该教师的教学，这种爱屋及乌现象源自心理学中的情感传染(emotional contagion)。教学过程中的情感传染影响师生关系中的好感、安全感和信赖感，积极情感将产生为了喜欢的教师而学习、为了喜欢的学生而认真教学的结果。对情感因素的关注产生了外语教学中的情感过滤假说。Dulay 等(1982)首先提出情感过滤假设，解释情感因素对外语学习的影响，"情感过滤是一种内在的处理系统，它潜意识地通过情感因素阻止学习者对语言的理解和吸收"。Krashen(1982)受此启发提出，语言输入环境不一定产生语言学习，语言输入必须经过情感过滤才能被学习者吸收。情感因素是 Krashen 语言教学理论的因素之一，此外，还有其他四种假设一起构成监控模型(monitor model)：输入假设(IH)、习得-学习假设(ALH)、监控假设(MH)、自然顺序假设(NOH)。在该模型中，情感因素不仅影响学习者从环境中获得的可理解性语言输入，还影响学习者对学习过程的监控。情感因素可以操作化为动机(motivation)、自信(self-confidence)和焦虑(anxiety)等多个维度，通过降低情感过滤水平，激起学生兴趣，降低学生焦虑，提高学生自尊，从而实现提高语言输入。换句话说，情感过滤是语言学习的中介变量。情感过滤理论尊重学生的心理安全，并为学习者特定的沉默期提供了理论根据。沉默的学生在获得了足够的语言输入后会有语言输出，而不合时宜地要求语言输出会挫败信心，增加焦虑。Krashen 的情感过滤理论促使语言学家们更加关注动机、焦虑、自信等心理学因素。鉴于情感过滤处于语言输入和语言习得的通道，Krashen(1985)进一步提出，情感过滤是阻止学习者完全消化学习中所得到的综合输入的一种心理障碍。具体而言，有两个基本因素影响情感过滤水平：不允许学生在课堂上保持沉默；过早纠正语言错误(见图 1)。

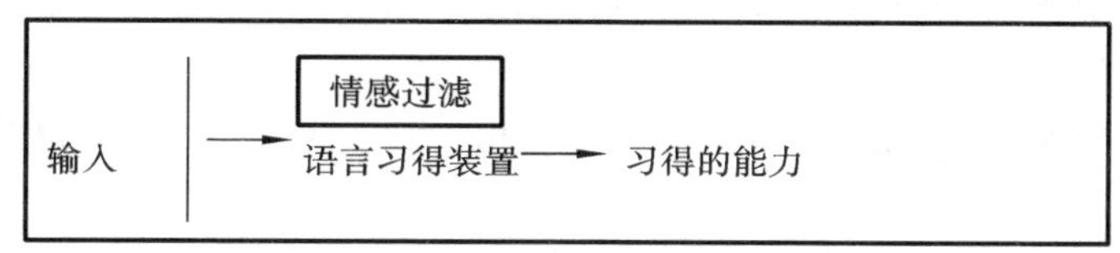

图 5-1　情感过滤与语言习得的关系

Krashen 的语言教学理论的优势在于整合了诸多零散研究，把语言学习视为多因素影响的结果。就本章而言，为相关情感变量研究提供了理论指导。

第一，动机与学习结果的关系。Gardner 等(1972)将学习动机归纳为两大类:整合动机(integrative motivation)和工具动机(instrumental motivation)。按照该分类,整合动机为学习者对目的语文化和社区有真正的兴趣,希望通过学习目的语融入该文化,该动机可理解为学习英语的强动机。学习者大多持积极的学习态度,乐于接受教师的语言输入,对外语保持着浓厚的学习兴趣。工具动机是指学习者大多对外语学习缺乏足够的兴趣与恒心,为了某种具体目的不得不学习,如为了达到毕业、晋升、旅游等目的,一旦目的达到即停止相关学习,所学知识会逐渐淡忘。Maclntyre 等(1994)的研究引发了大量后续实证研究,结果喜忧参半。关于英国高中生法语学习流损研究发现,整合动机的学生更有可能在课堂外使用法语,但他们不一定就是优等生,并且不同学生语言技能流损差异很大。Murtagh(2003)发现,其研究对象爱尔兰语学习者在第一学习阶段的常规课堂上大多表现出工具动机,但第二阶段浸入式课堂的学生更可能受整合动机驱动而积极学习,所以,学习环境对于语言学习至关重要。Bahar认为整合动机与工具动机两分法不足以涵盖动机的所有内容,因为动机并非静态心理状态,而是涉及不断变化的多种心理过程。基于加拿大语言学家Gardner 等(1987)的模型,他补充了内在动机和外在动机,前者与能带来学习满足感的行为有关,学习者享受学习带来的愉悦感,他们通常能进行自主、自觉的学习;后者与外在刺激有关,如环境中的正反馈或教师、父母的期待等。

第二,焦虑与语言学习的关系。焦虑是一种内心不愉快的情感状态,通常伴随身体不适、沉默寡言、来回踱步等紧张行为(Seligman 等,1995)。焦虑与恐惧不同,前者是对未来威胁的主观预测,后者是对真实或觉察到的现实威胁的反应(American Psychiatric Association,2013)。学习、使用外语过程中产生的不适感、烦恼、紧张及忧虑等都可归入外语焦虑(foreign language anxiety or Xenoglossophobia),听、说、读、写等不同语言情景都可能产生这些感觉(Maclntyre 等,1994)。心理学家们认为外语焦虑只是情景性的,属于特定焦虑反应(specific anxiety reaction),一旦离开该情景,焦虑随即消失。听、说、读、写等都会导致焦虑,但研究者总体上在听和说上观察到更多焦虑,可能因为该两项技能影响个体对即时情景的理解(Horwitz 等,1986)。焦虑是影响语言学习结果的重要指标,焦虑的学习者在目标与学习过程中的自发口语活动、情感反应和总体态度等方面都会遭受有害影响(Phillips,1992)。焦虑降低自信,导致学习者不能自我编辑和识别语言错误,往往采取缺课、沉默等回避策略(Gregerson,2003)。焦虑的影响还会扩展到课堂外,高度焦虑与交际恐惧有关,导致学习者越来越沉默寡言,甚至丧失交际意愿,他们往往因此遭受周围人的不信任和低评价(Liu 等,2008)。

第三,自信与语言学习的关系。自信是个体对自己达到未来某种目标的判断力、能力和权力的积极信念(Zellner,1979)。自信与个体对自己总体能力的评价有关,而与具体目标无关,与具体目标有关的信念是个体的自我效能感,两者有关但不同。心理学家很早就注意到两者之间的差异,即一个有很高自我效能感的人可能总体上不自信,而总体上自信的人对某具体事项可能没有自我效能感(Bauer,1964)。语言自信是个体对自身成功完成语言学习的能力和水平的认识,是外语学习动机中最重要的维度,学习者通过目标语社区成员的互动建立语言自信,该互动的质量和数量能强化自信,并且自信能培养学习者在多语言社区的身份认同,增强学习该语言的意愿(Clement,1980)。Dornyei(2005)从认知心理学视角支持了Clement的观点,个体以何种方式思考自身的能力、可能性、潜力、局限性、过去表现等对于动机有重大影响,自信的学习者能进行自主、持久的学习,他们也拥有正确评价学习的知识。

至此,情感过滤假设引发的后续研究成功地再次和认知建立了联系。Krashen的情感过滤假设试图避开认知视角来聚焦语言习得,但经过几十年的理论探索,研究者发现认知具有情感成分,情感也有认知成分,从不同的起点出发抵达同样的终点。认知和情感、智力因素和非智力因素等区分是研究者的分析工具,但实际上很难将两者切割开来,优秀语言学习者也是情感认知平衡的学习者。语言学习同时受内在变量和外在变量影响,每种变量又包含众多因素,难以武断地作出结论说明哪种变量更重要,但认知心理学与语言学习理论的结合促使学习者变量的相关研究从宏观社会心理学视角向微观视角的转变(Dornyei,2005)。

相关研究成果被操作化为课堂教学实践和手段。Krashen(2003)提出了两组教学实践。对于初级水平学生,教师应该在课堂内尽量提供可理解性口语输入;教师确保学生能听懂自己的课堂语言;降低对学生的语言输出要求,除非学生准备好了;语法教学应在学生年龄或年级较高阶段进行。对于中级水平学生的学科式双语教学(sheltered subject-matter teaching),教师需要根据学生语言水平修改教材;语言意义比语言形式更重要。

2 教学实践及反思

对于如何将上述理论成果应用到大学英语课堂中,不同教师有不同做法,以下拟从三个方面基于本校实际来描述相关课堂实践。

大学英语教学要求及目标的设置与国家宏观教育规划有关,不同层次大学的学生面临不同的问题。本校大学英语课程根据《大学英语教学指南》设立,兼有工具性和人文性双重性质,工具性目标是提升和拓展基础教育阶段的英语知识,在高中英语教学的基础上进一步提高学生英语听、说、读、写、译的能力;人文性目标是进行跨文化教育,增进对不同文化的理解、对中外文化异同的认识,培养跨文化交际能力。本校是“985 工程”、“双一流”高校，学生入校前普遍有较坚实的语言知识基础，尤其在读、写方面，所以本校大学英语的教学要求和教学目标是根据教育部规定的高级要求和三级目标而设置。具体而言，针对大一新生开课一学年，采取自然班教学，分读写课和听说两种课型，课程考核全方位地涵盖听、说、读、写、译等技能。

教学实践中常见的有两个矛盾，即学生内部差异与课堂教学进度的矛盾、学生语言技能不均衡的矛盾。第一个问题与中国的高考招生制度有关。由于新生遴选的基础人群单位是省或自治区，而各省或自治区的高中英语教学要求和目标不尽相同，尤其是高考是否包括听力和口语技能，来自对英语要求较低的省的优胜者很快发现自己在本校大学英语课堂是能力较低者。第二个问题是本校大学英语教学要求和目标与高中英语教学要求和目标的衔接有关。中国的基础英语教学是普惠制，高考指挥棒是兼顾普惠制与人才遴选的折中方案，学生的英语技能不均衡在所难免。中国已经进入高等教育大众化阶段，但精英教育是高等教育大众化的有机组成部分，本校以其卓越的教学科研绩效位列其中，大学英语教学需要在一年内将技能不均衡的学生培养成符合高级要求和发展目标的人才。这两种矛盾具体在本校大学英语课堂有如下表现：第一，来自某些省或自治区高考无听力内容的学生可能会遭遇全方位的课堂困难，包括课堂互动、听力理解、口语考试、课程考试等；第二，为了达到本校教学要求和目标，教师尽力营造浸入式课堂环境以提高听说水平，但大部分学生在开学初难以适应；第三，教师难以满足学生基于毕业后出国、考研、就业等多元目标导致的多元英语学习需求，2018 年的毕业生中约 14％出国深造，约 45％的学生国内深造，其余进入职场；第四，本校有语言实验室提供灵活、免费、方便、最新的网络英语资源无障碍地进入大学英语课堂，习惯应试教育、知识结构不全的学生无所适从。学生的焦虑、动机和自信等情感因素都或多或少地影响对上述问题的解决以及最终教学目标的实现。

为了解决上述问题，笔者结合情感认知平衡理论进行了一些探索性课堂实践，成败兼具，小结如下。

2.1　注重“以人为本”，发挥学生主体作用

大学生有不同的学习需求，宜尽早引导学生明确自己的学习需求，并进行自主、自决的学习。大学英语课设在第一年，伴随着新生对大学生活原有预期的调整、大学非应试教育的适应、对专业学习的认知和未来生涯规划的迷茫。学生个体因素差异决定了教师必须“以人为本”，包括评估学生的潜能和兴趣、生涯规划、就业市场的英语水平需求等因素。大学英语教师的主要角色不再是传授语言知识和应对考试，而是以英语为载体或工具帮助学生打开、发现和思

考大学生活。大学生已经具备为学习负责任的能力，教师也应该帮助他们获得这种责任能力。

基于上述认识，笔者的第一次课是导学，内容涉及本校的教学要求、目标、手段、测评等，以及英语能力与未来职业成就的正相关关系、英语作为世界语言的重要地位、中国“一带一路”倡议和全球化对未来人才的外语要求等，并要求学生在两周内提交一份关于个人生涯规划、基于相关规划的英语需求以及相关学习困难等的作业。笔者根据作业了解不同需求的分布、学生水平差异以及学生对教师的期待等规划课堂教学。基于需求分析的教学需要教师进行个性化教学，至少是基于自然班级的个性化学习。例如，土木学院、临床医学和光电学院的学生们具有不同的学习需求。如果一个班上大部分学生的学习目标是通过四、六级，少量学生需要出国攻读博士学位，教师将以满足大部分学生的需求为主，同时创造机会满足少量学生的要求，如介绍较难的学习资源或布置较难的任务。后续课堂互动内容表明，学生的自我需求分析能启发他们思考外语与职业发展的关系，有助于激发他们的整合动机和学习外语的激情，但水平较低的学生会因此产生焦虑情绪。一些习惯应试教育和“保姆式”教师的学生难以承担自主、自决的学习责任，他们缺乏明确的学习目的，也无法获得有效成果。

2.2 营造师生平等关系，降低学生外语焦虑

与基础教育相比，大学师生关系更平等，更适合新知识的发现和获得。以人为本是为了挖掘学生的潜能，而降低外语焦虑有利于实现教学目标。前述诸多问题与大学生的外语焦虑有关，平等师生关系通过同时影响学习者的情感和认知发挥积极作用。大学生进入全新的英语学习环境，教师更加注重语言技能，而不是语言知识，这种转变需要大量课堂参与。一些学生羞于开口参加课堂讨论，一些学生站在教室前手足无措，还有一些学生长时间保持沉默，而这些学生的高考英语成绩基本在 130 分以上。上述课堂现象一方面提示了从知识到技能的训练欠缺，另一方面提示了学生在同辈群体关系和师生关系上的情感焦虑，前者的解决有赖于后者的解决。

为了激励学生提高听说能力，笔者每次课堂的第一个活动是邀请三名学生来讲台就一周前给出的话题发表观点。学生们对此活动持不同态度，有的害怕，有的期待，有的不情愿，还有的自愿前来。考虑到二语习得理论和情感过滤假设中都提到的“沉默期”，笔者此前都是让学生自愿发言，但导致机会不均，尤其是胆小但英语水平较高的学生。从 2018 年起，笔者采用“微助教”教学平台随机选择学生，并就准备是否充分而不是语言水平进行打分：充分准备 3 分，比较充分 2 分，没准备 1 分。这种做法成功地减少了偷懒者，学生上课前再也不无所事事，每个人都在紧张地准备着，并且降低了低水平学生的外语焦虑。对

于学生口语技能，以表扬和激励为主，但也真诚指出需要改进的地方。土木学院有一个非常典型的读写和听说能力不相称的学生，读写方面优秀，但听说糟糕。这个学生总是坐在教室最后一排的中间，表情上明显透漏出自信不足。“微助教”平台在秋季学期一共随机抽到该学生三次，该生前两次几乎是口吃般地费力地表达观点，一个单词要重复四五次，课堂陷入非常窘迫的气氛。但是笔者欣喜地发现该生最后一次的表现非常好，全班学生给予了热烈的掌声。以上说明，把适度的焦虑转变为英语学习动机，并给予积极反馈，可能有助于培养更自信的学生，也能让学生看到教师的良苦用心。

2.3 多元化教学，激发学生兴趣

信息社会正在给课堂教学带来革命性变化，教师必须与时俱进。从教学内容看，由于教材偏老化，而千禧年后出生的大学生们成长在信息社会，固守教材只能是“催眠曲”。引进时兴而紧扣他们兴趣的课外内容是情势所逼，实验室能根据教师要求下载网络资源，包括 BBC、VOA、TED、CNN、CGTN 等国内外英语媒体内容。虽然这些内容起初对于他们非常难，但经过教师讲解、循序渐进的训练以及敦促学生利用手机自学等措施，学生能理解主要内容。这种课堂内容不仅有效整合了工具性和人文性目标，还为学生了解世界提供了一扇窗户。从教学形式看，在课堂教学过程中，学生的个性化变量要求教师设计个性化课堂活动，并且要考虑专业因素。有的学生乐于在课堂上展示口语技能，有的学生乐于被教师点名邀请，有的学生尽量避免发言，教师可以通过提前通知口语话题、课堂“微助教”随机点名和助教推荐等多种形式照顾到不学生习风格的学生。在专业因素方面，通过口语话题动员学生思考生涯规划是个不错的做法。以《新视野大学英语视听说教程 4》(郑树棠，2014)第七单元课文 *Trouble in Modern Times* 为例，教师提前一周布置问题“Compared with students of other majors, what different fears or phobias do you have?”，要求学生访谈高年级学生、专业人士等。这个开放性问题在不同专业学生中产生了富有意义的探索和思考，引领学生评估专业认知、生涯准备和生涯调整。从教学内容看，教师应根据学生变量从课文组中选择合适材料，并增加具有时效性的视频资料或讨论话题。

需要提出的是，多样化的教学形式给教师和教辅人员提出了更高要求，费时而费力，如果大学教师绩效评价指标重科研、轻教学，并且与收入挂钩，费时而费力的教学形式很难可持续。

3　结语

情感认知平衡理论兼顾认知和情感特征，是基于教师和学生都是人的人本主义理论。从课堂实践看，增强动机、降低焦虑、提高信心等方面具有较强的可操作性，学生在更平等的师生关系中通过思考生涯规划和自身学习责任，不仅能把高中阶段的语言知识转化为日常可用的语言技能，还能通过频繁的师生互动、生生互动在人格上更成熟，提高人际关系中的情商。实践中发现，情感认知平衡理论主要聚焦学生的情感因素，忽视教师情感因素的理论是工具性情感理论。

本章参考文献

[1] American Psychiatric Association. Diagnostic and statistical manual of Mental Disorders (Fifth ed.)[M]. Arlington, VA: American Psychiatric Publishing, 2013: 189.

[2] BAUER R. The obstinate audience: The influence process from the point of view of social communication[J]. American Psychologist, 1964, 19 (5): 319-328.

[3] CLEMENT R. Ethnicity, contact and communicative competence in a second language[M]. // GILES H, ROBINSON W P, SMITH P M, Language: Social Psychological Perspectives. Oxford: Pergamon, 1980: 147-154.

[4] DORNYEI Z. The psychology of the language learner: Individual differences in second language acquisition[M]. Mahwah, NJ: Lawrence Erlbaum, 2005.

[5] DULAY D, BURT M, KRASHEN S. Language two[M]. New York: Oxford University Press, 1982.

[6] GARDNER R C, LAMBERT W E. Attitudes and motivation in second-language learning[M]. Rowley, MA: Newbury House Publishers, 1972.

[7] GARNDER C G, LALONDE R N, MOORCROFT R, et al. Second language attrition: The role of motivation and use [J]. Journal of Language and Social Psychology, 1987, 6: 29-47.

[8] GOLEMAN D. Emotional intelligence: Why it can matter more than IQ [M]. London: Bloomsbury PLC, 1996.

[9] GREGERSON T. To err is human: A reminder to teachers of language-anxious students[J]. Foreign Language Annals, 2003, 36 (1): 25-32.

[10] HEIDER F. The psychology of interpersonal relations[M]. London: John Wiley & Sons, 1958.

[11] HORWITZ E H, HORWITZ M B, COPE J. Foreign language classroom anxiety[J]. The Modern Language Journal, 1986, 70 (2): 125-132.

[12] KRASHEN S D. Explorations in language acquisition and use: the Taipei lectures[M]. NH: Heinemann, 2003.

[13] KRASHEN S D. Principles and practice in second language acquisition [M]. Oxford: Pergamon Press, 1982.

[14] KRASHEN S D. The input hypothesis: issues and implications[M]. New York: Longman, 1985.

[15] LIU M, JACKSON J. An exploration of Chinese EFL learners' unwillingness to communicate and foreign language anxiety[J]. The Modern Language Journal, 2008, 92(1): 71-86.

[16] MACLNTYRE P D, GARDNER R C. The subtle effects of language anxiety on cognitive processing in the second language[J]. Language Learning, 1994(44): 283-305.

[17] MURTAGH L. Retention and attrition of Irish as a second language [M]. The Netherlands: University of Groningen, 2003.

[18] PHILLIPS E M. The effects of language anxiety on students' oral test performance and attitudes[J]. The Modern Language Journal, 1992, 76 (1): 14-26.

[19] ROGERS C. Freedom to learn: A view of what education might become (1st ed.) [M]. Columbus, Ohio: Charles Merill, 1969.

[20] SELIGMAN M E, WALKER E F, ROSENHAN D L. Abnormal psychology (4th ed.) [M]. New York: W. W. Norton & Company, 1995.

[21] ZELLNER M. Self-esteem, reception, and influenceability[J]. Journal of Personality and Social Psychology, 1979, 15 (1): 87-93.

第六章　大学英语课堂工具性与人文性的有机融合

长期以来，国内高校外国语言文学院系重学习者听、说、读、写、译等语言技能训练，轻人文素养的培养；重教学理念、人才培养模式、课程设置；注重学生各项技能的提高，轻人文关怀等人文素养的发展。非英语专业的大学英语教学更是把语言习得作为培养的终极目标，语言学习的工具性一直处在教与学的中心位置，而对学习者人文素质的教育却一直被边缘化。以读写课堂为例，词汇讲解、课文篇章结构的分析、文化背景知识的简介，间或英语写作技能的讲解等一直统领着外语课堂。对学习者而言，大学英语的学习只是高中技能培养的拓展和延伸，差别不大。21世纪初，一些知名学者和课堂教师认识到这种“重工具、轻素质”的培养模式带来了如下弊端：第一，在学习者的输出能力，即口头表达和书面表达中，思想和思辨缺席普遍存在。许国璋先生曾描述外语学习者，他们一开口讲英语“语音好，语调也好，打招呼的那几句开场白很像个样子，可是谈完天气之后，再也没有话了，不能连贯地谈论正经的事，既没有知识，也没有看法”（刘润清，1996）；而写出的作文，除了辞藻华丽外，满篇都是公式化的套话、口号式的大话，“没有多少知识，更没有多少新鲜思想”（杨自俭，2004）。第二，英语专业学习的重点是英语语言和西方文化，很少涉及中国文化的内容。毕业生不了解中国文化，也不能用英语很好地表达中国文化的内容（侯健，2016）；在平时的交流和国际交往中，“中国文化失语症”现象严重（从丛，2000）。面对这些问题，一些知名学者纷纷撰文，讨论人文素养在培养全面人才中的重要性，提出了外语教育的培养目标：当代大学毕业生既应有熟练的目的语听、说、读、写、译技能，又应熟悉目的语文化，同时还应具有用英语表达中国文化的能力。

1 中国英语教育工具性和人文性研究述评

在过去的近 20 年里，国内外语教育界已从 20 世纪末的“外语教育一条龙”和如何提高学生的口头表达能力的探讨，转移至外语教育是提高学生的语言技能还是培养学生的人文素养的论争。罗益民(2002)率先以《外语教学“工具性”的危害及其对策》一文对外语学习的“工具性”提出批评，张中载(2003)的《外语教育中的功用主义和人文主义》则拉开了外语学习“工具性”与“人文性”辩论的序幕，一大批学者加入这场世纪大辩论的行列(杨自俭，2004；蔡基刚，2010；丁研等，2015；蔡永良，2013；王文斌，2018)。学者们就外语教育的本质、人文素养的重要性和目标展开辩论；课堂教师也意识到人文素养教育在外语教学中的重要性，并提出了在课堂实践中如何培养学生的人文素养的构想。

1.1 外语学习的工具性和人文性之论辩

“工具性”这一概念经历了一个演变的过程，最初被称作“工具论”，由罗益民(2002)在第一届中国外语教授沙龙上首次提出。他指出，“工具论”的教学观在国内外语教育界颇为盛行，课堂教师和外语教育理论界普遍把外语看作一种工具，并作为外语教学的指导思想。2003 年，张中载在追溯“工具论”的词源及其哲学理据时，将英语 utilitarianism 带有贬义的“功利主义”译为中性词“功用主义”，并进一步将其等同于“工具性”这一概念，同时指出外语教育并非是纯功用的，应该既是“功用主义的”，又是“人文主义的”。而官方的指导性文件则要滞后于学界的认识，在教育部 2004 年正式颁布的《大学英语课程教学要求(试行)》中，全文用大量的篇幅阐述了大学英语教学的主要目标是提高学生的语言技能，尤其是听说技能，只在“课程设置”板块提及“素质教育”。在试行三年后，教育部于 2007 年正式颁布了《大学英语课程教学要求》，还是在“课程设置”板块，在之前的“大学英语课程不仅是一门语言知识课程，也是拓宽知识、了解世界文化的素质教育课程”后补充了“兼有工具性和人文性”。自此，大学英语教育的“工具性”和“人文性”成为学界讨论的热门话题。

丁研等(2015)对 2000—2014 年发表在 CSSCI 期刊上直接参与这场世纪大讨论的 33 篇论文进行梳理和分析后，将学者们分为“人文说”“工具说”“并重说”三派。主张“人文说”的学者主要从工具性教育的危害(罗益民，2002)和人文教育的重要性进行了论述，很多学者还就如何在大学英语教学中实施人文教育提出了切实可行的建议，指出“语言工具论”忽视了中国外语教育的人文理念，大学若以培养学生的听、说、读、写、译等技能为目标，那么与社会上的培训机构并无两样，培养出的是“四不像”的边缘人，他们既没有过硬的目的语语言驾驭能力，也没有扎实的目的语语言文化功底。要使语言学习做到厚积薄发，必须“淡化工具说，强化人文说”。赞成外语学习“工具说”的学者也从三个方面对“人文说”的主要论点作出了积极回应。蔡基刚(2010)指出，在这场关于外语教学“工具性”与“人文性”的论争中，学界应首先区分三点不同，即区分“外语教育和外语教学”的不同、“中小学外语教学和大学英语教学”的不同、“外语专业和非外语专业教学”的不同；他和其他的倡导者还援引了外语教学比较成功的地区(如香港)或国家(如罗马尼亚和新加坡)来支撑他们的观点。也有学者采取了一种折中的态度，指出外语教育是“工具性”和“人文性”的有机统一，在对比了 1986 年、1999 年和 2004 年版的“大学英语教学大纲”的演进历程后，发现新版教学大纲出现了两种趋势，其中之一是“从强调英语的工具性要求到工具性和人文性和谐统一的转变，即提倡提高人的文化素养，满足人的工作和社会交往需要”，体现了“工具性”和“人文性”相统一的理念，指明了大学英语教学改革的方向。丁研等(2015)在综述了这场世纪大讨论后，也指出语言学习的工具性和人文性可以并行发展，具体做法是：用英语为有一定基础的学生“开设英美文学、西方哲学、欧美社会与文化、跨文化交际等人文类课程，以及通用学术英语、商务英语、工程英语、法律英语、软件英语等专门用途类课程”。

2017 年，教育部颁布的《大学英语教学指南》(以下简称《指南》)可以说是对这些论争的一个折中处理。在“课程性质”部分，《指南》指出，“大学英语课程是高等学校人文教育的一部分，兼有人文性和工具性双重属性”。《指南》把“工具性”定义为“在高中英语教学的基础上进一步提高学生英语听、说、读、写、译的能力”，除了基础英语教学外，还包括专门用途英语(如“学术英语”和“职业英语”)；把“人文性”定义为“以人为本，弘扬人的价值，注重人的综合素养的培养和全面发展”。具体做法是，对学生进行“跨文化教育”，内容包括“除了学习、交流先进的科学技术和信息外，还要了解国外的社会和文化，增进对不同文化的理解，对中外文化异同的认识，培养跨文化交际能力”和弘扬“社会主义核心价值观”。

1.2 “外语教学”和“外语教育”内涵和关系之探讨

蔡永良(2013)、王文斌(2018)指出，要厘清“工具性”和“人文性”必须先弄清两个关键问题：首先是区分“外语教学”与“外语教育”这两个一直被国内外语教育界混用的概念，其次是厘定二者之间的关系。蔡永良(2013)从国内外语界著名的学术期刊、知名学者的论文题目和新中国成立 60 周年外语教育系列丛书入手，指出我国外语界混用“外语教学”和“外语教育”两个名称，导致外语教育的理论和实践仍停留在教学技术层面，要实现从“外语教学”到“外语教育”的转轨，必须首先厘清这两个概念。蔡永良在分析 Widowson 给“外语教学”所下的定义和梳理20世纪90年代国际学术界对语言教育的宏观研究后，发现“外语教学”关注教学技术等微观层面，“外语教育”“除技术问题外关注其社会文化功能等宏观问题”，前者是后者的一部分，后者包蕴前者。王文斌(2018)将这一方面的研究向前推进一步，在检视了国内外语类学术论文、期刊、图书、出版社以及《指南》和《高等学校外语类专业本科教学质量国家标准》后，同样发现两个术语“常交替频现，纠缠不清”。他从学科发展的高度出发，对两个术语重新定义，指出“外语教学”是侧重听、说、读、写技能和关涉外语音、形、义等语言知识的教与学活动；“外语教育”指“借助对外语基本技能和知识的传授这一途径而使学生获取精神、素养、思维和行为的熏染”。杨自俭(2004)对“外语教育”的定义更加具体，他指出“外语教育”不单指“外国语言教育”，而应包括“外国语文教育”，即“语言与文学”“语言与文字”“语言与文化”的教育。可见，三位学者对“外语教育”与“外语教学”的关系之看法比较一致，即前者包容后者，前者是目标，后者是达成前者的途径。

2.3 对“论争”与“探讨”之再思考

“工具性”和“人文性”之论争与“外语教学”和“外语教育”内涵和关系之探讨有异曲同工之妙。两者既有区别，又有联系。前者更加宏观，带有很强的理论色彩；后者更加微观，具有很强的实践性。“论争”让外语教育界更加明确了语言除了表达思想和进行交际的工具性功能外，还具有培养学习者表情、表意、文学、审美能力和文化育人功能。也就是说，没有纯“工具性”的外语教学，也没有纯“人文性”的外语教育，只是在中国外语教育的不同时期，它们顺应时代的需求而诞生，各自扮演着不同的角色。在当今全球化的新形势下，我国的外语教育亟须实现从外语“教学”到“教育”的转轨，从注重学习者语言技能的提高到侧重语言文化意识的培养(蔡永良，2013)，也是为了顺应时代的需求。对课堂实践而言，这些讨论说到底是外语教育的重心问题，是侧重语言技能的提高还是人文素养的培养，是关于语言学习的名与实之辩、形式与内容之争。不同类型的课程，侧重点不同，正如文秋芳(2014)所说的，大学通用英语课程与专门用途英语课程两者均具有不同的“工具性目标”与“人文性目标”；即便是同一课程，在教学的不同时段也会有不同的侧重点。

这些研究为大学英语教育奠定了理论基础，指明未来大学英语课堂实践的大方向，但同时也存在几方面的局限性：第一，对非英语专业的本科生而言，开设“人文课程”的可操作性和学习者最终能否达到预期的目标值得商榷；第二，即使开设人文课程，基本上也是对他者文化的了解，没有涵盖《指南》中“对中外文化异同的认识”和融入“社会主义核心价值观”，在全球化的今天，不利于培养学习者对母语文化的认同，也不符合国家提出的建立文化强国战略和中华文化软实力海外传播的战略；第三，无论是“论争”，还是“探讨”，抑或是《指南》，对语言学习的“工具性”或“外语教学”的内容都有很明确的界定，而对“人文性”和“外语教育”所涵盖内容的处理则比较模糊。比如，王文斌(2018)提及“精神、素养、思维和行为的熏染”，我们不禁要问：这些是谁的？西方的还是中华文化的？再如，王守仁等(2011)在调查了社会用人单位对人才的选择和聘用后发现，除了专业技术水平外，用人单位还会考察应聘者的一些非专业因素，如诚实守信、正直负责等思想素质，善于沟通协调人际关系，具有合作精神、较强的组织能力和心理素质等。我们暂且把这些非专业因素称为“团队精神”，这种精神在《指南》和学者们的讨论中都没有提及。

综上，可以发现目前的《指南》已经充分认识到人文性在大学英语教育中的重要性，然而鲜有研究在实践中对此作出探讨。因此，本章将在此方面探讨在大学英语课堂中如何实现工具性和人文性的有机结合。

2　工具性与人文性相融合的大学英语课堂实践

人文素养的培养是个很大的话题，如何结合课文、缩小讨论的范围是教师们在每次课程的设计中首先考虑的问题，有的课文可能宜于对学生进行跨文化能力的培养，有的可能更适合培养学习者的积极情感，有的可能更适合引导学生对现实进行反思。本章将从这三个方面探讨如何结合课文，在提高学生的语言技能的同时，培养学生的人文素养，实现外语教育工具性和人文性的有机融合。

2.1　提高听说技能与了解他者文化和文明相结合

了解他者的文化和文明并非一定要通过“文化课程”或“跨文化交际课程”，非英语专业大学英语基础教学阶段的课程，既可做到培养学生语言技能，也可以做到帮助学生了解他者的文化和文明，培养他们的跨文化交际能力。“综合教程”课堂教学虽然重点是课文词汇、篇章和写作技巧的讲解，对听说技能的处理比较弱化，但可以运用化整为零法，以专题的形式使学生熟悉英美文化。具体做法是结合课文中提到的某种文化现象，将大话题切分为一个个的小话题，分阶段布置学生课后完成。比如在学习《全新版大学英语综合教程 3》(季佩英等，2014)第二单元课文 *Civil-Rights Heroes* 时，围绕美国的“民权运动”(civil-rights movement)这个大话题，首先布置学生观看有关“民权运动”历史的视频，旨在帮助学生了解 civil rights heroes 和 freedom givers 产生的历史语境。第二步要求学生了解美国民权运动著名的 heroes 和 freedom givers，要求学生在 VOA Special English Program 的 The Making of A Nation 板块听 Thomas

Jefferson、Abraham Lincoln 和 John F Kennedy，在 *People in America* 听 Martin Luther King Jr. 和 Rosa Parks。通过对这些历史人物的了解，掌握他们在美国民权运动中所起的作用，熟悉这些载入史册的英雄们为美国黑人争取人权，尤其是自由所做的贡献，同时也为学习课文中的那些无名英雄(unsung freedom givers)作铺垫。这一文化现象的学习还不止于此，美国黑人争取人权的前提是首先必须获得自由，所以第三步是进一步缩小话题，美国历史上为黑人"争取自由"(fighting for freedom)所作的努力的历史节点——南北战争，要求学生自己选听有关美国南北战争的文章 6～10 篇，边听边复述，并记下每篇的题目以备抽查。还可写出摘要，锻炼学生的写作能力。

《新视野大学英语视听说教程 3》(郑树棠，2014)更是为培养学生了解世界各地的文化、文明和文学打开了一扇窗口，互联网上的资源为培养学生这方面的人文素养提供了广阔的空间。以第一单元的"Viewing"为例，选取了 19 世纪英国女皇维多利亚统治时期的著名小说家托马斯·哈代的杰作 *Tess of the d'Urbervilles*(《德伯家的苔丝》)中的片段。这是英国文坛以小说为代表的第二巅峰时期(第一巅峰时期是莎士比亚的戏剧)，诞生了众多的小说大师和不朽的小说名著，这为学生了解英国文学提供了很好的契机。因此，在上这一部分之前，要求学生以"维多利亚时期 12 位著名小说家"为关键词上网搜索，按他们的出生时间的先后顺序列出表格。表格内容包含这些作家的英语姓名，在括号附上中文翻译，生卒年月、著名的小说英文名和中文翻译，选取 3～5 部(见表 1)。

表 1　Famous Novelists in the Victorian Era

Name of the Novelist (小说家)	Date of Birth —Date of Death (生卒年月)	Novels(小说)
Charles Dickens (查尔斯·狄更斯)	1812.2.7— 1870.6.9	*Oliver Twist*(《雾都孤儿》) *Hard Times*(《艰难时世》) *David Copperfield*(《大卫·科普菲尔德》) *A Tale of Two Cities*(《双城记》) *Great Expectations*(《远大前程》)
George Elliot (乔治·艾略特)	1819.11.22— 1880.12.22	*The Mill on the Floss*(《弗洛斯河上的磨坊》) *Middlemarch*(《米德尔马契》)

续表

Name of the Novelist（小说家）	Date of Birth—Date of Death（生卒年月）	Novels（小说）
William Makepeace Thackeray（威廉·梅克比斯·萨克雷）	1811.7.18—1863.12.24	*The Vanity Fair*（《名利场》）
Charlotte Bront（夏洛蒂·勃朗特）	1816.4.21—1855.3.31	*Jane Eyre*（《简·爱》）
Emily Bront（艾米丽·布朗特）	1818.7.30—1848.12.19	*Wuthering Heights*（《呼啸山庄》）
Thomas Hardy（托马斯·哈代）	1840.6.2—1928.1.11	*Tess of the d'Urbervilles*（《德伯家的苔丝》） *Far From the Madding Crowd*（《远离尘嚣》） *Jude the Obscure*（《无名的裘得》）
Robert Louis Stevenson（罗伯特·路易斯·斯蒂文森）	1850.11.13—1894.12.3	*Treasure Island*（《金银岛》）
William Wilkie Collins（威廉·柯林斯）	1824.1.8—1889.9.23	*The Woman in White*（《白衣女人》） *The Moonstone*（《月亮宝石》）
Oscar Wilde（奥斯卡·王尔德）	1854.10.16—1900.11.30	*The Picture of Dorian Gray*（《道林·格雷的画像》）
Rudyard Kipling（拉迪亚德·吉普林）	1865.12.30—1936.01.18	*The Jungle Book*（《丛林故事》）
Arthur Conan Doyle（亚瑟·柯南·道尔）	1859.2.22—1930.7.7	*Sherlock Holmes*（《福尔摩斯探案集》）
Lewis Carroll（路易斯·卡罗尔）	1832.1.27—1898.1.14	*Alice's Adventures in Wonderland*（《爱丽斯梦游仙境》）

之后，要求学生每两周精看一部电影，进行复述，然后选择里面的精彩对白进行电影趣配音的练习。

如果说这些由经典小说改编的电影让学生了解了世界某个时期的主流文化的话，那么《新视野大学英语视听说教程3》（郑树堂，2014）第三单元课文*Going Tribal*（《走进部落文明》）则让我们了解了鲜为人知的另一种文明、另一种文化。这部由BBC和《探索频道》共同录制的电视系列纪实片，记录了世界很多部落因为地理位置偏僻、远离尘嚣，所以生活环境、生活习俗、文化传统得以完美保存。观看这些纪实片，我们能更好地理解世界文化的多元化和多样性，理解方能包容，包容才能换位思考，才能不囿于一己之见，才会明白唯有不同文明、不同文化共融共存，世界才会更加丰富多彩。

2.2 提高写作技能与培养审美情感相结合

在以往的研究中，教师们探讨如何在英语课堂上培养学生的积极情感时，大多讨论怎么运用纯文学作品如小说、诗歌和电影等培养学习者的审美能力，但在目前大学英语教材中，这三类体裁的作品并不多，以《全新版大学英语综合教程3》(季佩英等，2014)为例，16篇课文仅选取了三篇短故事，诗歌则置于后面的练习中，作为课文内容的一种调剂和补充，电影为零，其余均为散文。如此一来，这是否意味着大学英语课堂对学生的语言审美能力的培养就束手无策了呢？答案无疑是否定的。结合所学课文，同样可以培养学生感受语言的表达美与思想美。结合课文，具体分三步进行：引导学生发现美，引导学生体验美和引导学生创造美。16篇课文以及每一单元后面的诗歌，都可用来作为审美教育的素材。在词汇和语句层面，发现语言的修辞美和节奏美。在篇章层面，发现语言的视觉美和思想美。修辞美主要通过各种修辞手段的运用，如拟声词、押韵手段和平行结构等。拟声词和各种押韵手段的运用使语言呈现出音韵美，如"We love the smell of the earth warming and the sound of cattle lowing."

这句话中smell和sound两个词都以s开头，出现在同一个句子中，称作"头韵"，lowing则是拟声词，头韵和拟声词的运用使句子读起来音韵铿锵。后面有篇课文中拟声词的运用可谓达到极致："but he took no notice of her and the night noises of the hospital — the clanking of an oxygen tank, the laughter of night-staff members exchanging greetings, the cries and moans and snores of other patients."

在这个段落中，拟声词的连续使用反倒营造了一种万籁俱寂的画面，从反面衬托出主人公全神贯注于照料他的"父亲"，为后面思想的升华"And he proved, in a uniquely human way, that there are people who care what happens to their fellow men"埋下伏笔。语言的修辞美还体现在平行结构的使用上，如："The ad pointed that, yes, it is the insurance companies that pay for the stolen goods, but who is going to? Who is going to ..."有时，看似从词汇或语法方面学习的选词或句子结构，除了得体的选词等语言方面的考虑外，还有修辞美的考量，如："They had almost reached the shore when a watchman spotted them and raced off to spread the news."

spot 除了"原本很难被发现，结果很突然发现了"这一层意义外，还照顾到跟 spread the news（通风报信）中的 spread 压头韵。还是这篇课文的第十段，也有一个压头韵的句子："Over the course of his life，John Parker guided more than 400 slaves to safety."

在这一句中，为什么作者不用 runaways 或 fugitives 或 runaway slaves，而用 slaves？为什么不用 liberty 或 freedom，而偏偏用 safety？前者主要是修辞的需要，后者除了上下文中指那些逃亡的奴隶离自由还有段路程要走这一层含义外，也是修辞方面的考虑。有些从语法学习的角度去分析的句子结构，其实也可从修辞美的视角引领学生去思考，如："While one storm after another blasted huge drifts up against the house and barn，we kept warm inside burning our own wood，eating our own apples and loving every minute of it."

从句法的角度讲，这三个分词短语作伴随状语，但从修辞看，它们是平行结构，而且每个短语的词数基本一样，读起来朗朗上口，非常有节奏感。

有时，一篇散文阅读理解并不难，但要领会作者的文学修养，则需要吃透它的精髓，透过字里行间了解作者的良苦用心，如下面的段落：

It's a satisfying life，too. In summer we canoe on the river，go picnicking in the woods and take long bicycle rides. In winter we ski and skate. We get excited about sunsets. We love the smell of earth warming and the sound of cattle lowing. We watch for the hawks in the sky and deer in the cornfields.

语言作为思维的工具，无论是遣词还是造句，都是为了表达某种思想，传递某种情感，通过语言表达的思想美，激发读者的情感共鸣。在这一段里，作者不是为了描写而描写，而是通过诉诸各种感官，意在向读者展示在乡下一年四季的生活画面，这种田园生活浪漫、惬意而美妙。

仅仅享受乡村生活还不够，没有一幅丰收的画卷，乡村生活不算完美。随着时间的推移，到了耕种的季节，有耕耘必有收获，这就是第七段要完成的使命：

When spring came，it brought two floods. First the river overflowed，covering much of our land for weeks. Then the growing season began，swamping us under wave after wave of produce. Our freezer filled with cherries，raspberries，strawberries，asparagus，peas，beans and corn. Then our canned-goods，shelves and cupboards began to grow with preserves，tomato juice，grape juice，plums，jams and jellies. Eventually，the basement floor disappeared under piles of potatoes，squash and pumpkins，and the barn began to fill with apples and pears. It was amazing!

在这一段里，作者对农耕的画面轻描淡写，一句话一笔带过，并且没用只言片语描述田园生活的辛苦劳作，也没有描述乡村生活需要精打细算才能收支相抵，而是用了大量的农作物词汇，向读者展示一幅丰收的画卷，暗示了丰收带给他们的喜悦(joys the bumper harvest has brought to them)，进一步凸显他和他的家人已成功地创建了他们想过的 dream life。读完之后，我们不禁感慨：My God, who doesn't want to live such a life? 引发读者也想跃跃欲试。

语言的美、语言描述的视觉美，最后都服务于一个宗旨，那就是思想的表达。引导学生发现美和感受美是课文的详细解读环节的重要任务，挖掘出语言表达的思想美才是课文学习的关键。《全新版大学英语综合教程 3》(季佩英等，2014)Text A 的八篇课文中，每篇都有作者想要传递的思想，其中有四篇课文既能引导学生挖掘表达的思想美，又能培养学生的写作技能(见表 2)。

表 2　四篇精选课文表达的思想美

Text	The Main Idea It Conveys	Suggested Writing Tasks
Mr. Doerty Builds His Dream Life (Unit 1, Text A)	Three qualities needed to live such a kind of life, the three qualities are applicable to most situations in our lives	Three qualities required of college students
Civil Rights Heroes (Unit 2, Text A)	They are people who sacrificed their own freedom for the sake of other people's freedom	Tell a Story of a Great Figure in Chinese history who sacrificed his own or her own life for the freedom of Chinese
The Human Touch (Unit 6, Texts A & B)	Good deeds performed by ordinary people	Restudy the two stories and and tell a story of an ordinary person by focusing on one good deed he/she has done and moved you greatly

续表

Text	The Main Idea It Conveys	Suggested Writing Tasks
Giving Thanks (Unit 5,Texts A & B)	Feeling and showing gratitude/Living with a heart of gratefulness	Write three thank-you letters,one to your parents, one to your teachers and one to one of your classmates

有学者指出,学习者的哑巴英语、口头和书面表达中的思想缺失与信息量输入不足密切相关。因此,在要求学生动笔写和开口说之前,不妨加大目的语英语的输入量,发现语言的美只是唤醒学生的审美意识,引导学生体验语言的美才能更进一步加深移情。比如,针对拟声词表达的声音美,另外补充两篇美文赏析——*The Glory of the Storm*(《辉煌壮丽的暴风雨》)和 *The Whistling of Birds*(《鸟语啁啾》),引导学生重点关注拟声词营造的想象空间。

体验美是审美能力培养过程的第二步,引导学生如何表达美和传递美才是外语教育的关键,这一任务放在写作部分完成,即在语言的输出写作环节,引导学生创造美。

2.3 对比他者文化与母语文化认同相结合

在任何一种技能的培养中,在教学的任何一个环节,都可以培养学生对中华文化和中国的认同感。文化认同感、国家认同感是个人归属感的前提,文化的认同指出了"我从何处来,要向何处去";国家认同感可以更好地培养学习者的家国情怀,所谓"有国才有家"。在以往的英语教学中,即使提到跨文化能力的培养,更多的是对目的语英语的感受能力,这是一种话语独白的局面。在讲解他者的文明、文化和文学时,如何结合课文,找到、嵌入并发出我们自己的声音?比较和对照为提高学生对母语文化的感受力,增强学生对母语文化的认同能力和自信心提供了一种行之有效的方法。比如,在《全新版大学英语综合教程3》第一单元 Text A 中提到了美国的常春藤盟校,可以设置练习,让学生对比这八所名校和中国排名前十的大学,对 Ivy League Schools,设置的练习为:

Task 1: Explore the homepages of Ivy League schools, read the introduction of each school and write down two or three items that impress you best.

Task 2: Watch the video programs of Ivy League schools. Someday if given the chance,which school do you aspire to visit or to go to as an exchange student? Give two or three reasons.

Task 3:New Ivy League Schools(two Chinese essays).

对中国排名前十的大学设置的练习为:

Visit the homepages of China's Top 10 universities, read both Chinese and English versions of the introduction, and find out the school mottoes (校训). Do they have anything in common? What/How does the motto reveal about the traditions of the university? Or about the culture of the university?

文学作品作为真实而富有美感的语言材料,在激发学生的学习兴趣、熏陶学生的审美情趣和培养学生的跨文化意识等方面一直受到外语教学界的吹捧。诗歌更是文学作品中的精华,短小精悍、语言优美、意义隽永,非常适合课堂上的对比学习。比如同为咏春主题的名篇,英国诗人 John Nashe 的 *Spring*(《春》)和中国唐代孟浩然《春晓》、宋代诗人曹豳的《春暮》有异曲同工之妙(见表 3)。

表 3:英汉咏春主题诗歌对比

英 诗	汉 诗
Spring ——Thomas Nashe Spring, the sweet spring, is the year's pleasant king; Then blooms each thing, then maids dance in a ring, Cold doth not sting, the pretty birds do sing, Cuckoo, jug-jug, pu-we, to-witta-woo! The palm and may make country houses gay, Lambs frisk and play, the shepherds pipe all day, and we hear aye birds tune this merry lay, Cuckoo, jug-jug, pu-we, to-witta-woo! The fields breathe sweet, the daisies kiss our feet, Young lovers meet, old wives a sunning sit, in every street these tunes our ears do greet, Cuckoo, jug-jug, pu-we, to-witta-woo! Spring! the sweet spring! (孙梁,1987)	**春晓** (唐)孟浩然 春眠不觉晓, 处处闻啼鸟。 夜来风雨声, 花落知多少。 **春暮** (宋)曹豳 门外无人问落花, 绿阴冉冉遍天涯。 林莺啼到无声处, 青草池塘独听蛙。

这首英诗和两首汉诗有很多共性。首先,从语言上讲,汉诗和英诗都用了各自语言中的押韵形式使诗歌读起来朗朗上口,英诗用头韵和尾韵、汉诗用叠

词和尾韵使诗歌呈现出很强的节奏感。其次，体现了诗歌灵魂的意象的运用。汉诗和英诗都有鲜花、有鸟鸣，向读者展现了春天的盎然生机。在意义的传递方面，都表达了诗人对春的赞美、对自然的热爱。

3 结语

在外语教学的课堂实践中，工具性和人文性并非势不两立，非此即彼，而是往往你中有我，我中有你。比如，加大与课文内容相关的目的语文化的听力输入，既可以提高学生的听说技能，又可以培养他们的目的语文化素养；转换视角，从语言、语篇知识的讲解到引导学生挖掘课文中的文学元素，进而培养他们的审美意识；对中英两种文化进行比较和反思，肯定母语文化在人才全面发展中的价值和地位，增强学生对中华文化的自信心和民族认同感。总之，与之前的英语学习课堂相比，大学英语课堂应该是同中有异，其异质性应远远大于相似性。这主要体现在三个方面：有效的大学英语读写课堂教学，应该是把课堂还给学生，以训练学生的读写译技能代替教师讲解，在技能的发展过程中提高学生的批判性思维能力；高效的课堂教学，应该是通过语言学习培养学生的审美能力；理想的课堂教学，应该是培养学生的跨文明、跨文化、跨文学的融通能力，使他们在将来的人生旅途中，能以自己的母语文化为自豪，再拔高一点，为传播母语文化贡献自己的绵薄之力。

本章参考文献

[1] 孙梁.英美名诗一百首：春[M].北京：中国对外翻译出版公司，商务印书馆香港分馆，1987：56-57.

[2] 蔡基刚.全球化背景下外语教学工具与素质之争的意义[J].外国语，2010(6)：34-40.

[3] 蔡永良.从外语教学走向外语教育——新形势下我国外语教育转轨的思考[J].外语教学，2013(1)：65.

[4] 从丛."中国文化失语"：我国英语教学的缺陷[N].光明日报，2000-10-19(1).

[5] 丁研，蒋学清.大学英语的人文性与工具性之辩[J].学术探索，2015(4)：148-151.

[6] 侯健.试论中国文化与当前英语专业人才培养[J].语文学刊，2016(6)：79-81.

[7] 季佩英，吴晓真，陈进.全新版大学英语综合教程 3[M].2 版.上海：上海

外语教育出版社，2014.

[8] 教育部. 大学英语教学指南[EB/OL]. (2017-02-03)[2018-05-28]. https://wenku. baidu. com/view/05b52209a36925c52cc58bd63186bceb19e8ed2e.html? from=search.

[9] 教育部. 大学英语课程教学要求[EB/OL]. (2007-09-26)[2008-08-18]. www. chinanews. com.

[10] 刘润清. 许国璋教授与英语教育[J]. 外语教育与研究，1996(1)：72-74.

[11] 罗益民. 外语教学"工具性"的危害及其对策[J]. 外语与外语教学，2002(3)：50-51.

[12] 王守仁，王海啸. 我国高校大学英语教学现状调查及大学英语教学改革与发展方向[J]. 中国外语，2011(5)：4-11，17.

[13] 王文斌. 外语教学与教育、工具性与人文性之我见[J]. 中国外语，2018(2)：12-18.

[14] 文秋芳. 大学英语教学中通用英语与专用英语之争：问题与对策[J]. 外语与外语教学，2014(1)：1-7.

[15] 杨自俭. 关于外语教育的几个问题[J]. 中国外语，2004(1)：14-16.

[16] 张中载. 外语教育中的功用主义和人文主义[J]. 外语教学与研究，2003(6)：453-453.

第七章 大学学术英语课堂的教学实践与反思——基于需求分析理论的课程设计和教学实践

高等学校本科生大学英语以及非英语专业研究生英语课程是我国高等院校学生在学校学习的重要课程。在当前教育改革和社会需求改变的时代背景下，大学英语课程越来越多地被关注，除大学英语教师和相关研究者外，还有来自学生和用人单位。学生主要反映在大学英语课堂上学不到想学的技能和知识，而用人单位主要认为毕业生无法顺利承担相应职位在语言上的工作需求。

1 研究背景

作为英语课堂中重要一方的英语教师应该做些什么才能满足学习者和用人单位的需求呢？在2015年教育部颁布的《全国非英语专业研究生英语教学大纲》(试行)中就明确地将教学要求分为基础英语和专业英语两部分，其中专业英语的教学要求是，以专业文献阅读、论文摘要和文献综述写作和文献汉英互译为教学主要内容。而在2017年教育部颁布的大学英语教学的导向性文件《大学英语教学指南》(以下简称《指南》)，为全国高校的大学英语课程定位和性质、教学目标和要求、课程设置、评价和测试，以及教学方法和手段等方面提供了指导依据。《指南》中关于课程性质的描述突出大学英语课程的"工具性"和"人文性"，并对两种性质进行了明确定义，对于人文性的界定应该是毋庸置疑的。而对于另一属性工具性的认同程度略低，其在《指南》中按照不同的教学目标被分成两种：一是基于学生高中英语的水平在听、说、读、写、译的技能上进一步提高，二是通过与学生所学专业和未来就业领域相结合，获取在学术和职业上的交流能力。

同时，《指南》还制定了指导性的教学目标，根据因材施教的基本原则和各地区的不同发展水平，目标被划分为基础目标、提高目标和发展目标，并提出各高校可以依据自身的情况和需求适度调整目标和要求，个性化地设置大学英语课程，以满足不同层次学习者的需求。《指南》也对课程设置相应地作出指导，提出在高校开设三大类大学英语课程——通用英语课程（English for General Purposes，EGP）、专门用途英语课程（English for Specific Purposes，ESP）和跨文化交际课程，并建议在通用英语或者专门用途英语的基础级别开设通用学术英语课程（English for General Academic Purposes，EGAP）。

在大学英语课程教学方法上，《指南》也提供了建议，认为教学活动应更多地关注学习者的需求，教师在教学中应起到引导和启发的作用。基于此，在大学英语课堂教学中推荐采用任务式、合作式、项目式、探究式等教学方法，体现以学生为主体的教学理念。《指南》在大学英语教师的发展问题上也提出了大学英语教师要积极调整去适应大学英语课程体系变化以及随之而来的新要求，在专业理论知识和使用教学方法和教学手段的能力上不断提升。

作为教育部直属的综合性研究型重点大学，“卓越工程师教育培养计划”“卓越医生教育培养计划”等项目的入选高校，对学生的培养目标和学生自身的发展目标都要求大学英语教学目标和要求的设置要符合学校和学生水平的定位。因此，作为本校的大学英语课程，目标按照《指南》中的划分应设定在提高目标和发展目标。然而，课程设置的合理与否必须基于正确的需求分析（蔡基刚，2012），因而对学生的需求进行分析，确定课程设置，设计课程教学大纲，采用有效的教学方法和课堂管理手段完成课堂教学任务，是达成更高课程目标和教学要求的途径。

2 研究理论和相关概念

2.1 需求分析理论

1970 年代，Richterich（1972）在欧洲委员会（the Council of Europe）首次提出了外语教学需求分析（needs analysis 或 analysis of needs）的模式，为以成年人为目标学习者的专门用途英语课程设置提供理论依据。之后，Munby（1978）提出了目标情境需求（target situation needs）。在这一时期，需求分析研究的重点在于确认学习者在特定的目标情境下对目标语言的需要程度，学习者怎样更有效地达到语言学习目标以及影响学习者达到目标的变量（Richterich，1972；Munby，1978）。从 20 世纪 80 年代开始，研究者们对需求分析进行了分类，研究的重心从专门用途英语教学扩展到了通用英语教学，并极大地扩充了研究的范围，在目标情境分析（Chambers，1980）之外，又增加了缺陷分析、策略分析、方法分析和语言监测等（Hutchinson 等，1987）。研究者们认为学习者的需求可以分为目标情境需求和学习需求。目标情境需求是学习者对未来就业领域和职位要求的了解产生的需求；而学习需求是根据学习者的学习背景、语言水平、学习动机等产生的对即将进行的学习的需求（Brindley，1989；Hutchinson 等，1987）。

21 世纪以来，需求分析研究的重点仍保持在专门用途英语教学的领域中，而研究范围发展到任务型需求分析（task-based needs analysis）（Gilabert，2005；Long 等，2004；Long，2005），在研究中更重视在目标情境中具备该领域专业知识的人士对语言教学需求的意见（Gilabert，2005）。

从 20 世纪 70 年代第一次提出外语教学需求分析，到现在经历了几十年的发展，学者们基本确认了其主要研究领域是对特定语言目标情境中的学习者需求进行分析，进而对与之相关的教学需求进行分析，设计课程大纲和编制教学材料，使用有效的教学方法和手段来满足学习者的目标需求和学习需求。

2.2　学术英语和专门用途英语

学术英语（English for Academic Purposes，EAP）从属于领域更广泛的专门用途英语（English for Specific Purposes，ESP）（Hyland 等，2002；蔡基刚等，2013；文秋芳，2013）。2013 年，上海大学英语教学指导委员会颁布的《上海市大学英语教学参考框架》，把大学英语分为普通英语和与之相对应的专门用途英语，其后者可以再分为学术英语（EAP）和职场英语（EOP），而学术英语又可分为普通学术英语（EGAP）和专门学术英语（ESAP）。学术英语可以简单定义为以帮助学习者使用该语言以学习和研究为目的的英语教学（Flowerdew 等，2001），但是该定义没有全面地反映学术英语的所有范畴，学术英语还应包括在学术情境中研究和指导特殊学习群体的交流需求和活动（Hyland 等，2002）。

学术英语虽然源于专门用途英语，都是因应学习者需求的语言教学，并在早期深受专门用途英语教学理念的影响，但随着学术英语的发展和学者们研究的进一步深入，二者的区别也更加明确。学术英语发展至今可以适用于不同年龄、不同语言熟练程度的学习者，其研究方法、理论和实践都已跨越了学科的界限（Hyland 等，2002）。

上述观点也意味着学术英语能在更宽泛的目标情境中满足学习者的学习需求，并且能在国家建设发展层面上契合人才培养的目标。《国家中长期教育改革与发展规划纲要》（2010—2020 年）明确提出“培养大批具有国际视野，通晓国际规则，能够参与国际事务与国际竞争的国际化人才”，学术英语恰恰能培养学习者在国际竞争中掌握规范，并具备参与国际交流的能力。学术英语对学习者学习背景要求的弱化也可以使之具备更大的普适性，因而在大学本科和研究生（硕士和博士）阶段都可以满足学习者的需求。

3 学术英语需求分析研究

Hutchinson 等(1987)在研究中对学习者的需求进行了分类,认为目标需求应包括学习者的必学(necessities)、学习者的欠缺(lacks)和学习者的想学(wants);而学习需求包括学习者的学习条件、学习者的已有知识技能、学习者的动机等。以上述 Hutchinson 的研究为基础,Dudley 等(1998)提出目标情境、学习情境和现状情境的需求分析框架,其中现状情境指的是学习者当前的语言水平和学习过程中的困难。国内外所作的相关研究主要以这个框架为基础,对英语教学过程中教师、学习者以及在目标情境中所涉及的就业接收方的需求进行分析研究(Hoadley-Maiment,1980)。

3.1 海外需求分析研究

海外的学者相关研究有 Johns(1981)在加州大学圣地亚哥分校(UCSD)所作的需求分析研究,同时还对该校一些学科教师进行了调查,结果显示母语不是英语(ESL)的学习者对学术英语阅读和听力技能需求更高,而对写作和口语技能的需求相对较低。教师无论是学科教师还是英语教师对学术英语课程的了解有限。之前的类似研究中 Ostler(1980)也发现 ESL 学习者对学术英语课程的需求主要集中在阅读技能上,另外还注意到在研究中本科生和研究生的需求存在较大差异,研究生除了对阅读技能有需求,对于口语技能如小组讨论等也有需求。更近期的研究中,Elisha-Primo 等(2010)对以色列大学的 469 名英语为外语(EFL)的研究生进行了调查,显示对词汇和口语技能的需求高于对语法,阅读和写作的需求。Liu 等(2011)对中国台湾 6 所大学的 972 名 EFL 本科生进行了问卷调查,结果显示被调查对象对 EGP、ESP 或 EAP 课程中学习的不同语言技能有不同的认知,研究者们还发现被调查的学生对于需求的想法与他们实际学习的课程有偏差,体现了理解需求概念的重要性,因为这个概念具有复杂性、多维度和矛盾性。最后,研究者们认为被调查学生选择普通英语(EGP)课程的影响因素包括学习者的必学(necessities)、短期和长期的学习目标,而选择 ESP 或者 EAP 课程的主要原因是与职业的相关度。

3.2 国内相关研究

国内学者对于学习者需求分析也进行了研究。罗娜等(2012)对某科技大学理工科的 160 位硕士生学科导师进行了问卷调查,并对 10 位来自不学生院的学科导师进行了访谈,以了解学生对学术英语的需求。结果发现,学科导师们认为理工科硕士生对学术英语技能的需求由高到低依次为阅读、写作、听力和口语；他们对学术英语课程设置的看法存在矛盾性，既认同课程的重要性但是又对于课程的效果存在疑虑，甚至部分被调查导师认为英语教师不能胜任此类课程。蔡基刚(2012)对上海4所高校的900多名大一到大四的学生进行了问卷调查并对部分学生进行了访谈，结果发现大部分学生在专业学习中有对学术英语技能的需求，而输入性技能，如读和听的需求高于输出性技能写和说。调查结果还显示，学生的学术英语技能欠缺，参与讨论、论文写作和听记笔记是学习过程中最困难的；另外，结果还发现学生的学术素养薄弱。最近发表的另外一个多层次需求分析研究(吴莎等，2018)对全国14个省、自治区77所高校的7811名研究生进行了问卷调查，其中学术硕士研究生5150人，专业硕士研究生2661人；另外，还对300多位英语教师和900多位学科教师(学生所属院系的专业课程教师)进行了问卷调查。研究中接受调查的77所高校涉及"985工程""211工程"高校以及其他高校，所涉学校类型包括综合、理工、师范、财经等。在进行了问卷调查后，研究者还在北京、陕西、湖北等地高校进行了专题调研访谈活动。研究结果显示，大部分师生认为研究生阶段英语教学的首要目标是学术英语能力的培养，其次是综合语言运用能力。研究还显示了在师生双方认定的最急需的学术能力上存在不同意见，调查中学生普遍认为"听懂一般英语日常谈话""能阅读自己领域的专业英文文献，能从中获得资讯、观点和看法"最重要，而英语教师和学科教师都认为"能阅读自己领域的专业英文文献""用英语写论文摘要"最为重要。

综上所述，需求分析是大学英语以及后续的研究生英语课程设置的依据。而从国内外多年的研究结果来看，来自英语教师、学生和学科教师一致认同学术英语技能和课程的重要性，尽管对于目标情境、学习情境和现状情境需求的认知存在一定的差异，因而在国内有条件的高校开设学术英语课程有相当大的认可度。鉴于师生对需求认知的差异，在制定教学目标，设计教学大纲的时候，应充分考虑师生的需求，学术英语教师和学科教师应在学生的学习之初和过程中引导学生对需求的正确认识，能在各方的努力下达成一致的学习目标。学术英语教师还应在教学方法和教学管理上不断完善，更有效地帮助学生满足学习需求。在多个研究中，发现本科生和研究生的学术英语需求存在差异，因此针对不同层次学习者教学目标和教学大纲以及相应的教学手段也应有区别，但是也应该可以作为一个连续的学习过程，在高校内部打通课程的各个环节，使学习者在本、硕、博的连续学习中不断满足其需求，并在语言技能上连续进阶和完善。

4 教学实践

4.1 概述

基于综述的国内外研究发现，笔者在所担任的教学对象为二年级医科生和一年级硕士研究生的不同课程中拟定了针对不学生习者的课程目标和教学大纲。为二年级医科生开设的是一学年共计 64 学时的学术英语，包含学术英语听说和读写。一年级硕士生的课程名称是第一外国语（英语），共计 32 学时，课程开设一个学期。对于已经开始进入课题组和实验室的硕士研究生而言，学习内容应当在本校原有的实用英语教学大纲中加入学术英语的教学内容。医学本科生的学术英语课程已经开设三年，硕士研究生的综合英语课程内容的调整也经历了两轮的教学实践。

在前述的国内外研究中，学习者、学术英语教师和学科教师虽然对英语学习需求有不同的认知，但是笔者对不同层次的学习者的目标情境需求进行梳理之后，认为在教学大纲的设置中需要突出不同教学重难点，并将听、说、读、写、译等语言技能整合在课堂内外教学活动中，而非孤立地进行五种不同技能的训练。

在一年的教学完成之后，笔者对本科二年级医学的两个班共 50 名学生（临床八年 1602、临床八年 1604）进行了问卷调查（发放问卷 48 份，回收有效问卷 46 份），对 2017 秋季学期至 2018 春季学期的学术英语课程进行了评估和反馈（问卷见本章附录一）。

4.2 教学实践过程

（1）教学目标、课程内容和教学大纲的制定。

临床八年的学生在二年级还未开始医学专业学习，但是在三年级将进入同济医学院的各科室跟随导师开始专业学习和临床实践，因此在二年级课程开始时他们对英语学习的目标情境需求比较模糊，对学术英语这门课程学什么、为什么学、怎么学没有清晰的认知。正如前述研究结论指出，在设置 EAP 课程的过程中应充分协调学习者、学科教师和 EAP 教师对需求的关切，课程教师和 EAP 教师对课程学习目标的引导在学习者的需求不明确时尤为重要。同时，笔者也认为在学习者的需求与课程教师、EAP 教师的认知出现差异甚至冲突时，各方更需要协调、沟通和引导。Evens 等（2007）在对香港理工大学 26 个系近 5000 名学生所作的需求分析研究中发现，学生认为在专业学习中文献综述（literature review）的重要性低于报告（report），而大多数学科导师在调查中有不同的观点。另外，不同于临床八年的二年级本科生，本校按要求参加第一外国语（英语）课堂学习的一年级各专业硕士研究生语言水平相对较差（水平较好的学生已经通过各种标准选择免修），虽然他们在项目导师的课题组或者实验室有明显的学术英语学习需求，但是因为受限于实际语言水平而在教学环节中选择了引发更低焦虑水平的学习需求，如英语基本技能的学习，忽视了自身更为迫切的目标情境需求，即在课题组中阅读文献、发表学术论文、参与学术讨论、学术会议的要求。笔者在问卷调查和访谈中也发现，研究生所述的需求与其学科导师以及 EAP 教师的认知有差异。因此，在课程内容的选择和教学大纲的设计上，笔者根据之前的教学实践和学生反馈拟定了临床八年的本科生和硕士一年级研究生的学习目标、课程内容和教学大纲。其中有部分重叠的目标和内容，如在两门课程中都拟定了专业文献阅读的学习内容，学习目标也都设定为能较熟练地阅读英文专业文献并掌握本专业英语论文写作的基本结构。但是根据学习者的需求在课程内容安排上也有差异，如在学术口语的课程内容上研究生以学术口头汇报（presentation）为主，而为二年级医学本科生选择的内容也因为课时的安排增加了学术讨论（discussion）、学术海报（poster presentation）等（本科医学生学术英语听说课程大纲见附录二）。

（2）教学过程。

在教学中，尤其是学期或学年开始的导学课中，要明确并且详细地介绍课程的教学目标、学习内容和教学大纲，对学生有疑问或者异议的地方耐心解释和沟通，对学生提出的合理要求也给予认可，并对课程设置的相应部分进行微调。

二年级医科生的学术英语课程教学计划是两学期 64 学时，在第一学期给出 2～3 周的适应时间，把教学内容从普通英语过渡到学术英语。在说写输出要求上循序渐进，由第一学期的基于一篇论文的口头报告和 500 词以上的论文，逐步提高到第二学期的基于多篇论文研究的口头报告和 1000 词以上基于文献的综述论文写作。在基于课程目标设计的学习任务的评价过程中加入生生互评，可减轻完成任务过程中的焦虑并增加对学习任务的重视程度。硕士研究生英语课程在教学目标的设置上因为一学期共 32 学时，教学大纲的修改受到课时、原大纲规定的学习内容的限制，考虑到学生的平均语言熟练程度较低，课程中以学术阅读为主，学术写作因为课时限制只能限于和大纲相关的摘要写作。学术口语主要形式为两轮各 5 分钟学术口头报告：第一轮对所读文献进行汇报和评价，第二轮汇报自己的研究计划，并接受其他学生的提问。在教学过程中因为学生语言基础薄弱，学习动力不足，因此，在学习任务完成过程中要分解任务，每一步都要告诉他们该做什么，并予以监督和鼓励。例如，在第一轮的口头汇报之前要提供参考文献，并在课堂中引导学生有效地阅读并对论文文本进行分析，然后由学生单独完成第一轮口头汇报需要阅读的文献。第一轮报告完成后对学生的报告完成情况进行点评，保证大多数学生能更好地完成第二轮口头报告任务。

(3) 课程反馈问卷调查及结果分析。

在2017—2018学年结束时，笔者对临床八年的两个教学班共计48名学生进行了问卷调查(回收有效问卷46份)，问卷主要调查的内容是学生对教学环节和课程设计的反馈(问卷见本章附录一)。问卷结果显示：大多数学生认为课程教学目的明确(96%)，课程内容清晰易懂(90%)；在为课程设计的学习内容中，学生认为比较重要的有“听懂和读懂文中的词句”(70%)，“学术论文写作中的句子构成、段落安排、全文结构”(78%)，“几种主要的学术文体有论文、摘要、概要、研究计划”(91%)，“口头进行学术讨论和科研展示中的规范程序与表达技巧”(65%)。从收回的有效问卷中可以确定课程的教学目标较好地达成，教学内容基本满足了学生的学习需求。问卷设置了两个开放式问题：第一个问题要求学生描述学习感受，作答的学生多数表达了对课程的认可，认为课程对学术阅读和学术论文写作帮助很大，口头汇报的学习内容有趣，实用性强，目的明确；第二个开放式问题要求提出对课程的建议和意见，学生的意见比较个性化，有建议课程中加强听力技能的训练，多提供口语练习机会，纠正语音，增加课外阅读等，也有学生提出增加课时，从大一开始开设学术英语课程。

5 教学实践反思

通过对前期的各语言层次学生不同课程教学实践的回顾和思考，笔者对教学过程中的经验、体会和问题进行了反思。

5.1 需求分析与课程设计

评价课程教学的成败的标准之一是课堂教学的目标是否明确，是否能体现课程要求(束定芳，2011)。课程要求在课程设计中是必不可少的要素，对其进行设定需要教学环节涉及的各方协调参与，作为课堂教学活动中的主要参与者——学生和老师都应该对课程目标和课程要求发出自己的声音，同时也不能忽视学科教师对学生在外语课程中学习需求和目标需求的看法。而目前国内高校的大学英语课程虽然经历了几十年的发展，但是仍然被认为是效率低下，浪费了学习者大量的学习时间。究其原因，余小敏(2017)认为有三大根源，即目标模式的功利性、课程定位的模糊性、课程设计的独断性，其中课程定位和课程设计的问题也印证了前述课程教学成败的标准。因此，在课程设计的环节中应充分听取并考虑各方的需求以及根据教与学双方的能力，合理设置课程目标、课程内容和教学大纲，在课程教学中满足学生的各类需求。

以本校医学本科二年级学生开设的学术英语课程为例，它不同于医学英语课程，其定位应有别于 ESP 范畴的医学英语，应设定为介于 EGP 和 ESP 之间，从属于 ESP 的 EAP 课程。因而在课程目标、课程内容上要与他们一年级的大学英语以及三年级将要学习的医学英语区分开来，或者可以说此课程应该为他们之后的专业学习打基础。在课程结束时的问卷调查中，大多数学生认为此课程和之前的英语课程有很大区别，还有学生在课程评价的描述中也提到了该课程为今后的学术生涯铺垫了道路。据此，笔者可以认为本课程的目标设定、学习内容的选择都获得了师生双方的认可。

但是在课程设计的过程中笔者参照的是过去教学实践中自己对学生需求的单方面观察和国内外研究结果，因而在需求分析的环节缺乏一手的调查数据，有可能导致课程设计的主观性。在相关的下一轮教学中需要对学生、学科教师进行一定规模的问卷调查和访谈，并对已经拟定的课程设计进行验证和完善，尝试使用 SSM(Soft System Methodology)(Tajino 等，2005)来准确设计此 EAP 课程。

5.2　教学活动的设计

笔者所授的不同课程因课程目标、课程内容和教学大纲的差异，在教学活动的设计上也必然有区别；因为学生层次的区别，在教学活动的安排上也有差异。例如，在学术口语部分，本科生的学术口语任务安排了 poster presentation，而研究生课程中则没有安排，除了课时数不同，还有就是考虑到本科生有更多参加 poster presentation 的机会。同时，因为参加课程的硕士研究生语言水平较低，故而专门在口语活动的点评部分加入了对语音语调的纠正，这符合之前教学中学生提出的学习需求，也符合并被国内相关研究证实的中国大学生学术口语需求(王华，2018)。从学生的反馈来看，此教学活动的设计对急需纠正语音语调的学生是有帮助的。

两个不同层次的课程中笔者都安排了时长 3～5 分钟的学术口头报告，参照现在国外比较流行的 three-minute thesis presentation(3 分钟论文报告)的方式，通过文献阅读和文献综述，学生整理自己的研究问题和研究方法，在 3～5 分钟的时间里进行口头汇报。采用这种形式的学术口语活动不仅可以督促学生认真分析文献，而且可以在口头汇报的实践中掌握并熟练运用此类交流中的范式。Hu 等(2018)通过语料库研究总结了 3 分钟论文报告的文体特点，认为可以明确分辨出此类口头报告的 8 个语步(move)，其中有 6 个是必需的(orientation，rationale，purpose，methods，implication，termination)，而另外两个是选择性的(framework，results)。对范例进行分析，并将口头报告中的语言特点加以说明，通过演练，学生就能良好地掌握此类学术交流的基本范式，为在个人的专业学习中出现的需求找到解决方案。

在实施此教学活动中，笔者的体会是需要至少两轮的实操，如果有可能的话还需要督促学生进行预演，这样才能保证在课堂有限的汇报时间中呈现最好的效果。在教学中还有一个困扰笔者的问题是，如何选取对学生进行公平合理但是又具有鼓励作用的评价方式。因为学生语言水平的差异，对个别学生的评价往往较低，尽管在第二轮汇报之前也努力练习了，但是最终的表现仍然无法与其他学生相比，这样容易挫伤这部分学生的积极性。因此，笔者想是否可以在评价标准上作出调整，让绝大多数态度认真的学生得到激励。

5.3 课程教学评估

在不同课程，笔者都采用了形成性评估和终结性评估相结合的方式，这样做的理由是让教师和学生都能清楚地了解到评价结果。形成性评估和终结性评估在其目的和进行的时间上有明显差异，形成性评估是以课程发展为目的，通常在课程中进行，而终结性评估则是检验课程效果，都是在课程结束后进行(Bachman，1989)。形成性评估可以包括教师(评估人员)和学生(教学活动的参与者)，学生参与评估能更好地调动积极性，并能在评估过程中和教师一同发现自己或者其他被评价的学生的优缺点，从而促使教师和学生分别调整教学过程中的问题。另外，在形成性评估中不仅给出分数还需要有文字评论，有时还需要评估者和被评估者之间进行口头交流，结果的公布也是采用非正式的方式，由评估者单独提供给被评估者(王华等，2006)。笔者在教学过程中很多的教学活动都采用了形成性评估，观察到的效果是积极的。

对于学生参与的生生互评或者自评也不能过于主观，因此，课堂上需要学生参与评估的学习任务笔者都会通过文献查询拟定有清晰文字说明的评价标准(rubrics)，让学生通过阅读评价标准了解任务的要求，同时评判其他学生或者自己的表现。最后，师生、生生和自我评价以一定的权重计入总成绩。大部分学生认为这样的评价方式有效而且基本公正，也愿意积极地参与到过程中。

在生生互评和自我评价的时候，会出现小部分学生评价不认真，或者对标准把握不严格而造成的评价过高或者过低的情况。笔者的处理方式是清楚解释评价标准，敦促学生严格评价，同时教师也需要给出自己的评估结果，以此纠偏，使得学生能在评估中发现问题并及时调整学习进度和方式。

6 结语

对不同层次和类型的学生进行需求分析，了解他们的目标情境需求和学习需求，是对课程进行个性化设计的重要依据，在此基础上也要考量来自学科教师和英语教师的意见，明确课程目标、学习内容，并在教学实践中通过有效的教学活动和教学过程中形成性评估进一步促进课程的发展。通过梳理之前的教学，反思课程设计和教学实践中的经验和不足，发现不同课程可以有相同的课程目标、教学活动以及评估方式，但是更需要根据不学生习者的需求调整学习内容、修改教学大纲，使得不同的课程能满足更加个性化的学习者的需求。

本章参考文献

[1] BACHMAN L F. The development and use of criterion-reference tests of language ability in language program evaluation. In Johnson R K (Ed.), the Second Language Curriculum[M]. Cambridge: Cambridge University Press, 1989:242-258.

[2] BRINDLEY G P. The role of needs analysis in adult ESL program design. In Johnson R K(Ed.), the second language curriculum[M]. Cambridge: Cambridge University Press, 1989:63-78.

[3] CHAMBERS F. A re-evaluation of needs analysis[J]. ESP Journal, 1980, (1):25-33.

[4] DUDLEY-EVANST, St John M J. Developments in English for specific purposes: A multi-disciplinary approach [M]. Cambridge: Cambridge University Press, 1998:317.

[5] ELISHA-PRIMO I, SANDLER S, GOLDFRADK, et al. Listening to students' voices: A curriculum renewal project for an EFL graduate academic program[J]. System, 2010(38):457-466.

[6] EVENS S, GREEN C. Why EAP is necessary: A survey of Hong Kong tertiary students[J]. Journal of English for Academic Purposes, 2007 (6):3-17.

[7] FLOWERDEW J, PEACOCK M. Issues in EAP: A preliminary perspective. In J Flowerdew, & MPeacock, (Eds.), research perspectives on English for academic purposes[M]. Cambridge: Cambridge University Press, 2001:8-24.

[8] GILABERTR . Evaluating the use of multiple sources and methods in needs analysis: A case study of journalists in the Autonomous Community of Catalonia(Spain). In M. H. Long (Ed.), second language needs analysis[M]. Cambridge: Cambridge University Press, 2005:182-199.

[9] HOADLEY-MAIMENT E. Analysis of students' needs[D]. London: National Center for Industrial Language Training,1980.

[10] HU G W, LIU Y H. Three-minute thesis presentations as an academic genre: A cross-disciplinary study of genre moves[J]. Journal of English for Academic Purposes,2018(35):16-30.

[11] HUTCHINSON T, WATERS A. English for Specific Purposes: A learning-centered approach [M]. Cambridge: Cambridge University Press,1987.

[12] HYLAND K, HAMP-LYONS L. EAP: Issues and directions [D]. Journal of English for Academic Purposes,2002(1):1-12.

[13] JOHNS A M. Necessary English: A faculty survey [J]. TESOL Quarterly 1981,15 (1):51-57.

[14] LIU J Y,CHANG Y J,YANG F Y,et al. Is what I need what I want? Reconceptualising college students' needs in English Courses for General and Specific/Academic Purposes[D]. Journal of English for Academic Purposes,2011(10):271-280

[15] LONG M H. (Ed.). Second language needs analysis[M]. Cambridge: Cambridge University Press,2005.

[16] LONG M H,NORRIS J. Task-based teaching and assessment. In M. Byram(Ed.),Routledge encyclopedia of language teaching and learning [M]. NewYork:Routledge,2004:597-603.

[17] MUNBY J. Communicative syllabus design[M]. Cambridge:Cambridge University Press,1978.

[18] OSTLER S E. A survey of academic needs for advanced ESL[J]. TESOL Quarterly,1980,14(4):489-502.

[19] RICHTERICH R. A model for the definition of language needs of adults learning a modern language[M]. Strasbourg:Council of Europe, 1972:52.

[20] TAJINO A,JAMES R,KIJIMA K. Beyond needs analysis:Soft systems methodology for meaningful collaboration in EAP course design[D]. Journal of English for Academic Purposes,2005(4):27-42.

[21] 蔡基刚,陈宁阳.高等教育国际化背景下的专门用途英语需求分析[J].外语电化教学,2013(153):3-9.

[22] 蔡基刚."学术英语"课程需求分析和教学方法研究[J].外语教学理论与实践,2012(2):30-35,96.

[23] 罗娜,陈春梅.理工科硕士研究生学术英语需求分析[J].当代外语研究,2012(5):38-42,77.

[24] 上海高校大学英语教学指导委员会.上海市大学英语教学参考框架(试行)[M].北京:高等教育出版社,2013.

[25] 束定芳.论外语课堂教学的功能与目标[J].外语与外语教学,2011(1):5-8.

[26] 王华,富长洪.形成性评估在外语教学中的应用研究综述[J].外语界,2006(4):67-72.

[27] 王华.中国大学生学术英语口语需求调查[J].西安外国语大学学报,2018(1):81-87.

[28] 文秋芳.输出驱动假设在大学英语教学中的应用[J].外语界,2013(6):14-21.

[29] 吴莎,张文霞,郭茜.高校研究生英语能力需求及满意度调查研究[J].学位与研究生教育,2018(3):47-53.

[30] 余小敏.大学英语课程低效教学的三大根源探析[J].集美大学学报,2017(3):85-88.

附录一:本科学术英语课程问卷

一、个人基本信息

姓名	专业	高考总分	高考英语成绩(分数/满分)

二、教学质量(请勾选)(5=非常同意,4=同意,3=不确定,2=不同意,1=非常不同意)

内容 \ 评分	5	4	3	2	1
教学目的明确					
讲授清晰易懂					
课业负担适量					
师生交流适度					

三、课程设计

(1) 本课程与高中课程的相似度:(请单选)

a. 区别非常大
b. 有一定区别
c. 比较相似
d. 非常相似
(2) 我认为,第一学期的英语课程应当着重学习(可多选,也可在 e 项添加)
a. 听懂和读懂文中的词句
b. 对文中的词句进行改写
c. 通过思维导图解读文章的整体思路
d. 用文字重新概括文章的主要内容
e. 其他,具体是
(3) 我认为,第二学期的英语课程应当着重学习(可多选,也可在 f 项添加)
a. 学术论文写作中的句子构成、段落安排、全文结构
b. 几种主要的学术文体:论文、摘要(abstract)、概要(summary)、研究计划
c. 几种主要的应用文体:个人简历(CV)、个人简介(PS)、申请信(cover letter)
d. 短篇小说、日记、散文、游记
e. 口头进行学术讨论和科研展示中的规范程序与表达技巧
f. 其他,具体是
(4) 请用一句话或几个词描述你在学习这门课程中的感受
(5) 对课程发展意见或建议(可选答)

附录二:本科学术英语听说课程大纲

Speaking for English for Academic Purposes (EAP)

Target Learners: College students of non-English majors (intermediate and above)

Goals:

This is a one-semester, 2-credit course for college students of non-English majors who are placed in an intermediate level of English proficiency and above. The course aims to upgrade students' general, individual and group speaking competencies via providing an intensive environment within the general academic context, as well as enhance the academic lexical resources and improve the language accuracy.

Objectives:

By the end of the course, students should be able to:

• describe verbally an event, experience, a place, a technical product or

process in a coherent, structured and grammatically accurate manner;

- communicate information and transfer data verbally in various kinds of diagrams in a structured, coherent and grammatically accurate manner;
- take and reorganize the notes while and after listening to a lecture;
- Summarize and restate the main ideas and essential details of a lecture by referring to notes;
- play different roles in group discussions, and engage fully in discussion by providing solid contribution;
- challenge other members in group discussions by asking for clarification and justification;
- defend thoughts or feelings when challenged by members of the group;
- select appropriate content of a presentation, generate a specific topic and research on the topic;
- present independently without over-reliance on visual aids;
- engage in peer review on presentations based on presentation rubrics;
- challenge a presenter in the Q & A section of a presentation;
- respond to questions and advice in a presentation.

Contents:

- Describing skills (general & individual competencies)
- Note-taking skills (general & individual competencies)
- Academic report (individual competencies)
- Presenting an opinion (individual competencies)
- Engaging in a group discussion (general & group competencies)
- Preparing for a presentation (general & individual competencies)
- Delivering a presentation (general & individual competencies)

Schedule:

Week	Topic(s) / Language Focus	Skill(s) / Competencies
1 (90 mins)	**Orientation** Course description and expectations. Evaluations. Introductions. Homework assignment: Orally introduce oneself and report back in class the next week.	Listening for information and asking for clarification. Students demonstrate listening, speaking and grammar proficiency to establish individual base-line needs assessments.

续表

Week	Topic(s) / Language Focus	Skill(s) / Competencies
2 (90 mins)	**Describing Ⅰ** Describe an event or experience. Describe a technical process. Homework assignments: Describe the personal experience or an impressive event of online shopping based on a cue card (provided by the instructor) and submit the recording. Describe the process of purchasing a single item online and submit the recording.	Determining the essential elements of describing an event or experience. ü Organizing the elements into a logical flow of information. Connecting the information with sequential words and listing words. Familiarizing with the subject specific vocabulary.
3 (90 mins)	**Describing Ⅱ** Describe a problem in academic settings. Introduce causes of the problem. Present possible solutions to the problem. Homework assignments: Describe a campus-related problem (such as borrowing books of rare edition from the library, negotiating with a teacher about a course credits, talking to a consultant about an internship, etc.) and submit the recording. Describe a subject-related problem (such as heart attacks, procrastination, online security, etc.) and submit the recording.	Recognizing the essential elements of describing a problem. Familiarizing with strategies in introducing causes, effects and solutions. Organizing the elements into a logical flow of information. Connecting the information with transitional words and sentences.

续表

Week	Topic(s) / Language Focus	Skill(s) / Competencies
4 (90 mins)	**Describing Ⅲ** Communicate information of various kinds of diagrams. Describe data of diagrams. Homework assignments: Describe the graphic sales reports of Double-eleven issued by Alibaba. com (provided by the instructor) and orally report back in class the next week. Describe the world demographic graphs of last two decades (provided by the instructor) and orally report back in class the next time.	Identifying different kinds of diagrams and distinguishing static charts from dynamic ones. Reading the illustrations accurately. Selecting main features of illustrations. Supporting main features with the important figures. Familiarizing with reporting verbs and modifiers. Reporting verbally in a structured, coherent, grammatically accurate manner.
5 (90 mins)	**Note-taking** Listen to lectures and take notes effectively Homework assignments: Listen to a lecture on kidney stone, take notes, and organize the notes in a split-page format. Listen to a lecture on bilingualism, take notes, and organize the notes in a split-page format.	Writing down key words and ideas from the lecture in the notes. Organizing the notes by outlining. Using symbols and abbreviations effectively. Using a split-page format to organize the notes.

续表

Week	Topic(s) / Language Focus	Skill(s) / Competencies
6 (90 mins)	**Academic report Ⅰ** Listen to lectures on various subjects; Report on the main idea of the lecture by referring to examples provided in the lecture to support the main idea. Homework assignments: Listen to a lecture on advertising. Take notes of the main idea and supporting details. Report back in class the next week.	Practicing note-taking skills while listening; Summarizing the main idea of a lecture; Paraphrasing the gist of the lecture in the students' own words; Relating to major examples in support of the main idea; Using connectives effectively for coherence.
7 (90 mins)	**Academic report Ⅱ** Read texts on various subjects; Listen to lectures on the same subjects; Synthesize information from both reading and listening and give a class report. Homework assignments: Read a text on social interaction. Listen to a lecture on the same topic. Take notes of the main idea and supporting details in both resources. Report back in class the next week.	Practicing note-taking skills while reading and listening; Paraphrasing and summarizing; Synthesizing information by relating supporting details from the lectures to the corresponding main ideas from the texts; Using connectives effectively for coherence.

续表

Week	Topic(s) / Language Focus	Skill(s) / Competencies
8 (90 mins)	**Presenting an opinion Ⅰ** Make and defend a personal choice between two contrasting behaviors or courses of action. Homework assignments: Talk about personal preference between online courses and traditional classroom courses. Submit the recording. Talk about personal preference between reading a book and watching a movie for recreational purposes. Submit the recording.	Familiarizing with expressions of personal preference; Using transitional words and expressions that indicate a contradiction between ideas; Using comparison and contrast as support for personal preference; Organizing ideas into a logical flow of information.
9 (90 mins)	**Presenting an opinion Ⅱ** Present understanding of a certain problem, and express an opinion about solving the problem. Homework assignments: Listen to two students talking about a kitchen problem. Talk about the problem they are having and present personal opinion about solving the problem. Submit the recording. Listen to a student talking to a professor about her term paper. Talk about the problem she is having and present personal opinion about solving the problem. Submit the recording.	Practicing note-taking and summarizing skills in understanding the complexity of a certain problem; Analyzing information and proposing feasible solutions to the problem; Using examples and details to justify the proposed solutions; Using transitional words and expressions effectively; Organizing ideas into a logical flow of information.

续表

Week	Topic(s) / Language Focus	Skill(s) / Competencies
10 (90 mins)	**Mid-term Poster Presentation** Graded by both the instructor and students based on rubrics.	Familiarizing with the rubrics. Grading appropriately.
11 (90 mins)	**Engaging in a group discussion** Ⅰ Understand different roles in a group discussion. Compare perspectives. Chair a discussion. Discuss in groups in class on the topic of Learning online. Homework assignments: Discuss in groups on the topic of Online Shopping and video record the discussion. Review another group's record based on the discussion rubrics.	Participating in group discussions. Recognizing different perspectives. Reaching a balanced conclusion. Summarizing the outcome of a discussion. Familiarizing with vocabulary and phrases expressing individuals opinions. Familiarizing with vocabulary expressing agreeing and disagreeing.
12 (90 mins)	**Engaging in a group discussion** Ⅱ Challenge other speakers' opinions. Respond to questions and advice. Refer to data. Refer to other speakers' comments. Watch the video of a talk show on two mobile phone companies in class. Homework assignments: Collect information and data of the two Internet trading companies and discuss in groups their similarities and differences. Report back in class the next week.	Building opinions on what others have said. Raising proper questions by thinking critically. Referring to others' opinion. Referring to information and data. Familiarizing with vocabulary and phrases expressing individuals opinions. Familiarizing with vocabulary expressing agreeing and disagreeing.

续表

Week	Topic(s) / Language Focus	Skill(s) / Competencies
13 (90 mins)	**Preparing for a presentation** Prepare for an oral presentation. Select the content. Generate a topic. Be aware of the audiences. Homework assignments: Investigate among students their online behaviors, and discuss in groups the topic of presentation.	Determining the purpose(s) of presentation. Narrowing a general subject to a specific topic. Confirming the interest of the possible audiences. Deciding on the topic that the speaker knows well and the audiences care about.
14 (90 mins)	**Delivering a presentation Ⅰ** Understand presentation structures. Learn how to open a presentation. Learn how to close a presentation. Retain the attention of the audiences. Watch the video of a presentation and review on the structure, opening and closing of the presentation. Homework assignments: Collect information and data for the presentation. Structure the presentation and design the opening and closing of the presentation.	Distinguishing the effective approaches to opening a presentation. Distinguishing the effective approaches to closing a presentation. Familiarizing with the opening expressions. Familiarizing with the closing expressions. Drawing the audiences' attentions by maintaining proper intonation.

续表

Week	Topic(s) / Language Focus	Skill(s) / Competencies
15 (90 mins)	**Delivering a presentation Ⅱ** Master speaking skills of a successful presentation. Control body language. Control voice and volume. Mind the manner of presentation. Watch the video of a presentation and review on speaking skills, body languages and manners of the presenter. Homework assignments: Rehears in front of the group members and familiarize with the presentation rubrics.	Writing presentation script. Familiarizing with signpost words and expressions for presentation. Practicing and controlling the body language. Practicing and controlling the voice and volume.
16 (90 mins)	**Delivering a presentation Ⅲ** Use and refer to visual aids. Deal with questions. Watch the video of a presentation and review on visual aids and the handling of questions of the presenter. Homework assignments Provide visual aids and improve them by asking for advice of group members and the instructor. Rehearse with the help of group members.	Preparing presentation slides. Selecting proper illustrations. Preparing ahead for possible questions. Responding properly to different types of questions. Familiarizing with signpost words and expressions for presentation.
17-18 (180 mins)	**In-class oral examination** (presentation) Graded by both the instructor and students based on rubrics.	Familiarizing with the rubrics. Grading appropriately.

Methods / Approaches:

A skill-based approach is employed to familiarize the students with EGAP speaking competencies and assist them to function effectively in authentic and simulated general academic contexts.

• Students will work collaboratively with their peers in group discussions.

• Students will watch videos of lectures, take notes and retell the main ideas and essential details.

• Students will carry out out-of-class research on a topic individually and in groups and report back in class.

• Students will deliver visually aided presentations in class and review on the others' based on the rubrics.

• Students will challenge other peers in group discussions and presentations.

• Students will respond to questions and advice in presentations.

• Assessments:

• Attendance and assignment completion are required. The course grade will be performance-based.

<table>
<tr><th colspan="2">Assessment Task</th><th>Date of Assessment</th><th>Weighting</th><th>Note</th></tr>
<tr><td colspan="2">Class Attendance</td><td>Week 1-18</td><td>10%</td><td></td></tr>
<tr><td colspan="2">Assignments</td><td>Week 2-16</td><td>50%</td><td></td></tr>
<tr><td rowspan="4"></td><td>In-class Oral Reports</td><td>Week 2,5 ,8,14</td><td>16%</td><td>assessed on rubrics</td></tr>
<tr><td>Recordings</td><td>Week 3,4,9,10</td><td>16%</td><td>assessed on rubrics</td></tr>
<tr><td>Notes</td><td>Week 6,7</td><td>8%</td><td>assessed on rubrics</td></tr>
<tr><td>Group Discussions</td><td>Week 11,12, 13,15,16</td><td>10%</td><td>self-assessed on rubrics</td></tr>
<tr><td colspan="2">Mid-term Poster Presentation</td><td>Week 10</td><td>10%</td><td>assessed on rubrics</td></tr>
<tr><td colspan="2">Final Oral Exam (Visually aided Presentation)</td><td>Week 17-18</td><td>30%</td><td>assessed on rubrics</td></tr>
</table>

第八章 大学英语课堂：通过合作学习进行中西文化导入

大学英语教学在新的时代背景下，面临着新的使命和任务，国家教育部门和大学英语教学研究领域的学者们也在不断地思考该如何应对新的使命和任务，并在大学英语教学实践中做出了许多积极的探索。

1 时代背景及大学英语教学新任务

2004 年党的十六届四中全会指出，我们应推动中华文化更好地走向世界，提高国际影响力。2005 年党的十六届五中全会指出，要加快实施文化产品走出去战略，推动中国文化走向世界。中华人民共和国教育部 2010 年 7 月 29 日正式发布的《国家中长期教育改革和发展规划纲要(2010—2020)》提出，中国文化传播的文化教育目标是使学生成为文化交流的使者，使他们在进行国际学术交流的同时，也能较深入地将历史悠久的中国文化介绍给感兴趣的外国人。

《大学英语课程教学要求》(国家教育司，2007)指出："大学英语课程不仅是一门语言基础课程，也是拓展知识、了解世界文化的素质教育课程，兼有工具性和人文性。因此，设计大学英语课程时也应当充分考虑对学生的文化素质培养和国际文化的传授。"《高等学校英语专业英语教学大纲》(高等学校外语专业教学指导委员会英语组，2000)要求英语专业的学生必须"对中国社会经济发展与文化有一定了解，并提高对外介绍能力"，针对英语专业的"大学英语课程教学要求"及其教学大纲明确提出英语文化教育的重要性。此纲领性文件强调学生不仅需要对西方文化有深刻的理解，而且必须具备用英语表达和传播中华文化的交际能力。其实，在新的时代背景下，非英语专业的学生将来面临的国际工作场景将十分丰富，也应当具有与英语专业的学生同样的跨文化交际能力和传播中华文化的能力，诚然，他们可能由于英语学习时间的有限而无法企及英语专业学生的水平，但他们都应具有文化自信，具有传播中华文化的交际能力，都应成为能够在世界舞台传播中华文化的使者。

在新的时代背景下,大学英语教育应在提升学生语言知识与应用能力的基础上,加强学生跨文化交际能力的培养,造就既具有跨文化交际能力又拥有良好的语言应用能力,且具中华民族情怀与国际视野的复合型人才,这是时代的呼唤,也是现实的抉择。

我国大学英语教学研究领域的教师和研究者们多年来也在探索如何培养出能担当时代使命的、具有文化自信和综合人文素养的跨文化交际能力的人才。乔丽娟(2013)在《我国高校外语教育中"中国文化失语症"研究》一文中,总结了文化教学研究的三个阶段:兴起阶段是20世纪80至90年代,许国璋(1980)在《现代外语》第四期上发表的《词汇的文化内涵与英语教学》一文,标志着外语教学中进行文化研究的第一阶段。这一阶段的研究主要探索引入目的语的文化内容、教材编写和课程设置等方面。第二阶段跨越20世纪的90年代,开始注重母语文化,正如刘润清(1999)所言,"不仅要让学生懂些西方文化,而且也要懂得本民族文化,二者并重"。许力生(2000)进一步阐释了跨文化交际能力,认为在交际中应"使交际双方既能充分发出属于自己的声音,又能够最大限度地相互接近和理解"。这阶段探索的焦点是目的语文化与母语文化之间的互动。始自20世纪90年代末而发展至今的阶段是最重要的第三阶段,这一阶段是提出并深入研究中国文化失语症的阶段。这三个研究阶段的发展使大学英语教学和研究人员更加清楚地意识到,外语学习的目的是有效进行跨文化的交际和交流,既能理解吸纳外来文化,又能传递和推广中国文化,讲述"中国故事"。

强调大学英语文化教学,解决外语教学中的中国文化失语症问题,并不意味着我们要弱化大学英语教学在西方文化方面的导入。在阅读了前人在文化教学的各阶段的探索思考之后,笔者清楚地意识到,大学英语教学中进行西方文化内容的导入和分析的同时,还必须适时导入本土文化内容,与西方文化进行适时的分析和比较,通过合作学习的方式,培养学生跨文化交际能力,增进学生的文化自信和文化身份认同感,提升综合人文素养,使他们成为既具有跨文化交际能力又具有文化自信和民族自豪感的人才,更好地担当时代使命。

2　文献综述

2.1　大学英语教学西方文化的导入:现状和应对策略

毋庸置疑,大学英语教学导入西方文化,可使学生们通过大量真实、有内涵的学习材料体验西方文化的内涵,增强学生对英语学习的兴趣和热情,从而提升学生的理解力、表达力和使用语言的欲望。同时，西方文化内容的导入在很大程度上能增进学生跨文化交际能力、思辨能力和综合人文素养，但大学英语教学在这方面的努力仍然有限，需要广大教师和学者们继续努力。

2.1.1 大学英语教学西方文化导入的现状

在大学英语教学中，导入西方文化的现实仍然有待改善和提升。

张隆溪教授(2006)在2006年北京外国语大学英语学院主办的"人文教育与英语教育"学术研讨会上的发言"*Teaching English in China*: *Language*, *literature*, *culture*, *and social implications*"中指出，长期以来，外语教学片面强调语言基本功，忽视了文学和文化背景的重要性，使得学生对中国传统文化知识和西方文化都缺乏了解，同时，教学体系中还缺失教学大纲和内容体系、考试及应用方式。李婕(2007)也指出，我们的英语学习中"most of English teachings are always used to focusing upon language structures and neglecting the knowledge of culture connection between languages"，而且在英语文化教学中还没有明确的教学纲要。到今天，虽然我们的英语教学实践中或多或少会涉及文化，但现实中，学生还是缺乏对西方文化的了解，他们所知道的一般都是一些浅表的零星的和固化的知识。毕妤(2012)认为，大学英语教学过程中过于注意语言符号系统的学习，将很大精力放在词、句、语法等语言现象的分析研究、归类、排列甚至公式化，而忽视了文化的教学。李思远(2014)还指出，"the quality of teachers themselves is also a restriction for culture teaching"，教师自身素质也是文化教育的制约因素。

总之，大学英语教学中普遍存在偏重强调语言基本功而忽视文化内容的问题，教学观念需要更新，教学组织管理有待提升，如无系统的文化教学方面的教学大纲、教材、评测体系，且教学时间有限，师资不足。

2.1.2 应对大学英语教学西方文化导入现状的策略

李思远(2014)认为，导入西方文化的教学中要通过activities来营造cultural environment of the target language，要利用"modern technologies"并将文化讲授融入课文的讲解中。刘国荣(2009)也提出了类似的建议，即"introducing cultural background knowledge supplying relative cultural background passages to widen students' scope of knowledge and develop students"。他还认为，文化对比也是文化教学的一种方法。对此，李婕(2007)也有同样的看法，她提出要利用多媒体、英文电影、文学作品等其他手段进行文化导入的教学。研究者们认为在文化教学组织管理方面应该进一步完善课程设置，确定教学内容；在课堂教学方式方法方面，应通过多样的技术手段将文化知识融入课堂讲授中。此外,笔者认为,教师还可以调动学生们一起自主搜集、阅读有关文化内容的材料,通过翻译、对比和文化交际错误案例分析等活动来更好地理解和思考西方文化和看待我们的母语文化。

2.2 大学英语教学中母语文化的导入:现状和应对策略

张隆溪教授(2006)曾表明,"我们必须重新审视教育内容,不仅设置英国文学和西方文化的课程,而且设置用英语讲授的中国文化和比较研究的课程,以求培养出既有语言表达能力,又有文化修养和独立批判精神的优秀学生"。文化内容对于外语学习至关重要,而在我们的英语教学中存在的文化失语即母语文化缺失的现状中,本土文化在教学中的导入显得十分紧迫,很多教师和研究者都在关注思考这个问题。

2.2.1 大学英语教学中本土文化导入的现状

随着我国的经济的快速发展和逐渐强盛,汉语和中华文化在世界范围内热兴起来,我们与世界各国各民族的交往越来越密切和深入。如何培养出能在国际交往中传播中华文化的跨文化交际人才,是外语教学,尤其是英语教学需要迎接的使命和挑战。

总的来说,大学英语教学中母语文化缺失的问题主要表现为文化教育观念的缺失、文化教学组织管理的缺失和大学英语教学中母语文化课堂教学方式方法的局限。

(1) 大学英语教学中的本土文化教学观念的缺失。

多位学者的研究表明,大学英语教学中存在观念方面的缺失,如本土文化认同缺失、教育使命感缺失、文化平等意识欠缺、文化传播观念过时。

许朝阳(2009)认为,大学英语教学中文化平等意识缺失。王惠洁(2014)也提出,大学英语教学中缺失本土文化认同感和本土文化教育使命感。彭熠(2015)指出,当下的英语教学重视语言知识和交际技能,但忽略了跨文化交际能力。彭熠等(2017)对大学公共英语教学的文化传播功能研究指出,大学英语教学中存在中国文化失语、文化传播的能力和标准缺失、文化传播的内容单向、过时等问题。

(2) 大学英语教学中的本土文化教学组织管理的缺失。

王晓君(2012)认为,大学英语教学中的本土文化教学面临缺乏纲领性文件指导,教学管理、课程设置、评价方式、教学材料缺失,师资欠缺等现实问题。许朝阳(2009)指出,大学英语教学中存在英语教师中国文化素养不足和教材内容缺陷等问题。

(3) 大学英语教学中本土文化教学方式方法的缺失。

由于直到20世纪90年代末,学者们才陆续觉察到外语教学中的母语失语问题,并且大学英语教学中英语教师的中国文化素养不足,教材内容存在缺陷,这些都直接导致大学英语教学中导入母语文化的教学方式方法的探索和实践都还很有限。

2.2.2 应对大学英语教学中本土文化缺失的策略

鉴于大学英语文化教学方面本土文化缺失的现实状况,研究者们提出的应对策略来自三个方面:教学观念、教学组织管理、课堂教学方式和方法。

(1) 教学观念方面的应对策略。

研究者们提出的教学观念方面的应对策略是:树立文化政策导向,加强文化自信和身份认同感,拓展文化目标,加大母语文化传播力度和影响,并在学校层面进行政策管理引导和规训。

彭熠(2015)认为,要拓展英语学习能力的目标,即文化传播能力,包括汉英双语交际和中外文化沟通能力、正确看待文化差异的态度和有效处理文化冲突的方法、融会贯通英汉相关学科的能力、汉英语言与中西文化的比较能力,以及在日常社交生活(尤指当居住在国外时)中传播汉语语言和文化的能力。虞跃等(2017)指出,应"从政策制定层面来重视大学英语教学中母语文化导入问题",并指出大学英语教学贯彻执行"中国文化走向世界"的战略决策和《大学英语教学指南》的方向指引。陈冰玲(2016)也提出要坚持文化导向的教育观,增强母语文化身份认同,并认为学校应发挥引导和规训功能。

(2) 教学组织管理方面的应对策略。

研究者们提出的教学组织管理方面的应对策略包括制定教学大纲、完善课程设置、组织教材编写、开设系列文化课程、确定测试内容和方式,并且要重视教师培养,使大学英语教师具有中英双重文化身份和良好的跨文化交际能力。

许朝阳(2009)提出要做好教学大纲的改革,测试内容的完善以及教材的系统编写;李燚在《"中国文化走出去"战略下大学英语汉英翻译能力培养研究》中也提出要编教材,完善课程设置;虞跃等(2017)指出要调整教材内容,多元化地设置课程。此外,虞跃、魏晓红、李燚、陈冰玲等数位研究者都提到了师资建设的重要性,他们一致认为需要提升教师自身的跨文化交际能力。

(3) 课堂教学方式方法方面的应对策略。

研究者们提出的教学方式方法方面的应对策略包括课堂母语文化的融入和引导、第二课堂的文化实践性教学,以及运用翻译、文学分析、文化对比等方式进行双语文化的内涵挖掘。

多位学者在这方面提出了建设性的策略。彭熠(2015)提出双语文化内容拓展,比较异同;陈冰玲(2016)提出要推动英语本土化研究,加快"中国英语"进课堂的步伐,并加强实践性教学,提高学生母语文化表达能力。许朝阳(2009)认为应通过第二课堂,比如阅读《中国日报》和进行中国文化中英文双语阅读来导入母语文化。段丽(2014)提出要在教学中进行中西文化比较、专题研讨,充分发挥学生的主体地位。Qingqing Fang(2018)在 *Integrating Chinese culture into college english teaching against the background of "the Belt and Road Initiatives"* 一文中提出,大学英语教学应充分利用各种手段,如电影、文学作品等将本土文化融入课堂,并进行文化比较。张为民等(2002)提出教师可适时在课堂中进行教学引导,并通过翻译的训练来导入本土文化。

2.3　合作学习:西方文化和中国本土文化导入的有效方式

对大学英语教学来说,把国家未来的建设者培养成为能在国际交往中具有平等文化意识的中国故事讲述者和中国文化传播者是语言教学的使命。我国外语教学的从业者和研究者们在探索实践中提出了一系列应对目前文化教学中西方文化导入不足和本土母语文化失语的状态的对策,涉及文化教育观念、课程设置、教材编写、教学方式方法以及师资的培养和提升等多维度,这对外语教学实践具有建设性的指导作用,同时也会激发更多学者的关注、研究和践行。

在现有的大学英语教学环境下,鉴于教学学时有限,学校教师师资不足等因素,以课堂为依托的合作学习不失为一条提升学生综合人文修养、增进学生的文化自信、提高语言能力的切实可行的方式。

合作学习(cooperative learning)是一种以生生互动为主要取向的教学理论与策略体系,源于 20 世纪六七十年代的英美国家,后来受到世界范围的关注,并发展成为一种主流的教学理论和策略,"是在教学中运用小组,使学生共同活动以最大程度地促进他们自己以及他人的学习"(Johnson 等,1993)。合作学习是组织和促进课堂教学的一系列方法的总称,其特征是学生之间在学习过程中的相互合作。课堂上,同伴之间的合作在小组活动中实现。在与同伴之间的相互作用和交流之外,学习者也通过独立的个人研究进行学习(王坦,2001)。合作学习中,教师起组织引导作用,分配学习任务,引导教学进程;学生以小组(包括两人小组)为主体进行活动,"小组成员不仅要对自己的学习负责,还要对小组其他成员的学习负责,在小组中他们相互沟通协作,共同完成学习任务"(张光敏,2010)。

合作学习可以跨越课堂和第二课堂,可以联结学生和学生、老师和学生、师生和资源等各个方面,教师可以在课堂内外适时地进行英语文化和母语文化的引导,也可以视具体情形,将文化的引导融入第二课堂学生们的活动实践中,在整个文化导入过程中可以运用翻译、文学分析、文化对比等方式进行双语文化内涵挖掘。

英汉双语的文化导入教学，无论教师采用什么方式方法，最终，只有当学生真正地参与，才能内化导入的文化内容，并进行思考。学者们的研究表明，合作学习可以强化学生的主体意识和责任感，增进兴趣和自信，调动积极、主动性，提升交际能力、合作意识和团队精神，并可以促进教学相长。张光敏(2010)指出，合作学习可以提高语言交际能力、学习兴趣和学习成绩。

郑刚强(2012)研究表明，合作学习有助于尊重个性、师生协同，利用多种手段发挥最大优势。侯志红(2015)指出，合作学习的优势在于能培养学生的积极主动性、自主性、自信心和团队精神。当然，正如周先武等(2011)在《本体认知视角下的大学英语合作学习》中所指出的，对于合作学习来说，学生良好的主体意识是非常关键的。所以，老师们在以合作学习的方式实施西方文化和本土文化教学和引导的过程中也要注重个体的自主意识培养，在小组合作学习之前可以先以恰当方式提升学生个体的自主意识，继而为合作学习助力。当然，在合作学习中，老师的角色也变得丰富起来，让自己的课堂在某些时候可以“翻转”起来，从 a sage on stage 转变为 a guide by side，因而可以从多方面更好地服务、引导、欣赏、鼓励学生，并且与学生一起成长、进步。

学者们分析并提出了合作学习的教学作用和效果，但具体的合作学习实施方法和活动形式还有待教学实践者和研究者们进一步探索。

多年来，笔者一直尝试在所执教的大学英语课堂通过合作学习进行西方文化和母语文化导入，基于最近几个学期进行的一些尝试，笔者将就具体实施情况进行简要介绍和分享，以期抛砖引玉。

3 合作学习方式导入中西方文化教学实践

作为一名一线的大学英语教师，笔者在教学实践中，尽可能地运用合作学习的方式，利用课堂和第二课堂的学习活动，与学生一道了解西方文化和母语文化，适时引导他们进行演讲、诗文朗诵、口译、自主双语文化、网络搜集与编辑、文化对比讨论等活动。通过合作学习，与学生在互动中导入中英双语文化，拓展学生的人文知识，引导他们独立思考、平等地对待中外文化，客观地看待文化的相通与差异，提升他们的综合文化素质和文化自信。

3.1 合作学习中中西方文化导入的主要内容和方式

合作学习的方式包括翻译、资料搜集、制作音视频、新闻报道、讨论等多个方面的个人任务、双人组任务、多人小组任务、班级课堂分享、班级 QQ 分享以及所有执教班级共同的 QQ 大群的精彩作业分享等。

3.1.1 文化内容的输入

(1) 课文所涉及的文化点,如 The Freedom Givers, My Dream Life, Travelling, Thanksgiving 等单元所涉及的文化点,视时间的长短,可由老师准备,或由学生分组准备与之相关的文化知识(谚语、名言、诗词、演讲等),并通过各种合作学习的形式来内化文化理解和进行产出活动。

(2) 授课中教师拓展的西方文化知识,如希腊罗马神话(词汇、故事、文化意义),如 Echo, Apollo, Dionysus, Narcissism, Laureate, Achilles's heel, the milky way;圣经(词汇、故事、文化意义),如 Zion, Nativity, the wailing wall;中国文化和社会生活。

(3) 课堂上,学生们带来的诸如新闻报道、演讲、专题和小组表演(group presentation)的赏析,如金庸去世的消息、CIIE,以及 Learning to Tell Chinese Stories! 等。

3.1.2 来自学生的产出

学生通过个人、小组进行资料查询、学习、思考和创造活动后带到课堂的新闻报道、演讲、专题和小组表演(group presentation),也可在小组和全班层面进行中外文化的比较和分析,发现中西文化的相通和不同之处,探索文化异同背后的原因,并形成包容和发展的文化观。学生们的产出作品可以进一步在班级 QQ 群或老师所执教的所有班级的 QQ 大群中分享。

3.2 合作学习实施的具体案例(主题、材料和过程)

为了更清楚地呈现输入与输出的合作学习的内容和方式,列出以下 10 个主题的案例。

3.2.1 人生态度:*What a Wonderful World*;*Salt*

(1) *What a Wonderful World*。

《新视野大学英语视听说教程》(郑树棠,2014)中的 speaking skills 部分有一些很好的关于演讲的介绍。笔者组织学生就关于怎样成为优秀的演说人的话题在班级进行了讨论。为了说明 being an ethical speaker 有多么重要,学生共同聆听了一首爵士之王 Louis Armstrong 的歌曲 *What a Wonderful World*,观看了一段英国国宝级的博物学家和电视人 David Attenborough 旁白并出现的小视频 *What a Wonderful World*。随后,我们进行了朗读与口译合作、讨论,朗诵并录音等一系列活动。*What a Wonderful World* 的歌词如下:

I see trees of green, red roses too

I see them bloom for me and you
And I think to myself, what a wonderful world
I see skies of blue and clouds of white
The bright blessed day, the dark sacred night
And I think to myself, what a wonderful world
The colors of the rainbow, so pretty in the sky
Are also on the faces of people going by
I see friends shaking hands, saying "How do you do?"
They're really saying "I love you"
I hear babies crying, I watch them grow
They'll learn much more than I'll ever know
And I think to myself, what a wonderful world
Yes, I think to myself, what a wonderful world

首先，大家聆听爵士之王 Louis Armstrong 倾情的演唱，然后鉴于歌词比较简单，老师随机请了 8 位学生来朗诵和口译了这 4 段歌词。大家翻译得不错，但难免有谬误的地方。在结束朗诵和口译之后，老师就学生的问题在班级进行讨论和更正。例如，第二节第二行的 blessed 不应读作['blest]，而应读作['blesid]，因为此处的 blessed 是形容词，而不是过去式或过去分词；同样，beloved 一词作形容词时应读作[bi'lʌvid]而非过去分词的读音[bi'lʌvd]；又如，第二节第二行的 sacred，很多学生都看成了 scared。

然后，大家一起观看了一段 David Attenborough 旁白和出现的小视频。令人震撼的动物与自然的和谐相宜的画面配以 David Attenborough 苍老、但充满了温暖和深情的旁白 *What a Wonderful World*，学生深受感动。由于前面学生听过歌曲，进行过朗诵和口译，看这段视频时再听 David Attenborough 的旁白 *What a Wonderful World* 的时候就已经能够充分理解并感受朗读者的情绪了。

继而，班级分小组进行讨论：为什么这两种呈现都如此具有感染力？这两种媒体呈现(歌曲演唱和视频旁白)表达了什么样的共同的思想？两种不同的呈现，意义有什么不同？学生经过一番讨论，在老师的提示下最终能够正确地理解。他们认为是歌者 Louis Armstrong 和 David Attenborough 的真诚和质朴打动了他们的心灵，认为两种呈现都表达了对自然、对人类社会、对希望的热爱和渴望。同时，他们也发现第二种呈现更偏重于呼唤人类与自然、与地球其他物种和谐相处，呼唤人类守望自然、守望地球上的美丽生灵。进而，从两位大家身上，学生意识到作为演讲者，不在于相貌多么英俊或美丽，不在于声音多么悦耳动听，最重要的是在于演讲者的真诚态度、责任感，以及热情和爱。如果演讲者具备这样的质素，那他(她)就成了一个 ethical speaker。

最后，老师为学生布置了相关作业：每位学生翻译这首歌词，然后声情并茂地朗诵英文原文和自己的译文，并反复练习，直到自己满意，最后录制音频文件，并在规定时间内上传到班级的 QQ 群中。每人至少选择聆听 5 位学生的作品并准备好评论发言。老师届时在课堂邀请学生分享自己的评论，并选出特色作品进行展示。而且，这些作品也在老师所执教的所有班级共同加入的 QQ 大群中展示。

学生出色地完成了作业。首先，他们按照老师对他们声音的要求，大多数学生都非常投入，抑扬顿挫、声情并茂地朗诵作品。即便他们的作品还很稚嫩，但他们大胆尝试的热情和自我表达的倾情让人感动。其次，他们的翻译也比较准确(个别学生在上课老师纠正过的地方还重复犯错，老师听阅后继续为犯错的学生讲解)。更难能可贵的是，有的学生在尊重原文的基础上进行了创造，翻译中体现出很好的思考和语言能力。

比如，有一位学生是这样翻译的：

(译文 1)

放眼望去，成片的绿树和火红的玫瑰尽收眼底
我会心一笑，一个多么美妙的世界！
抬头仰望，蓝天与辽云相映成趣，神圣的昼夜与时更迭
我心想，一个多么美妙的世界！
彩虹的颜色，无比绚烂，渲染了天空，也映照了路人的脸庞
我看见朋友们握手寒暄，互相问候，他们其实是在说："我爱你！"
我聆听婴儿们的哭喊，注视着他们蹒跚成长
他们未来之所学将远超我所知
于是，我心想，一个多么美妙的世界！
是的，我心想，一个多么美妙的世界！

而另一位学生张开想象的翅膀，在翻译中充分发挥了自己的创造性，他的翻译如下：

(译文 2)

我看见，树绿花红
恣意的艳红攻陷你我眼瞳
我遣词造句，却只能感慨
多么美好的世界！
我仰望蓝色天幕下白云苍苍
明亮喜人的日光却似在消亡
转瞬间成了夜晚诡谲的疯狂

我吓得说不出话来，
只得暗想：这真是个美好的世界？
赤橙黄绿青蓝紫，彩虹光彩炫目，
闪过的人也是红脸儿，黄脸儿，白脸儿，黑脸儿，低头看路
我看见兄弟们握手致意，嘀咕"你最近咋样？"
我多么希望在他们的方言里这是"我爱你！"而非应付。
我昨天听见小兔崽子们又——又——又哭了，
今天他就壮硕如虎了
我老旧的知识早晚要随我入土，
我自嘲，这是多么美妙的世界！
然而，香浓的咖啡少不了苦
精彩的人生总得缝缝补补
我的生命刻进了世界的族谱
并将在小崽子们身上流淌
怅然若失又懵懵懂懂
是啊，我要为这美好的世界献上祝福啊！

虽然学生的译作不一定十分准确，但作为老师，我惊讶于学生的热情、才华和创造。我也十分欣慰为他们提供了这样的机会和舞台。学生能在相互探讨的基础上各尽所能，相互学习，甚至发挥想象，主动参与到作品的创作中，营造出具有个人风格的充满活力、幽默和戏剧性的意境。

通过聆听 *What a Wonderful World* 诗歌一样的语言，爵士老歌王深情的演唱和 David Attenborough 充满睿智爱心的旁白，通过大家积极热情的合作活动，学生在英汉这两种语言间搭设了自己的桥梁，自由徜徉在沟通和交流的道路上，感受到两种语言各自的魅力。同时，通过导入这首歌，学生也表现出对美国黑人爵士音乐的兴趣，并在课后对爵士音乐，美国的爵士时代(Jazz Age)和爵士之王 Louis Armstrong 有了进一步的了解。当然，在欣赏音乐和诗歌的同时，大家也体验了英文诗歌的节奏、韵律，了解到了英语诗歌中的尾韵、头韵、暗喻等手法特征，并锻炼了识别和理解英文诗歌中的句子的能力，提升了英语语感。

(2) *Salt*。

此处的 *Salt* 是节选自美国教育家、作家和传教士 Henry Van Dyke 在哈佛大学所作的毕业演讲。在这段节选中，他提出，大学生受惠于国家和社会的教育，是各方面培养的人才，是这尘世的"盐"，应该对得起国家和社会对自己的付出，应该具有社会责任感，发挥自己应有的影响，回馈国家和社会。在新生入学之初，笔者常会引导学生一起细读这段精彩节选("You are the salt of the earth." *Matthew* 5:13)：

This figure of speech is plain and pungent. Salt is savory, purifying, preservative. It is one of those superficialities which the great French wit defined as "things that are very necessary". A bag of salt, among the barbarous tribes, was worth more than a man. The Jews prized it especially, because their religion laid particular emphasis on cleanliness, and because salt was largely used in their sacrifices.

Christ chose an image which was familiar, when He said to His disciples "Ye are the salt of the earth." This was His conception of their mission, their influence. They were to cleanse and sweeten the world in which they lived, to keep it from decay, to give a new and more wholesome flavor to human existence. Their function was not to be passive, but active. The sphere of its action was to be this present life. There is no use in saving salt for heaven. It will not be needed there. Its mission is to permeate, season, and purify things on earth.

Men of privilege without power are waste material. Men of enlightenment without influence are the poorest kind of rubbish. Men of intellectual and moral and religious culture, who are not active forces for good in society, are not worth what it costs to produce and keep them.

If they pass for Christians they are guilty of obtaining respect under false pretense. They were meant to be salt of the earth. And the first duty of salt is to be salty. This is the subject on which I want to speak to you today. The saltiness of salt is the symbol of a noble, powerful, truly religious life.

You college students are men of privilege. It costs ten times as much, in labor and care and money, to bring you out where you are today, as it costs to educate the average man, and a hundred times as much as it costs to raise a boy without any education. This fact brings you with a face to face question: Are you going to be worth your salt? You have had mental training and plenty of instructions in various branches of learning. You ought to be full of intelligence. You have had moral discipline, and the influence of good example have been steadily brought to bear upon you. You ought to be full of principle.

You have had religious advantages and abundant inducements to choose the better part. You ought to be full of faith. What are you going to do with your intelligence, your principle, your faith? It is your duty to make active use of them for the seasoning, the cleansing, and saving of the world. Don't be sponge. Be the salt of the earth.

Think, first, of the influence for good which men of intelligence may exercise in the world, if they will only put their culture to the right use. Half of the troubles of mankind come from ignorance,—ignorance which is systematically organized with societies for its support and newspapers for its dissemination,—ignorance which consists less in not knowing things, than in willfully ignoring the things that are already known.

There are certain physical diseases which would go out of existence in ten years if people would only remember what has been learned. There are certain political and social plagues which are propagated only in the atmosphere of shallow self-confidence and vulgar thoughtlessness.

There is a yellow fever of literature specially adapted and prepared for the spread of shameless curiosity, incorrect information, and complacent idiocy among all classes of the population. Persons who fall under the influence of this pest become so triumphantly ignorant that they cannot distinguish between news and knowledge. They develop a morbid thirst for printed matter, and the more they read the less they learn. They are fit soil for the bacteria of folly and fanaticism.

Now the men of thought, of cultivation, of reason, in the community ought to be an antidote to these dangerous influences. Having been instructed in the lessons of history and science and philosophy they bound to contribute their knowledge to the service of society.

As a rule they are willing enough to do this for pay, in the professions of law and medicine and teaching and divinity. What I plead for today is the wider, nobler, unpaid service which an educated man renders to society simply by being thoughtful and helping other men to think.

Think, in the second place, of the duty which men of moral principle owe to society in regard to the evils which corrupt and degrade. Of the existence of these evils we need to be reminded again and again, just because we are comparatively clean and decent and upright people.

Men who live an orderly life are in great danger of doing nothing else. We wrap our virtue up in little bags of respectability and keep it in the storehouse of a safe reputation. But if it is genuine virtue it is worthy of a better purpose than that. It is fit, nay, it is designed and demanded, to be used as salt, for purifying of human life...

这篇文章有很大难度。一方面是由于语言深奥难懂，另一方面是文中涉及圣经中耶稣所作的一个比喻，耶稣曾对他的门徒说，“你们是这尘世的盐，你们是这尘世的光”。此外，这段文中作者用了很多隐喻性的语言。所以，教师首先有必要为学生的顺畅理解扫清道路。也就是说，教师应该先为学生简要介绍与圣经相关的背景知识，引导学生学会识别和理解暗喻这种修辞方法。笔者将文章根据班级人数截分为若干片段，指派学生负责特定段落的朗读和口头翻译。学生逐段地朗读和翻译处理一遍之后，笔者请学生开始小组讨论（6 分钟）如下的问题，并告诉他们讨论之后将邀请部分学生到讲台作一分钟左右的即兴演讲（an impromptu speech），题目是：作为祖国新时代的大学生，我们应该成为什么样的人？

学生们热烈的讨论结束后，几名学生陆续被邀请上台演讲。学生的演讲充满了热情，对大学生活、对未来充满憧憬，纷纷表达要奉献人类、国家、社会，履行家庭的责任。继而，教师为学生布置课后作业：起草演讲稿“作为祖国新时代的大学生，我们应该成为什么样的人”。教师批阅演讲稿之后，要求学生们修改，写出第二稿，并自己排练演讲（包括 posture，eye-contact，gesture，voice 方面的改善），然后请学生彼此帮助，录制脱稿演讲的视频。由于视频文件较大，学生们按组提交给教师。教师在观看和聆听之后，在课堂分享和推荐特色视频，并与学生们一同讨论大家的问题和优点，以使大家共同进步。

3.2.2　关于祖国：《我爱这片土地》，*Freedom's Natal Day*，*My Country*

合作学习活动形式可以很丰富，如小组讨论、单独翻译、合作共译、学生课堂展示、老师在课堂点评及分享。通过这样的活动，学生了解到对祖国的热爱是不同文化的人们共同拥有的高贵情感。比如，他们也了解到不仅仅我们中国人挚爱自己的国旗！

（1）《我爱这片土地》。

——艾青

假如我是一只鸟，
我也应该用嘶哑的喉咙歌唱：
这被暴风雨所打击着的土地，
这永远汹涌着我们的悲愤的河流，
这无止息地吹刮着的激怒的风，
和那来自林间的无比温柔的黎明……
然后我死了，
连羽毛也腐烂在土地里面。
为什么我的眼里常含着泪水？

因为我对这土地爱得深沉……

参考译文：

This Land I Love

——Aiqin

If I were a bird,
I'd sing even with my hoarse voice
Of the land blasted by tempests,
Of the running rivers torrential with our grief and anger
Of the restless raging wind,
Of the utmost tender dawn up from among the forest
And then shall I die,
Feathers buried in the field,decayed and rotten away.
Why are my eyes always filled with tears?
Because I love this land so dearly...

(2) *Freedom's Natal Day*。

——Florence A. Jones

Freedom's natal day is here.
Fire the guns and shout for freedom,
See the flag above unfurled!
Hail the stars and stripes forever,
Dearest flag in all the world.

参考译文：

《自由诞生日》

——弗洛伦斯·琼斯

自由诞生于此刻。
鸣放枪炮，放声高呼自由，
向上望，旗帜迎风招展！
永远致敬星条，
世上最亲最爱的旗帜。

(3) *My Country*。

——Samuel Francis Smith

My country,'tis of thee(it is of you),
Sweet land of liberty,
Of thee I sing:
Land where my fathers died,

Land of the pilgrims' pride,
From every mountainside
Let freedom ring.

参考译文:

《我的祖国》

——塞缪尔·弗朗西斯·史密斯

我的祖国呀,我的祖国,
亲爱的自由的乐土
我要把你歌唱:
我的父辈在这里逝去,
我们初来的先民在这里书写光荣,
来吧,让群山的每一侧,
响彻自由之声!

3.2.3　不可征服的灵魂:*Invictus*(William Ernest Henley)

笔者要求学生首先翻译这首小诗,在诵读熟练后录制并提交个人朗诵音频,然后与学生共同探讨和理解诗句。

原诗:

Out of the night that covers me,
Black as the Pit from pole to pole,
I thank whatever gods may be
For my unconquerable soul.
In the fell clutch of circumstance
I have not winced nor cried aloud.
Under the bludgeonings of chance
My head is bloody,but unbowed.
Beyond this place of wrath and tears
Looms but the Horror of the shade,
And yet the menace of the years
Finds,and shall find,me unafraid.
It matters not how strait the gate,
How charged with punishments the scroll.
I am the master of my fate:
I am the captain of my soul.

在作业讲评时,教师引导学生们注意诗中语言顺序变化带来的效果和对他们理解诗义带来的障碍，使学生能更好地欣赏诗歌，同时有助于提升他们的阅读能力。进而，教师与学生分享相关文化知识，如介绍诗人 William Ernest Henley，以及与学生共同观看 Oprah Winfrey 谈自己在 deep south 与外祖母一起度过的孤凄的童年，和四岁时在教堂背诵这首诗的视频，并分享电影 *Invictus*（《成事在人》）中 Morgan Freeman 的旁白片段，由此提及 Nelson Mandela，Mahatma Gandhi 等人物的故事和他们的影响，比如 Mahatma Gandhi 在印度领导的非暴力不合作运动以及他对 Nelson Mandela 和 Martin Luther King 的影响。

3.2.4 导引之星

由课文中的 Star of Bethlehem-Jesus，Moses，引入电影 *Ben Hur* 片段（*the Nativity*）以及电影 *The Egyptian Prince*，并继而介绍 Abrahamic religions（Judaism，Christianity，Islamism），Martin Luther King，以及他著名的最后演讲 *I've been to the mountaintop*，并分享 Martin Luther King 的儿子的演讲片段，亦可延伸开来，要求学生课后分组去搜集美国除了黑人在马丁路德领导的民权运动之外美国社会当时的情况，如其他少数族裔的民权运动、妇女解放运动等，并在课堂进行展示。

为调动学生的兴趣，进行小小的翻译练习，如尝试着翻译《东方红》的歌词：东方红，太阳升，中国出了个毛泽东……

参考译文：

Sky in the east turning reddish bright,
Up the sun is climbing high;
From China rises a man named Mao Zedong,
Who strives and fights for the people!
Ah! he's a real saviour for us all!

通过这首小诗的翻译，大家对诗歌语言有更真切直接的感受。老师可以此为例，引导学生了解押韵和词序变化带来的节奏和意义的微妙变化。这首诗用正常语序表达将是这样：Sky in the east turning reddish bright, the sun is climbing up high; a man named Mao Zedong rises from China, Who strives and fights for the people! Ah! he's a real saviour for us all! 但词序的变化为译文带来了意义的强调，如同音韵和节奏。当然，在诗歌翻译中押韵有时是可遇而不可求的，但是译者需要有意识地思量译文是否可能实现押韵。

3.2.5 追寻文化之根：*By the Rivers of Babylon*（a song）

听歌曲的同时完成听力练习，要求学生猜测并体会这首歌的背景以及所表达的情感,并讲述他们想象中的故事。

By the Rivers of Babylon 的歌词如下:

By the rivers of Babylon,there we sat down

Ye-eah we wept,when we remember Zion (Psalms 137:1) ...

When the wicked took us away in captivity

Required from us a song (based on Psalms 137:3)

Now how shall we sing the lord's song in a strange land(Psalms 137:4).

Let the words of our mouth and the meditations of our heart

Be acceptable in thy sight here tonight (based on Psalms 19:14).

教师与学生分享相关的文化知识,如介绍 Bible,Babylon captivity,Zion,Jerusalem,King David,King Solomon,the wailing wall 等。随后大家一起分析来自加勒比海地区的黑人声乐组合 Boney M,演唱这首歌所表达的寻根的渴望和民族自觉,他们吟唱着圣经中巴比伦之囚的故事,表达出对追求自由生活和民族文化之根的向往。

3.2.6　身在丛林,心有所依:*In the Jungle*

《全新版大学生英语综合教程 3》(季佩英等,2014)第八单元的 Test A 课文 *In the Jungle*,鉴于文章长、生词多,且文学色彩浓厚、表达丰富生动、细致微妙,如果单以教师为中心地讲解,耗时长久,而且吃力不讨好,无法获得良好的效果,所以笔者决定主要以合作学习的方式来处理课文。

参照班级的学生人数,把长长的文章分为很多小节,每两名学生领取一节的合作任务(包括朗诵和口译),适当地准备后,一对地走上讲台去呈现他们的任务。学生们热情很高,认真朗读、推敲,都尽力做好充分的准备。上台时学生们更是精神饱满,有的紧张,有的十分自信,有的满是激情。他们朗读得煞有介事,或铿锵或深情,有的学生表现出播音员的魅力,而有的学生则因奇怪的翻译引得大家开心大笑。作为教师,看到学生如此舒张、投入,能得到多方位的锻炼,感到真正的快乐。在学生们处理完每一节之后,笔者就学生处理不当的地方与大家进一步探讨,如此,文章中的难点就被各个击破。在整个过程之后,笔者从全篇的结构和主旨方面启发学生,提升大家的理解和赏析能力。

作者想要表达的是宗教的意义,需要提到的是,教学参考书对我们只是提供一些参考,教师们必须仔细吃透文本。比如,这篇课文结尾处的 grace 意思是"上帝的恩佑",而不是"优雅"。继而,教师还可以布置任务,要求学生思考:本篇课文从结构上是如何首尾呼应的?作者宗教意义上的主旨是如何体现的?

当然,合作学习的同时,还需要确保学生个体对课文全面的理解、对语言知识的掌握。课后笔者进一步反思了这次课堂教学,发现忽略了一种可能性:某些学生可能只关注自己的任务内容。为了解决这个问题，今后可以引进两个后续环节：一是每小节学生的朗读和翻译后请学生提出质疑或进行评论（提前要求学生紧跟进度，进行思考，每个人需发言1～2次）；二是引入一个简单的后续检测（提前告诉学生课文处理之后会有这个小测试），这个检测可以是笔头的。比如，专门针对课文段落中有难度的、学生容易出错的部分设计翻译选择题，或者让学生基于自己对大家在讲台的言语表现，小组进行总结评论，并继而在课后各自录制音频提交给教师，教师听阅之后可进行总结并在课堂展示有特色的报告。当然，如果时间允许，教师还可以进一步布置关于 religion 或 travel 的小组课后讨论、课堂小组 presentation 和后续的写作任务。

作为教师，如果我们认真对待学生和课堂，敏锐地体会不同的教学方法和手段带来的不同的效果，并思考解决问题和改进的办法，教学相长，课堂也会充满更多的活力和快乐。

3.2.7 永恒的爱：汉语经典情诗（寒假翻译作业）

就主题 romance 搜集的某些汉语古今诗文材料（此处，附上笔者为学生参考而亲自翻译的译文，在此特别声明，因时间有限，且只是为方便与学生探讨，翻译时未查阅或借鉴别人的翻译）。寒假中学生们有很多闲暇时光，而且很多学生反映假日无聊，所以笔者在2017年的寒假为学生布置了寒假作业，请他们对英语民谚、名人名言、诗歌和汉语民谚、名言、诗文和古诗文进行翻译，并谈论中西文化中“爱”这个主题的文化异同，当然，如果时间允许，甚至可以要求学生就此写一篇小论文，并进而根据其各自特色择优在QQ群中分享。

汉语诗文案例如下：

(1)《上邪》。

——乐府民歌

我欲与君相知，长命无绝衰。

山无陵，江水为竭，冬雷震震，夏雨雪。

天地合，乃敢与君绝。

参考译文：

Dearest Heaven! I want to love my man my whole life to the fullest!

Until the hills are flat, rivers run dry, winter thunders rumble, summer snows fall,

And sky is collapsed upon the earth, would I not part from my man!

(2)《相思怨》。

——李治

人道海水深，不抵相思半。

海水尚有涯,相思渺无畔。

携琴上高楼,楼虚月华满。

弹着相思曲,弦肠一时断。

参考译文:

People say deep is the sea:it's not up to half the depth of the yearning,

For the seas have a shore,while the yearning enjoys no end.

With my Qin(a musical instrument),I climb to the top of the empty mansion,

filled with the silver of the moon,in which I start to play a lovesick tune.

All of a sudden.

The string snapped and my heart is broken.

(3)《采桑子》。

——吕本中

恨君不似江楼月,南北东西,南北东西,只有相随无别离。

恨君却似江楼月,暂满还亏,暂满还亏,待到团圆是几时?

参考译文:

I wonder why you are not like the moon over the mansion upon the river—

South,north,east and west,and then,south,north,east and west,

Never departing,the moon is all the time in the mansions company.

I wonder why you are just like the moon over the mansion upon the river—

Full for a moment and then fading,full for a moment and then fading,

When will you come back as my full moon and to keep my company?

(4)《一剪梅》。

——李清照

花自飘零水自流,一种相思、两处闲愁。此情无计可消除,才下眉头、却上心头。

参考译文:

The petals are flowing along the stream,and the stream is running its own course,

The same yearning,the two conveying in their own melancholy way.

There's no way to let go of this miserable feeling of mine:

The yearning disappearing from my frown then, comes back upon my mind now.

通过这样具有挑战又激发兴趣的翻译练习，学生们感受到中英两种语言的差异，深切体会出中华文化中表现出的热切、真挚、忠贞、含蓄的爱情观，在他们的作业报告中，谈到中西文化中爱情观念的异同，表达对中华古风的喜爱，并且，很多学生表示完成这样的作业后不再惧怕翻译。

3.2.8 新闻中的世界

学生带来的 news reporting，教师每周推送的 *China Daily* 文章或 BBC、VOA 音频等。通过这些活动，学生能够更多地了解外部世界，了解一些感兴趣的中外时事话题和相关表达，如 THAAD（Terminal High Altitude Area Defense，即末端高空区域防御系统、萨德反导系统、美国导弹防御局和美国陆军隶下的陆基战区反导系统），AIIB（Asia Infrastructure Investment Bank，亚投行），G-20（Group-20），Belt and Road Initiative（“一带一路”倡议），Hongkong-Zhuhai-Macao Bridge（港珠澳大桥），the Greater Bay Area（大湾区），Special Administrative District（特别行政区），CIIE（China International Import Expo，中国国际进口博览会）等。通过这样的活动，学生了解自己所处时代发生的国内国际大事，及时获取事件相关词汇的标准表达，真切地感受到自己在世界文化和中国文化中与时俱进的存在感。这样的知识储备和视野对他们将来的工作和生活都会大有裨益，有助于他们更好地对外交流和讲述“中国故事”。

3.2.9 学生准备的节目

学生准备的 presentation PPT 展示和课堂表演，如 The Celebration of National Holidays in Different Countries，6-minute Chinglish（对英语学习节目 Six-Minute English 的模仿）。

(1) The celebration of National Holidays in different countries

有一个小组的学生国庆后在班级展示中介绍了中、英、美三国的国庆节庆祝方式，通过他们的讲解，学生的文化视野得以扩展。同时，小组展示带来的话题也激发了学生的思考。展示结束后，学生们一起在小组内讨论：我们还可以有什么更好的庆祝方式？组内哪位学生的提议最好？在这样的讨论之后，如果时间允许，笔者往往会延续学生们的热情，让他们课后深入思考后进行一个 1 分钟左右的小演讲：*A New Way of Celebrating Our National Day*。同时，笔者与学生们一起共同确定演讲的提纲，培养学生的逻辑思维能力，为作业的完成质量奠定一定的基础。随后，学生的音频会上传到 QQ 群中，供大家互相学习。老师听阅后会在班级反馈。

(2) 6-minute Chinglish（对英语学习节目 Six-Minute English 的有趣模仿）

这是笔者所执教的一个班级的三人小组表演。每周一次的阅读课上，安排一组学生为大家带来一个几分钟的节目表演,表演形式和内容由他们自己自由决定。有的小组是英语诗朗诵,有的小组是英语歌曲演唱(演唱完毕,应学生要求,会教大家一起学唱最精彩的部分),有的小组会表演短剧。有一组的学生别出心裁,模拟 BBC Learning English 节目 Six-Minute English(这是教师向学生推荐的一档英语学习节目,大家可以在手机上很方便地听节目,而且配有 script 和中文翻译),创造了一台精彩的 Six-Minute Chinglish 节目。其创意和脚本的编写充分显示了学生们的巧思和创造,令教师和学生赞叹不已。该节目表现了学生的现实敏感、幽默和创造力,学生带着浓厚的兴趣和动力通过合作反思了 Chinglish 的文化现象。该小组学生的节目文本如下:

Lee: Hello,welcome to 6 minute Learning Chinglish.

Sun: Hello.

Lee: Well since this is our first show, why don't we present a self-introduction?

Sun: Okay.

Lee: I'm Simon,and I'm from Jiangsu province.

Sun: I'm Zhaojing,I'm 河南人.

Lee: Hey,hey,mind your language.

Sun: Ah,I'm 河南 people.

Lee: That sounds much better. Let's go back to our topic,Chinglish. Have you ever seen a board saying "slipping carefully?"

Sun: For many times.

Lee: Then did you follow the instruction?

Sun: Yeah.

Lee: How was it going?

Sun: It's hard to keep balance.

Lee: Hmm-mm. Didn't you read the Chinese words on it?

Sun: You mean "小心地(de)滑"?

Lee: Oh you are really a little clever ghost. Anyhow,nowadays,Chinglish has been developing at a fast speed. It has a whole system which has its own vocabulary,phrase,and grammar...

Sun: Indeed.

Lee: Which you just perfectly used.

Sun: You want some color to see see?

Lee: Er,yellow please. Before we start,I have a quiz for you. When did the word "Chinglish" come into existence? Was it in A(1950s),B(1980s),or C (after 2000). You'll get a prize if your answer it right.

Sun: I choose C(after 2000). I heard it quite recently.

Lee: Well, we will reveal the answer at the end of the program.

Lee: Let's talk more about Chinglish, here we invited the famous linguist Xu Jie professor, from UWC the University of Wild Chicken. Let's listen to him.

Xu: Chinglish is a language that refers to spoken or written English language that is influenced by the Chinese language. To be clear, that means it is a mixture of English and Chinese. Chinese has a history of more than 3000 years while English has 2000 years, so Chinglish has a history of more than 5000 years, which makes it one of the oldest language among the world. So if you want to learn this niubiable language, buy my Guanggun-festival-50 percent-discount-998-yuan text book at...

Lee: Stop! Stop! No more advertisements. Though the view point is absolutely nonsense, he did mention a new vocabulary "niubiable".

Sun: Well it is the adjective form of "niubility". If something is really niubi, you can call it "niubiable".

Lee: That's a fantastic explanation. Thank you Zhaojing.

Lee: And he mentioned the word Guanggun.

Sun: It's a word from The Economist, which means people like you, am I right, Guanggun?

Lee: Thank you! And it is the same with you, Mr. Guanggun. Time to move on. Okay, now Professor Xu, if you don't want us to unveil your fake certificate, go on, no more advertising.

Xu: Many people contemn Chinglish, thinking it is easy to learn. But it turned out that most learners from no matter east or west who think they are gelivable are actually ingelivable. Apart from the large vocabulary, you need to pay attention to phrases and grammar. For example, if you queue at Beijing railway station, what should you say in Chinglish? you should say "it's people mountain people sea". If you use "people mountain and people sea", then you are "Shachaliable". Another example, you can't say "The price is right" but "The price is suitable for me". Got it? If you didn't take notes, that's alright. You can buy my...

Lee: Enough! Thank you Professor Xu, but time is limited, so let's recap the vocabulary. Your turn, Mr. Guanggun.

Sun：Okay，Guanggun. He mentioned "gelivable"，it is the synonym of "deijinerable"，which means being comfortable for use. For example，my fist（拳头）is deijinerable to hit you in the face.

Sun：He also mentioned "shachaliable". This is a neutral word，which means you have done something wrong. So you are shachaliable to let me explain these words.

Lee：Ah，that's all for today's program，I think later we really need to go to the office and have some tea.

Sun：But what about the quiz?

Lee：Are you serious? The answer is D(how can I know)? You dumbass.

Lee：Remember you can find us on Delaygram，AssBook，MeiTube. And of course our website www. let me see which retard click into this website. com.

Lee：He is Guanggun and see you next century.

Sun：He is Guanggun and bye-bye forever.

毋庸置疑，学生们在创作这个节目时遇到诸多困难，包括作品的创意、现实感（如他们的节目是"双十一"前几天表演，他们在节目中提到了 Guanggun 和 "Guangun Festival"discount）、情节安排、喜剧效果的营造、脚本的编写。令人欣慰的是学生们共同克服了困难，多方位地锻炼了自己，并最终为班级带来快乐和激励、树立了榜样。当然，教师会中肯地指出他们的节目需要注意的问题，如尽量去除诸如 dumbass 这样的字眼或者其他一些亵渎性的语言。笔者认为，正是学生们的热情和内动力，使得他们充分发挥自己各方面的能力和才华，也正因为此，感染和勉励了其他组的学生，这种正面的氛围又继续促进所有学生之间的交流、友谊和相互的支持和影响。

3.2.10　家乡特色：寒假春节期间的精彩瞬间

我们的学生多年来都在为高考做准备，大学第一个寒假应该是他们多年来第一个可以轻松体验节日氛围的假期。除了前面布置的翻译作业之外，笔者让学生们自己制作一段视频，记录寒假生活中的重要时刻，要求他们还要为这段录像加入自己的旁白。开学第一次课，每名学生都要在班级做 presentation。当学生分享完寒假和春节的经历后，大家参照自己的印象和聆听大家分享时做的笔记互相交流。随后，老师为学生们布置课后作业，要求大家写一篇 300 词以上的作文：*My Reflection on Classmates' Sharing of the Winter Vacation Experience*。

学生们来自全国各地，通过他们的分享，大家感受到各地的风光、物产、民俗以及人们的生活状态。如一名来自西北甘肃的学生为大家介绍了当地的作

"燎疳",用来祈求健康好运的习俗;来自南方的一位学生为大家呈现了村里两支队伍的气势浩大的集体拉歌赛;有一位学生还讲到他们当地有趣的习俗——小孩满周岁时要亲吻鲤鱼嘴!

通过分享,学生觉得开阔了文化视野,非常有收获,感受到了祖国丰富多元的历史文化,增强了他们对自己文化身份的认同。同时,学生们从分享中意识到,生活中有很多有意义的事情,我们往往都熟视无睹,或是不屑一顾。其实,我们只是缺乏一双发现的眼睛,当我们近距离审视时就能发现它们的价值。此外,大家还意识到,作为朝气蓬勃的年轻人,不应被动而沉闷地生活,而是要主动去寻找、创造生活中的美好,发挥自己的影响力,以智慧的创造和积极的正能量影响身边的人。

4 结语

显然,大学英语教学过程中,教师们可以利用多种形式的合作学习方式进行英语文化和母语文化的导入。这样的合作学习方式可以提升学生们在口语、语法、阅读和翻译等多方面的英语能力,提升学生的文化意识,增进他们的跨文化交际能力,形成客观、发展的文化观,提升他们的民族文化自信及文化身份认同感,提高他们的综合人文素质,强化正确的价值观,丰富历史人文知识,以及锻炼学生情感体验与表达能力,培养思考、搜集材料、整理材料的能力,激发想象和创造力,提升风度气质,使这些国家未来的建设者们具有适应未来工作学习的文化视野和能力,具有与他人合作交流、解决问题的能力,更好地参与国际事务,讲好"中国故事",发出"中国声音"。

本章参考文献

[1] JOHNSON D W,JOHNSON R T. Circles of learning:Cooperative in the classroom[M]. Edina,Minn:Interaction Book Company,1993.

[2] QINGQING FANG. Integrating Chinese culture into college English teaching against the background of"the Belt and Road Initiatives"[C] Research and Social Science,2018:195.

[3] 毕妤. 对大学英语教学中文化缺失现象的反思[J]. 西安外国语大学学报,2012,20(4):103.

[4] 陈冰玲. 母语文化传承与大学英语教学的有效融合——基于大学生母语文化身份构建的视角[J]. 广东外语外贸大学学报,2016,27(6):22-23.

[5] 段丽. 大学英语教学的本土文化导入探析[J]. 中南林业科技大学学报:社

会科学版,2014,8(4):149-151.

[6] 高等学校外语专业教学指导委员会英语组.高等学校英语专业英语教学大纲[M].北京:外语教学与研究出版社.2000.

[7] 侯志红.大学英语合作式教育模式探析[J].长春师范大学学报,2015,34(3):173.

[8] 教育部高等教育司.大学英语课程教学要求[M].上海:上海外语教育出版社,2007.

[9] 李婕.Culture-introduction in the English Teaching[J].科技文汇,2007(6):91.

[10] 李思远.Culture teaching in China's current English class and some suggestion[J].海外英语,2014(7):265-266.

[11] 刘国荣.Several ways to Integrate culture in English Reading Teaching[J].科技信息,2009(7):192.

[12] 刘润清.外语教学与研究:发展趋势[J].外语教育与研究,1999,31(1):7-12.

[13] 彭熠,赵慧君."一带一路"倡议下大学公共英语教学的文化传播功能拓展研究[J].当代教育论坛,2017,279(3):84-89.

[14] 彭熠."中国文化走出去"战略下大学英语文化教学研究——基于大学英语四六级新翻译题型的分析[J].云梦学刊,2015,36(4):144-147.

[15] 乔丽娟.我国高校外语教育中"中国文化失语症"研究[J].浙江中医药大学学报,2013,37(12):1443-1444.

[16] 王惠洁.大学英语教学中本土文化缺失问题及探索[J].河北联合大学学报,2014,14(1):185-187.

[17] 王坦.合作学习——原理与策略[M].北京:学苑出版社,2001.

[18] 王晓君.大学英语教学中的本土文化教学[J].宁波教育学院学报,2012,14(4):73-74.

[19] 许朝阳.大学英语教学导入中国文化的构想[J].河北学刊,2009,29(1):234-236.

[20] 许国璋.词汇的文化内涵与英语教学[J].现代外语,1980,3(4):19-25.

[21] 许力生.跨文化的交际能力问题探讨[J].外语与外语教学,2000,135(7):17-21.

[22] 虞跃,魏晓红.文化软实力视域下的大学英语教学中的母语文化问题研究[J].四川农业大学学报,2017,35(1):135-137.

[23] 张光敏.大学英语"合作学习"策略探索[J].大学英语:学术版,2010,7

(2):152-154.

[24] 张隆溪. Teaching English in China: Language, literature, culture, and social implications[J]. 外语教学与研究,2006,38(5):248.

[25] 张为民,朱红梅. 大学英语教学中的中国文化[J]. 清华大学教育研究,2002(S1):37-38.

[26] 郑刚强. 大学英语合作教学浅探[J]. 中国高等教育,2012(10):59-60.

[27] 中华人民共和国教育部. 国家中长期教育改革和发展规划纲要[EB/OL]. (2010-07-29)[2018-08-19]. http://old.moe.gov.cn/publicfiles/business/htmlfiles/moe/info_list/201407/xxgk_171904.html.

[28] 周先武,王中祥. 本体认知视角下的大学英语合作学习[J]. 宁波大学学报:教育科学版,2011,33(4):100-102.

第九章　促进自主学习的大学英语读写课堂挑战式互动模型探究

在互联网时代，如何有效完成大学英语课堂教学、促进学生实现自主学习无疑是一个全新的课题。本章力图以“读写课堂”作为一个整体目标，整合其涉及的学生、老师、教学材料（读写任务材料）以及教学实施方法等诸多要素，探索能有效完成支持自主学习的课堂互动模型——读写课堂挑战式互动模型。在2016—2018年三年的行动研究中，笔者不断完善、调整了该模型涉及的各项任务，使其在引导学生通过完成读、写、译等任务的同时，促进学生自主使用各种学习策略并掌握教学内容中涉及的语言要点、目标语文化和思维模式，最终实现自主学习。在这种教学实践中，教师不再是传统的预设固定授课内容的讲课者，而是学生运用批判思维的促进者，探索文体知识和文化知识融合路径的支持者，以及学生应用各种学习策略的调动者。三年的行动研究数据表明：把教室里的“提问”话语权真正交给学生，促进了所读的内容中涉及的语言、文化及思维等要素交流的有效性；同时，由于引入以读为基础、以“模拟投稿”为目标的写作实践，加强了读与写的互相促进作用。在这些交流中，推动了学生重新审视自己在课堂上的担当。

1　文献回顾

在英语为外语（English as a Foreign Language ，EFL）的大学英语教学领域，以学生为中心的各种教学方法已在教学课堂实践中获得广泛认同。为了鼓励学生通过参与课堂教学的有效互动，以提升学生的批判思维能力（critical thinking abilities），并促进其实现自主学习（learners' autonomy），许多学者和教师在听、说、读、写等 EFL 不同任务型（task-based）课堂上做了大量的实践性探索（Biggs，1999；Benson，2001；Boud 等，2001；Cohen，2003；Xu 等，2004；Zhang 等，2004；Qian，2005；Ceylan，2015；Park，2016；Wolf 等，2018；Xu 等，

2018)。一方面,一些研究重点关注并提出了影响学习者自主学习的因素,如学习者学习文化背景(cultures of learning)(Cortazzi 等,1996);学习过程中采用的教学大纲(schemata)对学生自主学习的影响受到许多研究者关注(Cortazzi 等,1996;Jin 等,2006;Littlewood,1999;Watkins 等,1999)。而另一方面,Peng 等(2010)提出学习者对自主学习的信念直接影响其学习动机和信心;Chang (2007)的研究确认了个体对自主学习的信念与自主行为的关系(autonomous beliefs and actual autonomous behaviors);Chan 等(2002)提出学生对待自主学习的态度影响他们自己在具体任务中采取的行为。也有许多研究着眼于课堂任务形态及其评价方式,提出不同的课堂任务设计会影响学生在课堂上参与自主学习的程度,如 Park(2016)对泛读教学任务中学生运用自主学习的研究;Yang 等(2006)和 Lee(2017)对写作任务中自主学习与学生自评(peer review)的关联性进行了探索。

随着对促进学习者自主学习各要素的深入研究,许多研究把检测实施自主学习的课堂效果建立在以下两点上:一是观察如何培养学生在课堂掌握并运用批判思维能力的过程(Olson 等,1992;Floyd,2011);二是通过检测学生课堂学习是否提高了各种学习者策略的应用能力(Ceylan,2015;Wolf 等,2018)。更进一步,有学者(Cheng,2000)针对亚洲特别是中国学习者作为被动和谨慎的一个群体(reticent and passive learners),提出了"教学方法和学习者语言水平"可能成为课堂实施自主学习的最主要的影响因素;为了寻求解决路径,有学者探索了通过某种教学模式改造学习者(Biggs,1999;Ceylan,2015;Wolf 等,2018)或调整教师的角色(Yang,1998;Shien 等,2010),以促进自主学习的效果。然而,课堂教学作为一个整体,它涉及学生、教师、教学材料(如读写任务材料)以及教学实施方法等诸多要素,如何将这诸多要素整合一致,形成研究者所期待的对自主学习支持(Li,1998)的课堂互动模型,目前的文献中并未充分涉及。具体地讲,如何设计出有效的 EFL 课堂互动(如读写教学)活动,使其在调动学生积极参与的过程中,既能培养学生批判性思维能力,又能丰富学生在课堂内外应用英语学习策略。更进一步讲,如何把学生和教师的调整与所使用的材料和方法等统一起来,在推动自主学习的实施中充分体现"EFL 教学的动态特性"(the dynamic nature of EFL teaching)(Li,1998),这些都需要在教学实践中做更多深入的探索。

本章介绍了笔者通过行动研究(Stringer,2014)的方式,探索"读写课堂挑战式互动"在华中科技大学(Huazhong University of Science and Technology,以下简称 HUST)大学英语精读课堂实施的过程。该教学模式更多地关注如何引导学生通过完成读、写、译等任务的同时,自主使用各种学习策略(learning strategies),以触发其关注并掌握教学内容中涉及的语言要点(elements of styles)、目标语文化(target-language culture)和思维模式(way of thinking),推动其实现自主学习。教师在这种方法中的角色,不再是传统的预设固定授课内容的讲课者,而是学生运用批判思维的促进者,探索文体知识和文化知识融合路径(Wolf 等,2018;Xu 等,2018)的支持者以及学生应用各种学习策略的调动者,帮助学生参与课上、课后的精读、泛读等各种具体活动。其重要的责任在于,在课堂建立一种学生主动根据特定话题的阅读材料提出精读理解问题或发表欣赏式评价的氛围。在这种氛围下,学生通过教师的引导和与教师的互动把精读与泛读结合起来,把文体分析、文化知识背景分析与语法规律学习结合起来,把读转化成积累写的工具。在读写课堂上,教师把问题导向式活动(problem-solving activities)建立在满足所在班级学生及其未来专业发展需要的基础上(Edge,1996),把教室里的"提问"话语权真正交给学生。为了获得机会与教师交流所读的内容中涉及的语言、文化及思维等要素,学生会重新审视自己在课堂上的担当(Li,1998)和阅读对提高写作技能的意义(Xu 等,2018)。

2 研究背景

本研究选取华中科技大学大学英语课堂读写教学部分来分析、完善并验证"挑战式互动"的可行性。按照中国新版教学大纲(2014 年)要求,华中科技大学大学外语学院(以下简称"外语学院")英语课堂教学实施计划学制为一年(含两学期),共计 114 学时。为了完成大学英语听、说、读、写、译等各项教学目标,在教学具体实施过程中,2016 年以来采用了读写、听说以及小说阅读(课外阅读部分)各自独立的教材。通常情况下,每个在岗教师需要完成为期一年的 2～4 个班级(每个班约 30～60 人)听、说、读、写、译等完整的教学任务。对学生的考评一学年两次,每次学期考评分为平时成绩(40%)和期末考试(60%)两个部分,其分配比例如下:

(1) 平时课堂出勤及完成课堂各项教学任务(in-class participation, pop quiz, homework, group project)为 15%;

(2) 课后文学阅读(after-class literature reading)为 10%;

(3) 在线自主学习(on-line autonomous learning)为 5%;

(4) 期末口语考试(oral exam)为 10%;

(5) 期末全校统考(paper-based Final exam)为 60%。

在历时三年的行动研究过程中,笔者采用了自己所带本科班级作为研究对象,其中,2016 级两个班级涉及 58 人(两个班级分别为 27 人和 31 人);2017 级两个班级涉及 85 人(两个班级分别为 28 人和 57 人);2018 级(2018 年 9 月至 2019 年 1 月截止的第一学期)三个班级涉及 84 人(两个班级分别为 29 人和 55

人)。另外,参与本研究"学生对大学英语课程需求与目标"调查的课上口头报告(oral report)部分涉及2016级58人、2017级45人、2018级30人;课后书面写作部分(通过看推荐的原版英文电影,反思自己过去学习英语的过程并表达自己对大学英语学习的期望)涉及所有参加课堂教学的学生。在每期课堂教学及学生考评结束后,本研究设计还完成了对每个班级跟踪调查,其中,2016级两个班级共采访了6人次;2017级两个班级有8人次参与了回访。在各个班网络交流平台上(该平台为笔者在课程开始前按班建立起来的独立学习QQ群),2016级12人次的交流涉及了对课堂教学的个人感受;2017级18人次提到了完成任务时遇到的各种困难。

在本研究进行过程中,所带班级学生均使用了外语学院为各个年级对应当级所提供的大学英语公共学习平台,包括在线"课后文学阅读"平台——2016和2017级为学生提供10本英语小说原著,2018级提供20本英语小说原著,学生每学期可任选其中一部小说阅读并完成在线阅读任务;"在线自主学习"平台——学生借助该平台在两学期内完成课堂使用的听说教材《新视野大学英语听说教程3》(郑树棠,2014)第1册和第2册的自主学习以及"大学英语写作中心"服务平台——学生为了完成本研究围绕着每学期6个课堂阅读主题所设计的写作任务,可以在课后通过该平台寻求帮助。

3 研究对象

本研究所涉及2016级、2017级和2018级本科学生共计227人;他们的所学专业覆盖了华中科技大学所开设的理工类(如机械1609班、电信1704班)、文科类(如新闻传媒1803班)和医学类(如临床1604班、儿科201801班)等学科。大学英语作为所有学科的必修课程,学生需要完成为期一年课程学习并通过考核才能获得学分。入学前,学生均参加了国家或各省级统一的大学入学考试,考试涵盖听力(个别省级统考不计入总成绩)、阅读和写作。以2018级为例,各班入学英语成绩统计如下(见表9-1),其中新闻传媒1803班与1804班为合班授课;国考满分为150分,省考满分为150分或120分。

表9-1 2018级参与本研究学生高考英语成绩统计

班级	总计人数	考试类别	合计人数	最高成绩	最低成绩	平均成绩	成绩中值
儿科201801	29	国考	26	145	120	136.9	138.0
		省考	3	105	99	101.3	100.0

续表

班级	总计人数	考试类别	合计人数	最高成绩	最低成绩	平均成绩	成绩中值
新闻传媒201803	28	国考	24	145	125	136.7	137.0
		省考	4	132	89	94.3	96.0
新闻传媒201804	27	国考	23	146	124	137.0	138.0
		省考	4	141	97	132.0	133.5

4　读写课堂挑战式互动模型概述

4.1　互动模型

本研究着眼于设计出有效的 EFL 读写教学课堂互动活动，使其既能关照学生批判思维能力的培养，又能丰富学生课堂内外英语学习策略应用。其关键点在于，如何把学生和教师的调整与所使用的材料和方法等统一起来，在推动自主学习的实施中充分体现“EFL 教学的动态特性”。该模式分为四个阶段（见图 9-1），即课前在线主题导入、课前自主学习、课上自主学习互动式验证和课后提升式自主学习。

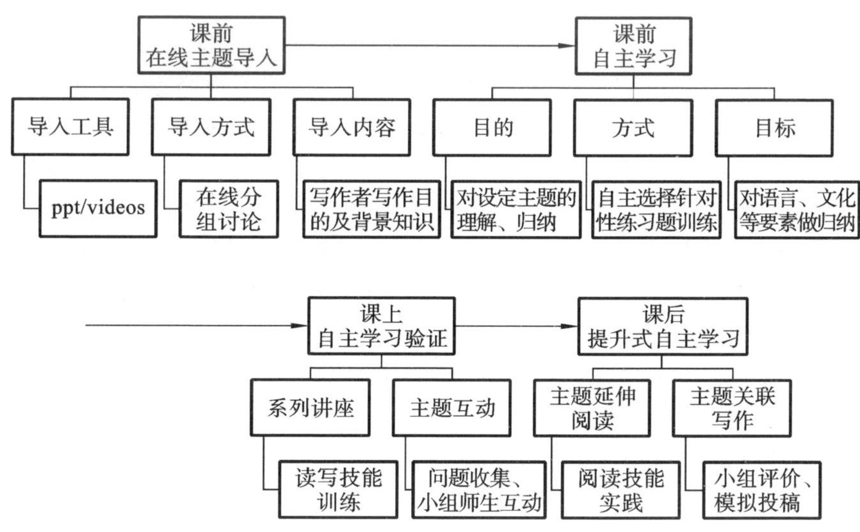

图 9-1　挑战式互动模型流程示意图

在 2016 级至 2018 级三年的探索实践中，该模型的“课前在线主题导入部分”和“课后提升式自主学习”经历了多次调整。结合对每班级学生需求调查及课后跟踪反馈，笔者反思了教学过程中的各个要素，重点把“学生教育”“课程任务理解”“学生时间管理能力”和“学生语言实际水平”等众多要素考虑进去，突出了导入的有效性和课后读写能力互动的便利性。

4.2 互动任务设计理论依据

读写课堂挑战式互动模型目的在于把课堂转化为学生锻炼批判思维应用能力和拓展学习策略的交流平台。在这个平台下，学生批判思维能力的培养、读写技能的训练与语言文化知识的积累被放在同等重要的地位。这种转化涉及语言学习过程各方面，该转化对于东方学生的学习风格提出了极大的挑战。Wintergest 等(2003)以中国学生为代表归纳出东方学生学习风格(learning style)如下：

“... classrooms, where the teacher's role is that of transmitter of knowledge, rather than that of facilitator for learning. Materials come from textbooks, teacher-lectures and information written on blackboards.... In short, (Asian) students expect modes of learning where the information comes from the teacher, require little or no class participation, ...”

亦如前面对参与本研究“2018 级学生背景”调查所述，学生进入大学英语课堂(读写课堂教学部分)仍然带着传统的预期：由教师来决定要讲什么，学生自己只需要配合教师完成读写任务。这种等待教师来教知识的心态为课堂读写任务设计提出很高的要求。一方面，需要引入同一主题下不同文体的阅读材料，以期引导学生认同“不同的阅读目的决定不同的阅读策略”；另一方面，为了避免读写教学变成教师带领学生参与完成“以人工预设的课后练习(artificial exercise)”的过程，需要在选择读写主题时把目标设定为为学生提供机会最大限度地接近“快乐阅读”(reading for pleasure)的感受(Carson, 1993)。

为了在互动中调动学生参与“更复杂的策略使用(more sophisticated reasoning operations, Tierney 等, 1989 引自 Grabe, 2001)”，本研究的课堂任务设计中，采用了“以读促写”(reading-to-write)(Carson, 1993)的基本思路；同时，把写的任务建立在完成同一主题、不同文体风格材料的延伸性阅读之上，强调通过以读写互动来促进学生自主学习(Grabe, 2001)。

(1) “summarizing information from texts and integrating information from texts for longer writing tasks.”

(2) (as writers who can) “go back to texts and read in different ways as they seek specific information and adapt reading strategies to match task expectations for the writing.”

另外，如何使学生在读写互动环节变得更为主动，同时鼓励学生不断反思并明确自己参与读、写任务时的目的，也是保证读写课堂互动有效进行的关键。本研究在所在班级的学生参与下，共同为挑战式互动课堂设定了目标。2016 级确认为“超越作者和编者，主题理解之我见”。后采纳学生建议，2017 和 2018 级调整为“超越作者和编者，主题风格理解之我见”。该目标明确了教材提供的课后练习作为检测阅读效果工具的作用，学生可以自主决定如何使用。同时，也为以读为基础的写作环节确定了评价标准，即批判思维能力的应用，如：

(1) grasping, understanding, and synthesizing claims or support from a range of sources;

(2) noting the social, economic and political contexts of claims and support, questioning or challenging them, formulating and presenting ideas (positions) of their own.

在具体教学执行过程中，教师不仅需要推动学生结合所读材料，实践各种基本阅读技能，如速读、略读、结合语境猜测生词、篇章理解等，更重要的是，创造“学生提问、教师回答或学生间互相问答”的互动氛围，以调动学生更宽的策略应用。另外，在阅读环节，教师的任务除了需要指导学生在阅读中探索不同文体风格文章的组织结构特点，用学生擅长的方式进行归纳，以便其在完成写作任务中能有效运用；也需要引导学生关注所学文章的写作目的、背景和目标读者等容易忽略的要素(Carson，1993)。在写作教学环节，结合过程—文体写作(process-genre approach)(Badger 等，2000)教学法，让学生通过模拟体验和实践为投稿写作(Xu 等，2018)所需要使用的各种策略，如通过头脑风暴确认主题(brainstorming for the thesis)、小组圆桌会议习作互评(group round-table for peer review)、依据反馈修改(feedback for redrafting)等。

4.3　读写挑战式互动任务设计

本研究读写课堂教学部分的教材，是上海外语教育出版社《全新版大学英语综合教程 2》(2014 年)第 1～4 册。其中，第 1 册和第 2 册分别在两个学期内，由学生课外完成自主学习。通过课堂教学导入环节，推荐学生用学习记笔记的方式，归纳可借鉴常用表达、与主题关联的句式结构，以及可供反复朗读欣赏的段落，以促进学生养成以理解文章主题为目标(reading for meaning)(Li，1998)和按意群快速阅读(to read in chunks)(Carson，1993)等习惯，避免频繁查字典、离开语境孤立地背单词。

为了探索如何评估并通过评估促进学生课外对该教材第 1、2 册进行自主学习的效果，教师在行动研究中对每个参与评估的班级采用了跟踪记录，包括统计学生完成该教材提供的读写任务种类和数量，学生在学习笔记中所采用的形式和按单元主题进行归纳所涉范围等。教师配合记录在三年内设计并实施了每两个单元一次的课上检测，根据检测结果，对完成检测任务有困难的学生进行单独采访（通常每次检测后采访3～5人）。在2016级至2018级三年的具体教学实施中，依据跟踪记录和检测后进行的采访，对课上检测形式做了多次调整。2016级采用的是“归纳主题写作”，即学生根据自己的笔记把所读主题进行归纳，突出“读与写”互动；2017级在读写互动的基础上加入了翻译技能检测；2018级则把学习策略的运用融入检测目标，以归纳写作和翻译的形式检测学生的归纳和灵活运用能力，引导其关注同一主题下不同文体中表达方式的多样性。

该教材的第3、4两册（每个单元主题下提供了A、B两篇独立的文章：Passage A配备了从单元所用词汇、句型到篇章理解等完整的课后练习；Passage B课后练习主要以篇章理解文章为主）在本研究中被选作为读写挑战式互动教学的主体，课堂教学涉及的读写任务皆依据该教材提供的主题材料。按照外语学院统一教学计划，从该教材两册中各选出6个主题，分别在两个学期的课上进行互动和讨论使用。由于与该教材第1、2册同步对应（具体地，第一学期学生课后自主学习第1册，课堂读写主题选自第3册；第二学期学生课后自主学习第2册，课上主题选自第4册），教师在行动研究中对第3、4册所设计的任务包含了学生在自主学习第1、2册过程中所使用的形式，如建议学生依据自己的现实语言能力自主选择完成该教材提供的每个单元课后读写练习，鼓励学生把课后练习作为检测自己阅读效果的工具，推荐学生通过阅读笔记的方式完成对主题涉及的语言文化知识的归纳等。这些任务为学生进入课堂参与主题相关的读写挑战式互动奠定了基础。

为了使课堂挑战式互动真正成为检测和推动提升学生自主学习效果的一部分，本研究在三年的行动研究中不断探索并完善各种激励学生参与的方式。这些探索包括：如何引导学生把自主学习中遇到的困难、焦虑等转化成参与课堂挑战学生、教师的积极因素；如何对学生进行分组才能有效调动每个人参与提问环节；如何提升课堂互动问题的质量（含难度和共性）；如何让学生把在参与挑战与互动中体验到的压力变成动力，去激发其在后续的学习中使用更复杂的学习策略提升自主学习效果。伴随着这些探索，本研究三年来在课堂任务设计过程中，经历了从最初只是总体介绍任务形式，调整为细化各项读写任务（含策略，如chunking texts，summary writing等）和具体时间要求，并把完成任务可能遇到的困难和解决方法在课程导入阶段提供给所有参与的学生。另外，在教学的各个阶段，实时选取完成任务优秀的学生案例作为示范。

具体地，2016级阅读任务设计以该教材第3、4册所选择的单元主题下的Passage A为课内互动主体，Passage B作为学生在掌握基本阅读策略的基础上，课后进行拓展自我阅读策略的工具。课堂挑战目标设定为："穿越作者和编者、主题理解之我见"（着力引导学生把课后练习作为工具、强化学生作为读者的"语义再造的主体作用"，the role of the reader in constructing meaning）（Carson，1993）。在此目标下，学生课前围绕着自己的归纳笔记，完成各种基础的阅读策略实践，如 meaning guessing，skimming，scanning，chunking the text for real-world，purposeful reading 等，以及通过写作促进理解，如 summary writing 等准备活动。课堂挑战互动以学生在实践和准备活动中遇到的困难和疑惑为中心展开。

根据 2016 级的课堂互动实践，结合学生完成课前、课后任务的统计结果以及课程结束后对学生的回访，本研究发现：许多学生把阅读的目的仍放在掌握课文的词汇和短语（主要以应用记忆策略，而非理解策略为主）和孤立地看待文章所涉及的语法现象（忽略该主题语境下作者的表达意图、风格变化等）。为了调动学生专注于所读文章的整体理解，把掌握语言知识、文体知识和文章所蕴含的文化知识融合在自己的阅读实践中，把 2017 级课堂挑战式互动目标调整为"超越作者和编者，主题风格理解之我见"，把单元主题下的 Passage A 和 Passage B 共同作为课内互动主体。互动前，结合单元主题背景分析，引入了文体（Passage A and Passage B）差异分析。同时，把课外文学阅读部分引入课堂，鼓励学生结合文体知识探索更多阅读策略，解决阅读中遇到的各种困难并享受阅读的快乐。课堂互动环节，教师欢迎并鼓励学生从更宽的视角提出问题或自己遇到的理解上的困难。与该课堂互动目标相匹配，2017 级写作任务设计，除了像 2016 级设计了提升阅读理解为目的的写作训练外，还从每册的 6 个主题中选出 4 个，让学生结合社会现实（如技术进步、国家或文化差异等），发表自己的观点，并把写作"学生小组内互评、个人修改并模拟投稿"引入课堂互动环节。

基于对 2016 级和 2017 级教学实践反思，本研究在 2018 级对该挑战式课堂互动各环节做了进一步的完善。

首先，保持了 2017 级课堂挑战互动目标，以所选单元主题的 Passage A 和 Passage B 作为课内互动主体。但是，依据该主题按照鼓励学生进入批判思维环节所设计的写作任务时，学生感觉到了所读材料提供的观点或现象有着明显的"年代感"（通常有十年甚至是二十年）。学生依据所读材料进入写作环节，结合现实社会就该主题发表观点，显然会有"距离感"——读的东西与要表达的观点没有太直接的关系（选自回访 2017 级学生语），而这与课堂互动期望学生"以读者自己的目的进入篇章理解"（a purposeful plunge into the struggle with meaning）（Carson，1993）相悖。为了拉近学生对每个主题的时代距离，在 2018 级阅读任务设计时，笔者不再把课外文学阅读部分引入课堂。同时，配合着每个选出的阅读主题，在 2018 级按照每两周一次设计了延伸阅读包（extensive reading package，见本章附录，为案例之一）。所选文章除了满足时代感要求，还要服务于以下目的：

（1）使学生在关注更多与主题相关语言表达方式的同时，拓展自己的快速准确理解文章构思的学习策略；

（2）增加学生阅读中文体策略（generic strategies）（Carson，1993）运用，引导其关注所读材料的写作目的、目标读者和信息要点（purpose，audience 和 message）（Macken-Horarik，2002）；

（3）为学生进入写作环节储备适合时代特征的话题以及“充分的语言和修饰工具”（appropriate linguistic and rhetorical tools），以便能按照需要的文体形式表达自己的观点（Hyland，2011）。

其次，配合着每册选择的 6 个主题及延伸阅读包，在 2018 级写作任务设计时，提出 6 个写作主题：鼓励学生结合社会现实，如技术进步、国家或文化差异等，就该主题发表自己的观点；学生可以在该学期内任意选择 3 个进入“学生小组内互评、个人修改并模拟投稿”环节；写作课堂互动环节以讨论和分享“成功投稿者的作品”（以学期为单元，独立安排两次课）为主；以老师介绍各种文体（如 biography，autobiography，expository text，argumentation 等）构成要素和特点为辅；而作为写作挑战互动的一个部分，无法完成“模拟投稿”者，则需要在完成归纳该主题相关“表达方式”（building blocks）（Kroll，1991）的基础上，提交主题归纳（summary）写作，使其最大程度上接近读写课堂互动目标。

4.4 模型应用案例

现以上海外语教育出版社《全新版大学英语综合教程 2》（2014 年）Book 3 第一单元为例，介绍该模型各个环节的应用和操作流程。该单元主题为：Changes in the way we live。教材分为 Text A “Mr. Doherty builds his dream life”和 Text B “American family life：the changing picture”。教材为该主题阅读配备了：Overview；Introductions to text A and Text B；Preview exercises：Comprehension，Text organization，and language sense enhancement；Vocabulary exercises：Language focus；Text-related comprehensive exercises；Writing strategy：an essay entitled “Recent changes in Chinese family life” 等。

课前在线导入：设定主题讨论范围，主要围绕 3 个主题——the elements of family life，the way to introduce the changes，the elements to bring about the changes。实际操作中，学生被提示每个人的在线有效发言计入课堂表现的一部分。引导学生关注 comparison and contrast，在该主题下所涉及的阅读理解技巧。

作为课前导入的结束，提出关联“主题整体把握”的自主学习具体任务，即：

归纳 Text A 和 Text B 两位作者表达该主题使用的“精彩语言含表达方式和句式结构”；整理出 highlights，包括难句、难于理解的用词等；选择完成本单元配备的词汇练习。该任务完成情况，进入课堂活动环节前，由教师按照小组自我检查并填写完成情况登记表。如登记：精彩语言含表达方式和句式结构（________个或________页）；highlights（________条）；课后练习（题号________）。

课堂教学环节，以系列讲座开始。结合本单元主题与写作风格及背景，讲座题目设定为 comparison and contrast ：the family life in the Americans' 1990s。其中，阅读部分主要结合教材提供的课文理解问题，介绍写作背景、作者生平等；写作部分侧重于如何构筑 thesis（主题）、选择对比要素等。讲座以如何完成读写互动结束，并提出哪些语言和文化知识是值得重点关注的。如设计出互动问题：What is the difference in the elements of the writing style?

G1：

A. Life belongs to the living, and he who lives must be prepared for changes.

B. Life belongs to the living who must be prepared for changes.

G2：

A. The timing was terrible.

B. The time was terrible.

C. The timing (or the time) is great.

接下来，进入小组内交流 Highlights 环节。每个小组把各自在自主学习中遇到的 Text A 和 Text B 的难句、难于理解的用词汇总，并确认哪些确实无法理解。按照学期预先计划，每两个组（每班 30 人自愿组成 12 个组）负责本学期 6 个主题中的一个。负责的组在各个小组讨论之后把每个组提出的 highlights 汇总并代表全体学生与教师互动。期间，凡是能在教师作出解释之前，给全班一个准确的解释的学生，都将获得该学期平时成绩加分的鼓励。结束互动时，教师围绕着 the elements of family life, the way to introduce the changes, the elements to bring about the changes 三个主题各提出 1～2 种表达方式，抽查那些在课上未发言者或提问者。在 Text A 的互动环节，学生从小组收集了 36 个问题或语言、文化关联疑惑点，大约 20 个需要教师给出具体解释或说明。典型的问题如下（黑写为疑问点）：

（1）I am not in E. B. White's **class** as a writer or in my neighbor's **league** as a farmer.

（2）Our hens keep us **in eggs** with several dozen left over to sell each week.

(3) We cut enough wood to **just about make it** through the heating season.

(4) We love the smell of the earth **warming** and the sound of cattle **lowing.**

(5) There is, as the old saying goes, **no rest** for the wicked on a place like this-and **not much** for the virtuous either.

(6) ... but on balance things have gone much better than **we had any right to expect.**

(7) I'm not making **anywhere near** much money as I did when I was employed full time.

也有一些问题或疑惑点，在教师的提示下，很快就有学生主动给出了解释，如：

(1) Then the **growing** season began, swamping us under wave after wave of **produce.**

(2) When it comes to insurance, we have a poor man's **major-medical policy.**

(3) ... **It takes a couple of special qualities.** One is a tolerance for solitude.

涉及的文化方面的困惑主要是学生"心中的农村生活"与"mortgage, insurance or IRA"等的关联性以及"freelance"职业的距离感。相应地，即便掌握了本单元的两篇表达方式，一旦回到自己身边的"农村生活"，仍然会感到困难，不足以支撑他们表达本单元的写作主题——recent changes in Chinese family life。所以，课后的延伸读写自主学习就很必要把读的内容设置为"中国目前的农村现状"相关内容(见本章附录)。

作为课堂活动的补充，课后读写设计了学期延伸阅读包(Extended Reading Package)，学生需要采用该教材 Text A 和 Text B 一样的学习策略，归纳各种表达方式，并为完成写作积累素材。学生归纳的在下个单元开始前，按照小组进行自我登记。同时，在小组内组员需要互相评价同组的作文，给出书面评价。然后，每两组间进行互评，评出完成最好的一或两篇作为小组的代表作，交由教师放在课堂分享"范文"。未被选入"分享范文"者，需要单独重新归纳 Text A 和 Text B 的内容，写出一篇 200 字的概述(summary)。

5 读写课堂挑战式模型行动研究数据收集

为了调查该模型是否能真正促进学生在大学英语读写课程中的自主学习效果，本研究数据收集结合课程前期学生对大学英语课程需求和期望以及课后跟踪调查，实际数据包括：

(1) 课上口头报告(Oral Report)：通常在开设课程的第一周"课程导入"(Orientation Session)部分进行；

(2) 课后书面写作部分：通过看推荐的原版英文电影，学生反思自己过去学习英语的过程并表达自己对大学英语学习的期望；

(3) 课后跟踪调查：通常在每期课堂教学及学生考评结束后进行；

(4) 在线交流：通过本研究为各班建立起的课程教学交流 QQ 群，学生获取完成课堂任务所需材料，如学期延伸阅读包(Extended Reading Package)、学期泛听材料(Extensive Listening Materials)。期间，学生可以在 QQ 群发表自己的看法并提出自己的困难或疑惑。

5.1　课上口头报告(Oral Report)

课程第一周"课程导入"(Orientation Session)部分的主要目标是介绍本课程实施的教学计划、教材及任务等；在此之前，本研究通常采用学生志愿或邀请学生就某一特定话题口头发表自己的看法。为了减少学生刚进入课堂的焦虑、使学生更有信心反思自己以前学习英语的过程并表达自己的对大学英语课程学习的期望，本研究设定了如下话题：

Voicing yourself based on your personal encounters: You may choose any one of the following topics to make a one-minute introduction.

(1) To tell a short story about why you can learn English so well.

(2) To introduce a person who helps you make a big change in English learning.

(3) To introduce an activity you used to study English in high school.

(4) To tell one story showing how you're inspired to learn English in college.

(5) To share your expectations in which you may use English as a bridge to achieve your career goals in future.

该活动把反思与期望融入了学生自我介绍之中，话题一、话题二、话题三侧重于学生反思自己过去学习英语过程；话题四和话题五主要是引导学生表达自己的期望。从学生 2016 年至 2018 年三年来课上口头报告就事件(话题一和话题四)、人物(话题二)和活动(话题三和话题五)的反思中，可以得出下面几个方面具有典型性的结论。

一是考试对学生的语言学习过程有着重要的影响：三年来，就本研究涉及的各班口头报告前三个话题互动，学生均提及高中阶段英语学习(特别是读写教学环节)中考试及其训练过程对自己的影响。如 2018 级"儿科 201801 班"一

名学生就话题一介绍说(以下谈话来自笔者课堂记录的要点):

"About this topic(Topic Ⅰ),I want to say my English is not so well. (But) I experienced a story (that) can show how I learn English in high school. Once I got a bad score in a monthly test,I felt puzzled how to improve my study. My English teacher had a talk with me. She suggested I should take notes of the points (where) I made mistakes in all the tests. After that (talk), I did as my teacher suggested. ""What are your notes about?"(The teacher in class asked). " Well, usually the vocabulary, the grammar points, and sometimes the expressions I made mistakes (misunderstood) in the tests. "

这段交流中显示学生在学习英语过程中不断强化了"寻求语言知识的确定性(certainties)",而教师给学生的支持并不在于提升语言学习过程中的"归纳能力(generalizations)(Wolf 等,2018)"。又如机械 1609 班一名学生就话题三介绍说:

"In high school, we did very little about in-class activities. The most important activities are often(related to) different tests. In the last year of the high school, we had weekly exams, monthly tests, and also term (ones in which) we are ... decided (ranked). ""Nothing special?"(The teacher in class asked.)"Yeah. We once had a film week (in which) we watched English movies in the whole weeks' classes. "

显然,学生被动地接受了高中阶段把英语考试作为学习的主体活动;反过来也减弱了学生主动参与课堂互动活动的愿望。这类经历能解释在本研究中,为什么学生会在自主学习中面对精读、泛读(课后小说阅读)、主题延伸阅读以及读写互动等任务时表现出某种程度的焦虑甚至是抗拒(resistance)(Shamin, 1996)。

二是以教材为中心,语法指导为主体的教学仍然主导着学生对英语学习的过程认知:正如许多学者证实的(Li,1998;Fatos,1994),学生的课堂口头报告显示,教师把精讲高中的必修教材、语法作为课堂教学的责任。临床 1604 班和电信 1704 班的各有一名学生,就话题二分别介绍了自己的一位教师和学生,就是其中的典型代表。临床 1604 班的一名学生这样介绍自己的高中英语教师:

"I want to introduce my high school English teacher who helped me make a big change. She knows a lot about grammar. She can recite all the texts we are studying in classes. She encouraged us to compete with her in reciting the texts (by giving presents to all the winners),... any winner can get her presents. I got several and it made me confident about English. "

而电信 1704 班一名学生是这样介绍自己的一位高中同桌的:

"I'd like to introduce my classmate, actually one desk-mate. She helped me make a big change in English study. In the first year (of high school), she always shared me her notes (of the points). She made good notes about the grammar, the languages. Her writing is (writings are) always taken as example by our teacher. She is always a good example to me. She helped me know how to learn English well."

学生的上述经历说明以教材为中心的"教师讲课、学生听课做笔记"仍然是他们心目中的典型课堂形式，也更进一步解释了在自主学习课堂，为什么教师需要通过专门的指导让学生重新认识"课堂的基本功能和学生的角色"(Deckert, 1987)。

三是学生接触有限的读写任务形式，限制了学生对文体知识的了解以及更多的英语学习策略的应用：根据三年来课堂口头报告，学生接触到读写形式主要来自高中教材和考试中的阅读和写作任务。这种局限性也促成学生对大学阶段英语学习，特别是读和写的形式改变有了更多期待。"儿科 201801 班"一名学生对话题四的讲述就是典型。

"Actually, my high school English teacher gave us lots of advice to read after class. But we have to take so many different courses and tests. No one did that (except my desk-mate). My desk-mate was preparing for studying abroad. She told me she had to read a lot in English. I admired her. One day she invited me to read her application letter. I was surprised (so much that) I wondered whether it was written by herself. I can not understand the meaning and even some of the words she used in the letter.... well, before that I have a better grade than her in English tests. So, that inspired me greatly."

类似地，2018 级新闻传媒 201803 班的一名学生就话题五表达了自己对掌握更多学习英语策略的期望：

"I am poorer than others (in English). There was no Spoken English class in my high school. I hope I can pass the exams in HUST. And I hope to learn some skills in listening , speaking and reading....; (Besides), I hope my teacher can teach us how to read English news papers freely, and watch English films by ourselves with no Chinese (captions)."

5.2　课后书面写作部分

为了既能激发学生反思入大学前自己英语学习的过程，又能鼓励他们表达对大学英语课程的期望，同时也能调查学生目前写作水平差异，本研究选取以自由写作的形式(free writing)完成"看英文电影写反思报告"作为课程的第一个写作任务。2016 至 2018 级，本课程均选择了“看电影”*Outsourced*（《世界是平的》，由 Shadow Catcher Entertainment 发行于 2006，John Jeffcoat 执导），并为写报告设定了两个目标：to reflect on your English study; to report your puzzles in English learning。另外，报告话题和重心会随着班级和专业差异而作出相应调整，如有的班选择回答“Do you think what is the most important element in improving our English oral competence?”，也有的选择“Do you think what are the important elements in our daily communication using English?”等。

不同专业班级的学生完成的书面报告重心和兴趣有着显著差异。如反思自己的英语学习时，理工类学生更多反思“学习意愿、动力”(the will to learn)的重要性；文科类则侧重“学习环境和视野”(learning environment and horizons)；医学类学生多人提及“学习态度和个性”(attitude towards language learning and personalities)。从中可以看出，通过看这部电影，学生开始用不同的视角回看自己以前的学习英语的策略运用并展望后续的大学英语的学习。以下节选自 2018 级三个班的报告中提及对大学英语课程学习期望或与学习中拓展自己策略运用相关的片段，括号内为教师修改的部分：

(1) “The critical point is that the leading character facing the cultural differences can realize the influence (of Indian cultures) and because he made some changes in understanding, he became more fluent in communication (communicating with the locals). We as (language) learners should keep open-minded in our English study.”

(2) “The main character of the film (who) overcame the cultural obstacles showing (ed) us his strong will to deal with the troubles. The will (determination) to make changes and accept failures is necessary. ... Where there is a will, there is a way. The same goes for English learning.”

(3) “We should have right attitudes to others who express their ideas differently. We'd remember that on different occasions people from other cultures may use many slang or idioms according to (based on) their cultural background and personal experiences.”

(4) “Language as a bridge as our teacher told us need many ways to build up. Grammar is necessary to (achieve accurate) expressions. I think understanding the ideas of the speakers is also important. People's lives and cultures are (parts of) their ideas. ... A talk without ideas is just like a pool without water.”

(5) “The film *Outsourced* tells us that learning environment is very

important and our horizon (of the world) should be high(er). If we only know the English from the textbooks, we may face more troubles than the character experienced; because we never know how people in their daily communications have their small talks or(how different people) write in papers."

尽管参与该写作的学生绝大多数把反思的重点放在了口语或听力方面了，但上面所选这些案例仍然反映出学生反思中的共识：即文化知识的"现实性、动态特征和具体文本关联性"(emergent, dynamic, and context-specific)(Wolf 等，2018)。同时，也不难看出学生在读写方面有一定的期待：通过阅读拓展语言文化知识，关注不同文体中表达的多样性，为写作积累必要的语体常识。

5.3 课后跟踪调查

课后跟踪调查通常在每期课堂教学及学生考评结束后进行。截至目前，本研究完成了 2016 级和 2017 级的 4 个班级 14 人次的课后回访。其中，采访话题之一为开放式问题(open-ended questions)："对比你自己最初对本课程的期望，如何评价这一年来的英语学习？"4 人的回答中明确提到了最初的期望和自己以前个人读写部分策略使用情况，现节选片段如下(采访使用汉语进行；征得同意，笔者做记录的同时对采访进行了同步录音，括号内为笔者结合谈话内容加入的)。

(1)"我开始觉得自己的写作还可以，每次的写作作业没有觉得需要花很多时间，有好多(其他)作业要完成。放到小组 round-table 讨论时，读别人的(习作)，才发现自己在阅读中涉及的表达方式应用得很少。也做了归纳笔记，高中学习就不太重视写作，看看范文，背一些好的句型。不太考虑得体(语境、语体)什么的。"

(2)"没想到有这么多不同的阅读要做，一开始很乱。以前把课文读读背一下老师讲的(要点)笔记就好啦，现在要自己去分析，做归纳笔记，前两个单元不太适应。课外(主题延伸阅读)有的没看，对应的主题写作(没到达要求)没交。小说(课外小说阅读)第一学期还很认真。"

(3)"(这种教学方式)确实好大压力，Challenge！像老师反复说的，时间管理(作为自主学习的一部分，我)收获很大。我几乎每天都要看看英语，以前觉得自己英语(成绩很好)课可以放放。对，我高考 140 多分吧！现在看，花的时间是最多的！比起以前(高中)，读(过)的超多。还得仔细(分析文章)找出问题(准备向老师提出)来，不然(课上)被老师 Challenge，就尴尬啦。"

(4)"我作为课程负责的(班级学习委员)，经常提醒大家完成任务的时间，总是有人忘了完成写作的时间。还有课后练习部分，老师让我们自己决定(阅读教材课后练习部分)哪些需要做，就有的(学生)觉得可以放放再说。(对练习部分的)归纳笔记就没法说啦,不像以前(高中)时,有考试在那里压着,(现在)完全靠自己掌握(学习节奏)。"

5.4 在线交流

作为课程教学交流平台,即以班为单位的QQ群,学生跟教师的互动多与课后教学任务完成有关。就读写部分而言,学生多是在自己课外阅读部分遇到了无法理解的内容,或是写作互评(round-table)无法确认某些表达的可接受性等时,直接问教师。在线交流表现为及时性、碎片化,其中关于个人对大学英语的期望以及对自主学习课堂互动的评价有一定情感化。以下为2017级和2018级两个学生与老师在平台的互动,具有一定的典型性。

2017级学生:"我非常抱歉,(身体原因)上周无法上英语课;我非常希望都能按时完成课程的任务;课堂上跟老师的互动特别有收获。我害怕自己的身体让我没法专注,真心希望老师给予理解,给我时间上的宽限。这学期其他课我已经申请延期了;我要争取不停下英语课……"

2018级(民族班)学生:"老师,虽然我是这个专业班的,但英语课我得跟着民族班的上。跟着您上了两个多星期的互动式课,我好喜欢。可惜我必须要跟上民族班的学习任务,很遗憾,我无法再在这个班继续学了……"

更多的时候,学生就完成读写任务提出一些具体的问题,多涉及以前通常使用的学习策略对现在的影响。如2018级一名学生:"老师,您课堂上(通过challenge方式)提出的问题,好像多跟语法有关系。我们高中的时候没有专门讲语法,感觉好难,我是否要专门花点时间系统学习一下语法呀?"又如,2017级一位学生:"请问老师,是不是我们写作里用阅读里刚学到的表达,越多就是好文章呀? 能不能像以前(高中)那样,看看范文呀。"这些反映出学生在解决自主学习遇到的困难时,通常会求助于自己以前熟悉的策略。正如许多学者(Wenden,1991;Ceylan,2015)建议的,引导学生在理解语言学习过程基础上,分析所使用的各种策略的利弊,并训练他们更多地使用不同的策略解决遇到的困难,等等,这些都是教师在帮助学生进入自主学习状态过程中需要解决的。

6 读写课堂挑战式互动模型验证结论

在本研究探索读写课堂挑战式互动模型的三年中,笔者一直通过在线、课堂课后互动以及课程结束的跟踪调查等途径,了解实施该模型的有效性。结合笔者在平时对学生课上、课后的表现及完成任务情况等的记录,可以得出以下几个方面的初步结论。

首先,学生对大学英语课程的目标理解十分关键。大学英语听、说、读、写、译等都有各自的任务和要求，仅仅是阅读部分就有精读、泛读、延伸式阅读、课后文学阅读等任务。只有学生全面理解了各项任务的目标，才能真正促进学生在完成各项任务中自主使用各种学习策略，并触发其关注和掌握教学内容中涉及的语言要点、目标语文化和思维模式。通常认为的学生"被动性"以及等着教师告知所谓"知识点"，往往是因为课程设计上没有满足学生的需求。本研究验证实践确实见证了学生刚进入课堂面对读写各项任务时，表现出的"焦虑感"以及随后各项任务中表现出的"时间管理"能力方面不足。而这些恰恰证明实现该模型需要进行"学生教育"：促进学生理解自主学习是建立在有强大的自我管理能力和参与动机下才能完成。

其次，教师的角色调整在推动实现自主学习中非常重要。教师在这种互动模型方法中的角色不仅表现在课上，还表现在在线和课后互动中。教师也不再是传统的预设固定授课内容的讲课者，而是学生运用批判思维的促进者、探索文体知识和文化知识融合路径的支持者以及学生应用各种学习策略的调动者。本研究在验证过程中发现，教师对学生完成各项任务可能遇到的难处的"预见性"十分关键。如 2016 级最初实施该模型时，学生的语言基础是否能支持完成课后大量的"主题延伸阅读"，是笔者最担心的。而事实证明，学生一定的阅读技能支持下，非常顺利地完成这类任务。所以，经过学生反馈调查和笔者课后教学反思，在 2017 和 2018 级，把完成"主题延伸阅读"作为学生完成写作任务的前提，这"大大提升了学生写作中表达自己想法的质量"(2017 级学生反馈语)。

最后，教材的使用和拓展需要建立在帮助学生参与课上、课后的精读、泛读各种互动活动的目的之上。《全新版大学英语综合教程》从第 1 册到第 4 册提供了完整的词汇(新单词)支持。同时，现代网络技术和条件也足够支持学生在自主学习过程中随时查证某个语言文化现象。在这样的条件下，教师在使用教材时必须要意识到自己的责任变化：既要以教材主题为起点，又不能限于教材文体内容本身。其重要的责任在于，在课堂建立一种学生主动根据特定话题的阅读材料提出精读理解问题或发表欣赏式评价的氛围。在这种氛围下，学生通过教师的引导和与教师的互动把精读与泛读结合起来，把文体分析、文化知识背景分析与语法规律学习结合起来，把读转化成积累写的工具。笔者在该模型验证过程中，在教材的使用方面得到了学生大量的认可。根据三年来观察课堂或监督教学(每年有 3～4 人次进入笔者课堂)的问卷调查反映，学生对通过这种教学方法掌握教材上的知识很有信心。

此外，在读写课堂上进行的挑战式互动中，笔者把问题导向式活动建立在满足所在班级学生及其未来专业发展需要的基础上，引导学生关注 EGP (English for General Purpose)和 EAP(English for Academic Purpose)的文体差异。同时，把教室里的“提问”话语权真正交给学生，有效促进了就所读的内容中涉及的语言、文化及思维等要素的交流。而且，由于采用了“模拟投稿”为目标的写作实践，推动了学生重视读与写的互相促进作用。

本章参考文献

[1] BADGER R G, WHITE G. A process genre approach to teaching writing [J]. ELT Journal, 2000, 54(2): 153-160.

[2] BENSON P. Teaching and researching autonomy in language learning [M]. London: Longman, 2001.

[3] BIGGS J B. What the student does: Teaching for enhanced learning[J]. Higher Education Research &Development, 1999, 18(1): 15-22.

[4] BOUD D, COHEN R, SAMPSON J. Peer learning in higher education: Learning from and with each other[M]. London: Routledge, 2001.

[5] CARSON J G. Reading for writing: cognitive perspectives. In reading in the composition classroom: second language perspectives, // CARSON J, LEKI I. Leki I[M]. Boston: Heinle and Heinle, 1993: 299-314.

[6] CEYLAN N O. Fostering learner autonomy [J]. Procedia-social and Behavioral Sciences, 2015(199): 85-93.

[7] CHAN V, SPRATT M, HUMPHREYS G. Autonomous language learning: Hong Kong tertiary students' attitudes and behaviors [J]. Evaluation and research in education, 2002, 16(1): 1-18.

[8] CHANG L Y H. The influences of group processes on learners' autonomous beliefs and behaviors[J]. System, 2007, 35(3): 322-337.

[9] CHENG X. Asian students' reticence revisited[J]. System, 2000(28): 435-446.

[10] COHEN A D. The learner's side of foreign language learning: Where do styles, strategies, and tasks meet? [J]. IRAL, 2003, 41(4): 279-291.

[11] CORTAZZI M, JIN L. English teaching and learning in China [J]. Language Teaching, 1996, 29(2): 61-80

[12] DECKERT G. The communicative approach: Helping students adjust [J]. English Teaching Forum, 1987, 25(3): 17-20.

[13] EDGE J. Cross-cultural paradoxes in a profession of value [J]. TESOL Quarterly, 1996(30): 9-30.

[14] FATOS S S. Integrating grammar instruction and communicative

language use through grammar conscious-raising tasks [J]. TESOL Quarterly,1994(28):323-351.

[15] FLOYD C B. Critical thinking in a second language [J]. Higher Education Research and Development,2011,30(3):289-302.

[16] GRABE W. Reading-writing relations: Theoretical perspectives and instructional practices. // BELCHER D, HIRVELA A. Linking literacies: perspectives on L2 reading-writing connections [M]. Ann Arbor:U of Michigan Press,2001:15-47.

[17] HYLAND K. Academic written english. //EllisR [M]. Shanghai: Shanghai Foreign Language Education Press,2014.

[18] JIN L, CORTAZZI M. Changing practices in Chinese cultures of learning[J]. Language Culture and Curriculum,2006,19(1):5-20.

[19] KROLL B. Teaching writing in the ESL context. //CELCE-MURCIA M. Teaching English as a second or Foreign Language (2nd Ed.) [M]. New York:Newbury House,1991:245-263.

[20] LEE H. The effects of university english writing classes focusing on self and peer review on learner autonomy[J]. Journal of Asia TEFL, 2017,14(3):464-481.

[21] LI D. It's always more difficult than you plan and imagine: Teachers' perceived difficulties in introducing the communicative approach in South Korea[J]. TESOL Quarterly,1998,32(4):667-703.

[22] LI M. New college English—Integrated Course, 1, 2, 3, 4 [M]. Shanghai:Shanghai Foreign Language Education Press. 2014.

[23] LITTLEWOOD W. Defining and developing autonomy in East Asian contexts[J]. Applied Linguistics,1999,20 (1):71-94.

[24] MACKEN-HORARIK M. "Something to shoot for": A systematic functional approach to teaching genre in secondary school science. // JOHN AM. Genre in the classroom[M]. Mahwah, NJ: Erlbaum, 2002: 17-42.

[25] OLSON G K, BREDEMUS C T. Critical thinking in the acquisition of English as a second language. Empowering learners [R]. Classroom Techniques,1992:25.

[26] PARK J. Integrating reading and writing through extensive reading[J]. ELT Journal,2016,70(3) :287-295.

[27] PENG J E, WOODROW L. Willingness to communicate in English: A

model in the Chinese EFL classroom context[J]. Language Learning, 2010, 60 (4): 834-876.

[28] QIAN X. Helping EFL learners become autonomous readers: Self-access through metacognition[J]. Teaching English in China, 2005(1): 60-64.

[29] SHAMIN F. Learner resistance to innovation in classroom methodology. //COLEMAN H. Society and the language classroom [M]. Cambridge: Cambridge University Press, 1996: 105-121.

[30] SHIEN S, AKIKO T, CHU M. Promoting learner autonomy: Student perceptions of responsibilities in a language classroom in east Asia[J]. Educational Perspectives, 2010(43): 12-27.

[31] STRINGER E T. Action research: a handbook for practitioners (4th Ed.) [M]. Thousand Oaks, CA: SAGE, 2014.

[32] WATKINS D, BIGGS J. The Chinese learner: Cultural, psychological, and contextual influences[J]. Comparative Education Review, 1999, 42 (4): 287.

[33] WENDEN A. Learner strategies in learner autonomy [M]. UK: Prentice Hall, 1991.

[34] WINTERGEST A C. Conceptualizing learning style modalities for ESL/EFL students[J]. System, 2003(31): 85-106.

[35] WOLF E K, TASKER D G. This American English class: Anew model of cultural instruction[J]. English Teaching Forum, 2018, 56(3): 35-39.

[36] XU J F, ZHAN X H. Review of research on learner autonomy at home and abroad[J]. Foreign Language World, 2004(4): 2-9.

[37] XU X, LI X. Teaching academic writing through a process-genre approach: A pedagogical exploration of an EAP program in China[J]. TESL-EJ, 2018, 22(2): 23-28.

[38] YANG M, BADGER R, YU Z. A comparative study of peer and teacher feedback in a Chinese EFL writing class [J]. Journal of Second Language Writing, 2006, 15(3): 179-200.

[39] YANG N D. Exploring a new role for teachers: Promoting learner autonomy[J]. System, 1998, 26(1): 127-135.

[40] ZHANG L X, LI X X. A comparative study on learner autonomy between Chinese students and west European students [J]. Foreign Language World, 2004(4): 15-23.

附录:延伸阅读包

1. **Storying telling: Living in the country by the narrative approach**

PUFFPOST-Ethnohraphic studies (Stories); China Hands Magazine, Contributor

China Hands Magazine offers news and analysis related to Chinese culture, politics, art, and economics and U. S. -China relations.

On the Margins: Migrant Education in Beijing

Emily Feng investigates how China's migrant workers and their children, shut out of the public education system have long pursued education at quasi-illegal "migrant schools". Now China is urbanizing again and migrant education is changing.

05/10/2015 01:22 am ET Updated May 09, 2016

Sometime last summer, I found myself in Changping district, on the outskirts of Beijing proper, surrounded by screaming children, their faces browned by the sun overhead and the ubiquitous haze of dust floating above the low-slung courtyard.

These were migrant children, children whose parents had moved to China's prosperous eastern cities looking for work and a better life for their families. Unfortunately, because of anachronistic migration policies enshrined under the hukou, or residency, system, these children cannot attend urban public schools. Many of their parents elect to leave their children behind with family members as they migrate for work. Others bring their children with them to places like Beijing, enrolling them in illegal migrant schools.

Over the past year, I've done both ethnographic and policy research on the phenomenon of Chinese migrant education, specifically in Beijing where the problem is the most severe in scope and degree. What I found is an extraordinary variation in the nature and administration of Beijing's migrant schools, and indeed, among national migrant education policy. I witnessed human generosity that gave me much to hope for and instances of neglect that created equal amounts of despair. Whether China confronts the issue of migrant education is inevitable; how it can do so effectively is the real question.

Recently, China has announced a new urbanization plan which, if successful, will bring nearly 200 million rural citizens into cities and reform the restrictive hukou system. This state-sponsored massive urbanization will change the landscape of migrant education and indeed, the circumstances underlying migrant labor themselves.

A.

When my parents grew up in the sixties, they lived in the Chinese countryside. My father grew up irrigating rice paddies and herding cows in a small village which sat at the bend of a river. Today, almost all our relatives live in the nearby city of Huzhou in Zhejiang Province; only the elderly and the occasional city dweller, seeking some bucolic peace, remain in my father's old village. It was easy for my relatives to transfer their hukou to the urban backwater of Huzhou, which was not a popular destination for migrants.

They were lucky; for nearly 250 million migrant workers today, there has been no opportunity for such mobility. These migrants work largely in the informal sector, underpaid and unprotected by employment contracts. Accompanying them are nearly 23 million migrant children, who cannot attend public school like their urban counterparts. While 54% of Chinese citizens now reside in cities, only 36% currently enjoy urban benefits like housing, social insurance and pension, and primary education for their children.

Often unheard, however, are the voices of these migrant children who accompany their parents to factory towns or urban metropolises like Beijing or Shanghai. To meet the educational needs of these children, quasi-illegal migrant schools pop up in large cities densely populated with migrants, like Beijing and Shanghai. In Beijing today, there are approximately 150-200 migrant schools, but their number is dwindling. They face a number of challenges: scarce funding, under-trained and underpaid teachers, safety issues, and outdated curricula. And, like all Chinese institutions, they suffer from the capricious twists and turns of political favor.

The unique situation of migrant workers is due to the hukou system, leftover from the 1950s under the auspices of Chairman Mao Zedong. Under the system, citizens are given either a "rural" or "urban" hukou and receive social services and welfare benefit according to their hukou designation. As the new nation grew and developed, the categories of "rural" and "urban" artificially sorted citizens into pseudo social classes, with urban citizens enjoying the bulk of benefits from China's post-reform economic development. Since Reform and Opening in 1978, migration restrictions have largely disappeared, but those who do decide to migrate relinquish many of their social benefits.

The image of the migrant worker has slowly threaded its way, through films like Last Train Home and Jia Zhangke's Touch of Sin, into global conceptions of China. Migrant workers power the mammoth factory-states in Guangzhou and Shenzhen, China, churning out the cheap exports we all rely on. They are the hidden force behind China's consistently breakneck economic growth, an invisible labor reserve army that has contributed its poorly compensated lifeblood to the growth of the nation and received very little in return.

It is an altogether precarious existence which migrant children and their parents face: unstable employment, no consistent education options, and nowhere to call home.

Two years ago, during the third time Zhen came to Beijing looking for work, she also began looking for an elementary school that would accept her young son.

Zhen's story is a typical one among Beijing migrant workers. She migrated with her husband from her native Hubei province to Beijing for the first time ten years ago, looking for work. The move was difficult; they had to leave their son, then one year old, behind with his grandparents while they sought employment. It was the beginning of what was to be a life characterized by volatility. Whenever work dried up, Zhen and her husband moved on to the next city.

Two years after they first "went out" from Hubei, Zhen returned to care for her now three-year-old son. They eventually brought him to Beijing, where Zhen and her husband sell produce from a cart on the side of the street. Yet Zhen is unsatisfied with her son's elementary school. "It's chaotic," she explains, echoing the sentiments of many of the other migrant parents in Bai Miao, a neighborhood in Changping district. Still, without a Beijing hukou, she cannot enroll her son in a public school. Still, with nothing to lose, she tried registering her son at the nearby public school. "The line was incredibly long," she remembered. "I waited all afternoon, only to be told that I didn't have the right paperwork and permits."

Migrant parents face several difficult options for their children's education. They could leave their children in their home villages to further swell the ranks of "left behind children" cared for by the elderly and those unable to "go out". Left behind children face a host of disadvantages. A recent report compiled by the China Youth and Children Research Center found that nearly half of left behind children had suffered accidental injuries and suffered higher rates of behavioral and emotional problems.

Wealthier migrant parents-whose only commonality with the migrant worker we know so well is their hukou status-can also send their children to expensive private schools or have their hukou transferred through work. They are the exception; for the majority of migrant parents, the options are limited to migrant schools of various quality. Migrant children may complete their elementary years in such a manner, but migrant schools which accept middle school age students are rare and migrant high schools are nonexistent. At this point, academically serious students either return to their home villages to prepare for the college entrance examination, a test they can only take in their native provinces. More often than not, migrant students join their parents in their search for work.

Migrant schools must also make strategic choices given their limited resources. Almost none of Beijing's migrant schools has an official permit to operate, meaning their facilities have not been inspected according to zoning or safety regulations, curriculum has not been standardized, and diplomas they issue are therefore usually not recognized by public schools. Mostly dependent on the school fees of their migrant students, migrant schools usually choose not to allocate resources to begin the costly permit application process.

Even if migrant schools could pass safety and curriculum inspections, many school principals I talked to hinted at a strong element of political intervention in the school permit application process. One of the founders of Tongxin Elementary School in Chaoyang district explained the change in political winds: "The schools also would not pass the permit process... Before it was easy to establish a private school, especially in the 1990s. From 2000-2004 they would let you (start a private school). Now people are not allowed to start a new one."

For the most part, migrant schools are private enterprises, established by private entrepreneurs often with commercial, rather than educational, interests at heart. Many profiteering principals viewed their migrant schools as a business, their students as customers, and school fees as revenue.

"The principal (where I work) is very young and just graduated from a nearby Beijing university." said Wu, an English teacher at a migrant school in Beijing's Changping district. "The reason why he is successful is that he is good at promotion and publicity; that's how he got so many kids (to attend his school)." Yet his educational credentials were conspicuously absent. The principal studied engineering and bought mismatching sets of English textbooks for the school as he had no background in education.

Wu's story is one of many I heard illustrating the unintended consequences of outsourcing migrant education to an ill-regulated private sector. Unsurprisingly (though with notable exceptions) migrant schools are more poorly maintained and understaffed, and their students experience higher rates of behavioral and learning disabilities than those in public schools.

I was curious about how Zhen, the migrant worker and mother from Hubei, had fared in her search for schooling for her young son and decided to pay Bai Miao Middle School a visit. Of the more than 100 migrant schools that still remain in Beijing, the one Zhen's son attends falls somewhere in the middle of the pack of migrant schools. Many migrant schools repurpose old factories or barracks for school facilities, but Bai Miao's school has a clean swept front yard and brightly painted walls. It relies on per semester school fees of 1,300 RMB to fund operations (Zhen has a monthly income of 1,000~2,000 RMB). The school is on the large side with 900 students, and is able to purchase the standard primary school curriculum from the Beijing Education Bureau. Still, the principal ran his school like a business, and extracurricular and after school programming were nonexistent. A surly, grey-faced man, he chain smoked cigarettes while artfully evading my questions. "The teachers are all home for the Dragon Boat Festival," he told me when I asked to speak with them. The Dragon Boat Festival had ended two days before.

While the quality and execution of migrant education remains in flux, the Beijing government has moved decisively to crack down on migrant schools all across the city. As a result, the landscape of migrant education is changing. Since 2006, in preparations for the 2008 Beijing Olympics, city officials began an ongoing crackdown on migrant schools. In the Fengtai district of Beijing alone, officials closed sixty migrant schools. Migrant schools were pushed out of Beijing's center, and the majority now are located in the peripheral suburbs hours away by bus. Through a combination of these school closures and reform efforts, fewer and fewer smaller migrant schools remain. If they do, their lack of a permanent space (usually an evasive tactic so as to avoid unfriendly authorities) make them nearly impossible to track down and visit repeatedly. Those that remain must win government or corporate support-or perish.

Blue Skies Elementary School in Fengtai district is one of the only migrant schools that survived the pre-Olympic crackdown. Unlike most of its peers, Blue Skies has an official permit to operate, despite a Fengtai moratorium on new migrant schools. In 2005, Blue Skies won a 1.5 million RMB ($240,000) grant from the Fengtai district government, which to this day provides the school with furnishings and waives the monthly rent for the modest facilities the school uses. "It's very easy to get (a permit) because we have government support," Liu explained. Only three other migrant schools in Fengtai still exist.

This mixture between public and private funding places Blue Skies in a new category of migrant school, one that is closer in status to a private school or American charter school. Unlike other migrant schools, it receives grants from the Fengtai district government but has more leeway in recruiting migrant students. In this respect, Blue Skies is an experimental approach the Fengtai government has sponsored for better accommodating migrant students. How the principal, however, managed to foster such close government support remains a mystery. In ways equally opaque, Dandelion Middle School, a well known school which enjoys partnerships with elite Chinese and western universities including Duke University, has leveraged the political connections of its formidably competent principal, Zheng Hong, into becoming one of the best migrant schools in Beijing. To me, Dandelion's staff offered a more straightforward explanation for their success. "The (local) government is working with our school because they recognize that after nine years (of operation) that it's pretty good," said Marcus, a volunteer coordinator. "Thus, the school has more freedom and creative opportunity."

Other migrant schools have turned to community activism to protect themselves from the vicissitudes of political fortune. When One Heart Elementary School in Picun Village was threatened with closure due to urbanization plans, Beijing educators, artists, and parents used social media to draw attention to their school; eventually, One Heart was allowed to remain open even as a nearby migrant school was shut down.

Yet most other Beijing migrant schools have not fared as well, due to the growing hostility of Beijing authorities. After months of futile searching, Zhen has given up her quest to enroll her son in a public school. She will send her son back to Hubei to attend middle school. "There is no hope anymore," she sighed.

B.

In August 2013, the national Chinese Ministry of Education announced a new education policy which would reverberate throughout the migrant education system. Under the auspices of standardizing the school enrollment and permit systems between China's many provinces and cities, every eligible child would receive an electronic school enrollment number tied to their hukou status. The resulting electronic system, called "一人一生一号" ("one person, one life, one number"), would make accessing school records and transcripts from all locations easier. Because more than one third of Beijing's residents do not have Beijing hukou, Beijing implemented its own city-specific policy in January 2014 to accommodate the new electronic enrollment system. According to this "five certificate policy," all Beijing migrant students must submit five items of paperwork so as to qualify for an enrollment number in a Beijing public school. These "certificates" include things like proof of employment and permission to reside temporarily in Beijing. Ostensibly to provide a pathway for migrant students to attend Beijing public schools, the five certificate policy instead has opposite effect; its requirements are so onerous that virtually no migrant student in need qualifies.

The five certificate policy has only exacerbated Zhen's concerns about her son's education. "My permits were all stopped up, because if I can't get a temporary resident permit than I can't get the other permits," she said, referring to the sequential nature of the five items of paperwork.

In addition to the high barriers erected by the five-certificate policy, the policy's inconsistent implementation across Beijing's districts has further stymied migrant parents. In some districts, both parents must apply for each child, whereas others only require one parent. Other districts require migrants to have labor contracts dating back at least six months to three years when applying for an enrollment number. Additional modifications for just one permit may include business permits, approval from work supervisors, and proof of social insurance; multiplied by five, and all the different requirements can become impossible keep track of.

These variations have caused a general environment of uncertainty among migrants. Even though Zhen plans on sending her son back to Hubei for middle school, she is fearful that his grades will not be able to be transferred to a Hubei school after hearing of cases of failure from family members. Because she has not lived in Hubei for more than a decade, she is unsure if her son can apply for an enrollment number there despite having local hukou.

Far from accelerating the entry of migrant students into Beijing public schools, the five-certificate system has further codified their legal exclusion. Migrant students and schools operate parallel to the state education apparatus in a politically limbo: their existence widely acknowledged as necessary yet simultaneously opposed by the authorities.

Up against such odds, migrant students and their parents often find little for which to hope. Anyi, a mother of two whose children attend the same school as Zhen's son, has never dared to think beyond the immediate present. "We haven't really thought about our kids' future," she admits. "Of course we want them to attend school, but it all depends on where they find work. They can only go to schools with a bad environment, anyways."

Moreover, Beijing's five-certificate policy exacerbates the lack of education continuity in a famously rigid educational system. Migrant students find it difficult to attend middle school, because of the dearth of migrant middle schools, and often elect to return to their home province. However, students who attend an accredited elementary school can enter a publicly licensed middle school more easily, and only those who have graduated from a public, accredited middle schools may attend public high schools that offer a curriculum which prepares students for the Gaokao, or National College Entrance Examination. Moreover, only residents with Beijing hukou can take the this examination in Beijing which confers advantages; China's best universities are in Beijing, and Beijing students receive preferential admission. Saddled with even more uncertainty due to the five certificates, Beijing migrant students face tough choices between staying with their family or pursuing an education in a hometown they may have never seen. Combined with the hukou system, a geographic caste system of sorts, migrant students begin life on an uneven playing field heavily tilted against them.

C.

In May 2014, only about twenty miles from Bai Miao, at a much-televised press conference Chinese spokespersons announced a plan that, by 2020, would move an additional 200 million citizens into China's cities. Most importantly, the plan declared that 150 million migrants living in cities would receive urban benefits like public education by 2020. Small to medium cities have already begun easing their hukou restrictions so as to attract migrants, but tier one cities like Beijing, Shanghai, and Shenzhen will continue to have extremely high barriers of entry for migrants. Migrant schools will slowly disappear in these places, either incorporated into the public system (as in Shanghai) or slowly edged out (as in Beijing). But migrant students themselves may start to head for other places, where the competition is less intense and local hukou much easier to get.

Urbanization, by loosening social institutions and encouraging migration, will create new opportunities for migrant workers and their children. As the human flow of migrants turns inland towards China's relatively undeveloped central and western provinces, China may finally begin building the social infrastructure to finally incorporate migrants as urban citizens with access to jobs, education, and social benefits. Providing these growing cities with the resources necessary to create these opportunities will be an immense social-planning challenge. Indeed, such a human migration on this scale is unprecedented, but so has China's path been so far.

2. **News report: Topic: Country living Vs City life (Comparison Vs Contrast)**

People in rural areas are feeling more optimistic than their city counterparts.

Satisfaction ratings from people in rural areas higher than in urban areas.

People in town and cities more worried about crime and the economy.

——By Sarah Bridge for The Mail on Sunday

Published: 09: 31 BST, 15 October 2013 | Updated: 11: 31 BST, 15 October 2013

People living in rural areas of Britain are more optimistic about the future and happier about their quality of life than people in cities and towns, a new survey has found.

The Countryside Living Index carried out to record how people feel about their lives, found that the satisfaction ratings of people living in the countryside leapt by 10.7 per cent between the first and second quarters of 2013, with their views about the cost of living, education and crime all improving.

Meanwhile confidence about jobs and the economy fell 3.8 percent in urban areas.

People in both rural and urban areas said that they felt more optimistic about health, education and the environment, but the positive change was much more pronounced among country-dwellers than city inhabitants.

People from urban areas also said that they were increasingly more worried about crime than those in the countryside and overall the rise in perceived quality of life was three times higher in the countryside than in the cities.

Tim Price, rural affairs specialist at NFU Mutual, who carried out the study, said:

"The recession made life in the countryside very tough for many people, so it's great news to see concerns about the cost of living easing.

"Over the last two years we have seen firms struggle to stay afloat. We think that many have only managed to survive thanks to innovative management combined with measures such as freezing fuel duty and support for small and medium-sized enterprises.

However, for young people the lack of rural jobs paying a living wage and high transport and housing costs continue to make it hard for them to live in the countryside, and we urge the Government to support this group to prevent country homes being affordable only for second homeowners and city commuters."

Last week senior Conversative MP Graham Stuart claimed that rural areas were still suffering a serious "injustice" in the amount of money they receive for local services.

He said that the coalition's failure to address the shortfall in funding endured by councils in rural parts of the country was "inexcusable".

Stuart, MP for Beverley and Holderness, said that rural councils received around half the funding of their urban counterparts per head of population-a so-called "rural penalty"-due to the way Government funding formulas work.

"The rural penalty of 50 per cent more per head going to urban areas is just not right," Stuart told the Commons.

第十章 项目式学习在学术英语教学中的探索与实践

随着经济全球化和高等教育国际化,国际学术交流活动日益频繁,英语作为国际学术信息和科技成果交流的主要工具,其重要性日益凸显。学术英语(English for Academic Purposes,EAP)是“以需求为根本,以内容为依托,以能力为核心,以项目为驱动,以学生为中心和以应用为目的的教学”(蔡基刚,2014)。与一般用途英语(English for General Purposes,EGP)侧重于通过听、说、读、写、译等基本技能训练提升学生的英语语言能力不同,学术英语教学的内核为“学术”,即其教学重点从“E”(English)转向“AP”(Academic Purposes),其目的在于帮助学生掌握学术英语技能,同时巩固和提高其通用英语能力,有效地训练和提高学生的口头以及书面学术英语交流能力。通过学术听说、学术阅读、学术报告展示和学术写作等课程内容,在注重培养学生用英语进行文献阅读、口头交流和书面交流等方面能力的同时,更重视培养学生自主学习能力和批判性思维能力的培养。正是因为学术英语具有这样的教学目的,越来越多的高校开始将学术英语课程作为提高学生综合英语运用能力和培养学生未来从事科研工作、进行国际学术交流必备外语能力的重要课程。

项目式学习(Project-Based Learning,PBL)是旨在督促学生通过广泛深入地探究复杂真实的问题和精心设计的产品与任务而获得知识和技能的一种系统性教学方式(Markham 等,2003)。项目式学习承认学生内在的学习驱动心理,促使学生关注学科的核心概念和原理,注重能够引发学生对真实而重要的主题进行深刻思考的挑战性问题,督促学生使用基本的工具和技能进行学习、自我管理,并强调解决问题、难题以及显示通过调查、研究和推理获得的信息。因此,项目式学习在学术英语的教学中具有重要意义。

1 文献综述

项目式学习，也被称作“项目驱动下的学习”或“项目式教学”等，是以学生为中心的教育方法。它是一套系统的教学方法，是对复杂、真实问题的探究过程，也是精心设计项目作品、规划和实施项目任务的过程。在这个过程中，学生能够掌握所需的知识和技能，重点培养21世纪学生所需的关键技能（主动探究、合作交流、批判思考、创新思维、运用信息技术、公开表达、问题解决等）。基于项目式学习，学生需要通过一系列个人或合作完成任务，并利用他人（包括教师和学习伙伴）的帮助来进行必要的学习。学生在教师的指导下根据课堂内容和自身兴趣选择研究问题，搜集数据，解决现实中的问题，获得知识技能（Beckett，2006）。PBL可以追溯到19世纪中叶至20世纪初，美国教育家杜威（John Dewey）和威廉姆·基尔帕特里克（William H. Kilpatrick）进一步推动了项目式学习理论的发展。根据Beckett（2006）和Muniandy（2000）的研究，杜威和威廉姆都强调学习者需要进行有目的的活动。杜威认为学习者能够基于自身的兴趣及个体差异生成项目，从而构建自己的知识体系，在新旧知识间建立连接并将其运用在相似的场景，最终产出结果。

尽管国外学者对PBL的定义不尽相同（Thomas，2000；Hedge，1993），但他们普遍认同项目式学习包括如下流程：通过阅读、视听、采访、观察搜集信息，制定项目；针对信息的小组讨论；解决问题；口头或书面汇报；展示（Pham，2018）。

中国学者也对项目式教学进行了研究，刘延申（2001）认为基于项目的学习是现实生活中理论知识和实际问题的结合，包括现场研究、文献综述、数据搜集、分析和写作以及综合培训；学生还需要在课堂上介绍自己的研究、交流，培养他们的表达能力。胡庆芳等（2003）认为基于项目的学习是“一种教学模式，关注于某一学科的核心概念和原则，旨在将学生融入有意义的任务完成过程中。让学生积极主动独立学习和建构知识，以现实中学中生生成的知识和培养能力为最高成就目标”。储春艳（2006）则认为基于项目式学习，是指“一套课程活动，使教师能够了解学生对现实世界的深入研究。它侧重于学科的概念和原则，使学生能够利用多种资源在现实世界中开展探究活动。它是一种新型的探究学习模型，可以解决一系列相互关联的问题”。

国外学者Stoller（2006）的研究指出，项目式学习必须满足如下主要条件：

（1）必须既是过程导向（process-oriented），又是结果导向（product-oriented）；

（2）在形成项目过程和结果时，学生必须有决定权；

（3）时间跨度至少超过一个课时；

（4）必须鼓励学生运用多种技能；

（5）必须在语言及内容学习上给予学生支持；

（6）学生必须团队（groups/pairs/teams）学习与独立学习相结合；

（7）必须要求学生使用目的语进行项目学习；

（8）必须分配时间进行必要的语言教学或直接教学；

（9）必须形成最终的实际成果；

（10）项目的最终步骤为学生对过程及结果的评价。

基于上述主要条件，学者们普遍认为项目式学习作为一种创造性的学习方式，具有以下主要特征。

（1）强调学习者的主体性和自主性。

项目式学习强调以学习者为主体，在项目实施过程中，学生不再是被动的知识接收者，而是成为活跃的知识构造者。而教师在整个项目实施过程中不占主导地位，仅仅是项目的合作者和促进人。学生可以不仅需要自主选择学习项目，而且在项目实施过程中发现问题、解决问题。

（2）突出学习内容的向心性和真实性。

项目式学习从学科的核心概念、基础知识与基本技能出发，学习内容、目的与教材和课程标准的要求一致。但项目式学习把学习置于有价值的真实情境中，通过学习去探究问题、寻求解决方案，实现现有知识和能力的实际应用以及新知识和能力的培养和发展。

（3）聚焦学习过程的问题性和发展性。

项目式学习的出发点是学习者的兴趣、困惑和自身特点。从兴趣出发去面对困惑，结合自身特点逐步形成项目的过程，是学习者发现问题、解决问题和发展思维的重要过程。项目式学习往往以问题为驱动，生成和分解学习主题，并以此为依托对知识进行重新的转换与建构。换言之，学生通过项目式学习，不仅能解决自身面临的困惑与问题，同时还能够获得新的知识与技能。

（4）鼓励学习形式的合作性和多样化。

首先，项目式学习从项目的规划到实施都要求在独立学习的基础上进行团队（groups/pairs/teams）合作，这样的合作式学习不仅关注学习任务的完成，也强调小组成员的能力培养。它能够降低学习者在学习过程中产生的心理焦虑，表现出更强的学习积极性和创造性。同时，在项目式学习过程中，学习呈现出形式上的多样化与新颖性：项目资源可以源于网络、书籍、学习资源库、实践活动等；学习过程可以借助网络、多媒体技术、课堂教学、访谈、问卷、实践活动等完成。这为学生创造了一个动态、开放、互动的学习环境。

在基于项目的学习中，以学生为中心的学习过程可以使学生参与到学科的核心概念和原则的学习中；项目活动不是常规课程的附属物，是教学的中心；高度精练的项目可以激励学生，引导学生探索真实和重要的话题。学生可以在学习、自我管理和项目管理中应用技术和其他关键工具和技能(杨金燕，2017)。

国内研究者普遍认为，在项目式学习中，学生明显是最大受益者。首先，项目式学习对学生掌握技能具有极其显著的积极作用，因为在项目式学习中，尽管学生获得的知识很有限，但这些知识却能保持更长的时间。其次，项目式学习可以显著提高学生的批判性思维能力。对于学生的心理发展，基于项目的学习可以帮助学生改善学习态度、工作习惯，获得自尊，增强自信心和继续学习的能力。此外，基于项目的学习对激发学习者的动机有显著影响。项目式学习中的小组学习可以有效地提高学生的相互学习能力和团队合作能力。同时，基于项目的学习在培养学生的综合能力，如分析、交流、规划、管理以及职业责任感等方面效果显著(赵明仁等，2008)。

基于项目的学习已被广泛用于外语教育二十多年，研究人员认为，它对语言学习的影响主要体现在促进学生的学习动机、兴趣、信心，以及学习者合作学习能力、批判性思维能力，促进更多的语言输入和输出，培养语言学习技巧及策略等(Stoler，2006)。

在外语教学中使用项目式教学，对学生大有裨益。项目式学习不仅可以发展学生的语言技能，也能促进学生的个人成长(Pham，2018)。首先，语言学习的项目往往综合了听、说、读、写、译多种语言技能，在项目的实施过程中，学生有机会在相对自然的场景中反复利用已知的语言和技能(Haines，1989)。Levine(2004)认为，外语课堂实施项目式教学的最大好处是语言技能的提升，因为在参与旨在发展学生思维能力与解决问题能力的真实活动(authentic activities)时，学生会进行有目的的交流。因此，项目式学习能够促进听、说、读、写、译等语言技能的自然融合。其次，项目式学习有助于促进学生元认知能力的发展，因为项目式学习涉及多个诸如研究计划与研究问题，涉及探究式或合作式任务，通过实验或文献研究实施项目，进行数据搜集、分析、口头或书面汇报等活动(Beckett，2002)。

2　项目式学习在学术英语中的运用

2007年，教育部指出大学英语教学改革要“切实提高大学生的专业英语水平和直接使用英语从事科研的能力”。在此大背景下，大学英语教学改革的一个重要方向就是促使通用英语(EGP)向学术英语(EAP)的逐渐转型。自2013年上海高校教学指导委员会教学指导委员会发起上海地区高校本科EAP课程改革以来，EAP在全国众多高校均有开设，中国学术英语教学研究会2018年6月的一项普查数据显示，我国已有59所高校开设了EAP课程。

学术英语教学的主要内容是培养学生的学术英语技能和学术英语素养及科研能力(蔡基刚,2018)。学术英语技能包括:

(1) 用英语听课和听讲座及记笔记的能力;

(2) 用英语阅读专业文献的能力;

(3) 用符合学术规范和格式英语撰写文献综述、论文、大会摘要及学术文章;

(4) 用英语宣读论文、陈述演示研究成果;

(5) 具有所学专业的各种语类意识和能力。

学术素养包括:

(1) 搜索与专业学习相关的信息的自主学习和独立研究的能力;

(2) 分析和综合从各个渠道搜索来的信息,并对此进行评价,形成自己观点的批判性思维能力;

(3) 提出问题解决问题的研究能力和创新能力;

(4) 团队合作和交流沟通能力;

(5) 国际环境下的跨文化意识和交际能力。

项目式学习以"项目"为形式、以"成果"为目标,在教学活动中采取团队合作的方式,使学生在项目学习的过程中去思考和探索,锻炼其解决英语实际问题的能力。学习者在项目式学习的过程中,围绕某一个具体的学习项目充分选择和利用最优化的学习资源,在实践体验、内化吸收、探索创新中获得较为完整而具体的知识,形成专门的技能,并最终得到一般发展。

研究者易龙等(2008)认为项目式学习法符合学术英语的要求,因为项目活动本质上要求学生去广泛搜集与项目相关的信息与资源,并阅读英文文献。结合了项目学习法的课堂不仅能提高学生这两方面的能力,同时学生还能得到研究训练(research training),从而为将来的毕业设计和专业学习做好准备。关于外语教学中的项目式学习流程,国外专家 Wrigley(1998)和 Papandreou(1994)等建立了不同的模型,基于前人的模型,Alan 等(2005)提出了外语教学中项目式学习的 10 个步骤:

(1) 学生和老师共同确定项目主题;

(2) 学生和老师共同确定最终成果形式;

(3) 学生和老师共同确定项目结构;

(4) 老师为学生搜集信息提供必要的语言指导;

(5) 学生搜集信息;

(6) 老师为学生数据整合和分析提供必要的语言指导;

(7) 学生整合和分析数据;

(8) 老师为学生完成最终成果提供必要的语言指导;

(9) 学生进行最终成果汇报;

(10) 学生对项目进行评估。

上述模型操作简单,易于掌控。通过上述步骤,学生的语言能力得到强化,同时其探究问题、合理判断、理性决策等批判性思维能力也能得到有效的提升。

基于项目式学习的特征以及学术英语课程的目的,项目式学习模式可作为学术英语教学的重要手段,原因如下:

(1) 项目式学习使语言教学由教师中心转化为学生中心,为了完成项目师生共同努力,这种教与学相融合的教学模式可以弥补大学英语教师学科知识的不足,从而减轻EAP课程教师的心理焦虑,缓解其工作压力感与挫败感;

(2) 学术英语课程既注重语言技能的培养,也注重学科核心基础知识的学习,项目式学习恰好把语言技能提升与学科知识学习这两个核心的目的通过实施项目的形式结合起来;

(3) 项目研究使学术英语学习具有了真实性和意义性,并通过学术英语的实用性和有效性来展现项目研究的最终成果;

(4) 项目式学习能充分发挥学习者的主观能动性和创新性,为学习者的学术英语学习提供内在驱动;

(5) 项目式学习要求学习者通过自主与协作的方式设计项目、探究问题并解决问题,这正是学术英语课程培养学习者的学科知识运用能力与学术交流能力的必经之路;

(6) 基于项目式学习的教学思路体现了学术英语的"学用统一""学以致用"的宗旨,学习者为完成项目而基于真实交际目的去运用目标语言制定项目、设计问题、搜集数据、分析数据、撰写项目报告、进行项目展示等活动,既是学术英语课程最有利的情景,也是学术英语课程预期目标之一。

3 基于"科学思维与研究方法"课程的项目式学习实践

"科学思维与研究方法"(Scientific Thinking and Research Method)是华中科技大学启明学院为4个跨学科联合培养卓越工程师班(机械卓越、光电卓越、生命卓越和土木工程卓越)学生研究型学习提供的一门特别课程,目的是将学生宏观思维的培养与专业教育相结合,开阔学生视野,培养学生的宏观思维和创新思维。课程结合机械、光电、生命和土木工程专业的一些重要科技进展以及前沿课题,广泛查阅文献资料,进行归纳、总结和认真思考,使学生对这些专业及相关专业的科技发展的历史与现状有一个初步的了解,从而学习科学研究工作中常用的思维方法,初步养成科学的思维习惯,为今后的科学研究和工程创新打下良好的基础。另外,它对学生还有如下作用:培养学生查找和搜集各类文献的能力；使学生逐步形成有效的沟通能力、交流能力、书面表达和口头表达能力；提高学生的英语阅读、写作和口头表达能力；使学生具有主动思考和主动探究未知问题的意识；使学生增强团队精神和团结协作意识。

课程课时设计为 32 学时，每学期授课和集中研讨 8 次，由专业课程教师和英语教师轮流组织授课和研讨。具体而言就是中英文研讨各 4 次，中文研讨和英文研讨交替进行。课程从 2014 年实施以来，迄今已经开设 5 年，受益学生达到 600 人。

笔者以 2017 级跨学科联合培养卓越工程师班（共计 120 人）为例，分析基于“科学思维与研究方法”课程的项目式学习实践。

3.1　项目方案设计

（1）项目主题确立。依据学生所在专业，由专业教师提供四大类主题：智能机械、智能医疗、无人驾驶和高层建筑的设计与施工。学生小组在此基础上，进一步缩小范围，确定核心项目。

（2）项目小组确定。为便于 4 个学科专业进行充分交叉，将原来的每个专业班级（机械、光电、生命、土木工程）分散成若干不同的项目研讨小组，每个研讨小组由来自 4 个不同的专业的 4 名学生组成。

（3）项目大组确定。根据项目的四大类主题，将相同主题方向的若干小组分成 4 个项目研讨大组。

（4）项目负责人确定。每个项目小组选举 1 名组长，每个项目大组选举 1 名班长，主要负责项目实施过程的管理。

（5）指导教师确定。指导教师团队由专业课程教师＋英语教师＋助教组成。专业课程教师负责学科知识的指导，英语教师负责技能的支撑，助教协助教师们进行课堂管理。

最终，依据学生的个人情况和兴趣，组成如下团队：

主题 1 为智能医疗，有 8 个小组共 32(8×4)名成员；

主题 2 为无人驾驶，有 8 个小组共 32(8×4)名成员；

主题 3 为智能机械，有 9 个小组共 36(9×4)名成员；

主题 4 为高层建筑的设计与施工，有 5 个小组共 20(5×4)名成员。

3.2　项目实施

项目活动的开展采取课堂与课外相结合的方式。课堂以技能介绍和学生课程组汇报项目进程为主，项目实施的具体环节以课外完成为主。具体而言，项目的实施分为技能部分和主题部分。

技能部分要求学生了解或掌握如下技能：

(1) 运用英语进行情报检索、搜集和查找文献;

(2) 运用英语进行专业文献阅读、熟悉并使用 T-charts, Mind-map 及 Cornell 笔记法做阅读笔记,并在阅读中贯彻批判性阅读的能力,即在理解文本内容的基础上,对文本的真实性、有效性和价值评判上质疑、分析、推理、评判和取舍,最终形成自己的理解与判断的能力;

(3) 运用英语描述 tables, line-graphs, pie-charts, bar charts 等图表;

(4) 利用 Robert's Rules of Order(罗伯特议事规则)组织展开小组讨论;

(5) 在讨论中规避常见逻辑谬误(common logical fallacies);

(6) 用英语制作 PPT 与 poster 并进行汇报演讲;

(7) 撰写 500 字的英文研讨报告。

项目实施分 6 个阶段进行,具体实施过程如下:

第一阶段为项目介绍。全体学生及全体教师团队共同参加,以讲座的形式进行导学,由专业教师介绍项目内容及要求;英语教师简要介绍项目所需语言技能、流程、成果形式及要求;图书馆教师介绍文献检索方法;助教辅助项目分组。

第二阶段的主要任务是学习规则、发现规律、确定主题。具体任务为:

(1) 学习规则:罗伯特议事规则、常见逻辑谬误。同组成员分为两人一组的两个学习小组,分别学习一个规则,利用小组成员之间的信息差(information gap)互教、互测;

(2) 发现规律:观看教师发放的 5-minutes research presentation,做笔记,并分析其中的语言特征和内容结构;

(3) 确定主题:结合专业教师给定的 4 个主题方向讨论拓展,确定最终小组具体研究方向;

(4) 课程回望:回顾本次课程的收获与问题,在 15 分钟内撰写课堂小结,并现场做 5 分钟左右的口头录音报告;

(5) 课后任务:文献搜集,提供有关第一个议题的参考文献(每人 3 个,列成文献目录,包括作者、出版年代、文献源等,并由组长汇总)。

第三阶段为探究问题的研讨。具体流程为:

(1) 小组讨论(45 分钟):依据罗伯特议事规则,4 名小组成员轮流担任组长、记录人、汇报人角色,确定各自立场;

(2) 集体分享(45 分钟):模仿 5-minutes research presentation 模式,每小组轮流进行 5 分钟汇报。其他小组在此过程中要做笔记,确定立场,并对汇报小组作出评价;

(3) 大组辩论(45 分钟):两大阵营面对面。评选出最感兴趣的 5 分钟汇报内容,将班级分为两个大组进行辩论。由各项目大组班长做主持人(chair

person)。

(4) 个人反思(45分钟):结合《全新版大学综合英语教程》课堂所学语言技能以及"科学思维与研究方法"课程的思辨能力,撰写300字的反思日志。反思日志以书面和录音的形式提交组长汇总;

(5) 课后任务:打磨修改。在第二次任务的基础上,进一步打磨小组选题,确定选题重点,搜集参考文献,整合文献内容,列出文献目录,由组长汇总。

第四阶段为项目汇报。课下教师跟进项目进展,给予学生必要的指导和辅助,主要提供必要的资源以及解决语言困难。学生在课堂按小组合作的方式进行项目汇报。每个项目小组的汇报时间为15分钟,汇报要求有PPT课件辅助。汇报小组与全班学生需要进行Q&A(Question and Answer,问与答的方式)过程的互动答辩、学生互评,最终教师进行点评总结。学生课后依然需要撰写反思日志。在此次项目汇报基础上,每个项目大组各推选出2个小组共计8个小组参加最后的"科学思维与研究方法"新生研讨课成果汇报会。本次项目汇报为英语研讨课汇报,因此所有小组的汇报必须使用英语完成。

第五阶段为成果展示,即"科学思维与研究方法"新生研讨课成果汇报会。共有8个小组进行了最后的汇报,每组汇报时长20分钟(15分钟的陈述+5分钟Q&A互动)。小组汇报完成后,分别由专业教师对项目的内容、设计以及汇报时的表现进行点评,专业教师的点评侧重内容,主要考虑如下因素:

(1) 能够让非专业听众,即没有专业背景的听众理解演讲话题;

(2) 研究和发现有一定的创新性,即在已有研究的基础上做出新的贡献;

(3) 研究突出问题导向性,有一定的学术价值和社会应用价值;

(4) 背景和主题定义清晰;

(5) 具有相关研究的文献回顾;

(6) 研究问题或研究目的清晰;

(7) 研究方法和步骤交代清楚,可以复制;

(8) 研究结果和结论有效回应了研究问题;

(9) 对研究发现的解释充分;

(10) 对研究的意义阐述明确。

而英语教师则主要从语言的使用以及汇报的技巧方面对汇报小组进行点评,主要考虑如下因素:

(1) 语言表达流畅,易于理解;

(2) 语言使用适合非专业听众,避免使用行话,能够对术语进行解释;

(3) 逻辑结构清晰,各部分的衔接自然;

(4) 能够吸引并维持听众的注意力,激发听众的兴趣;

(5) 使用恰当的肢体语言(body language)、目光交流(eye contact)等非言

语交流方式；

(6) 词汇、语法准确。

8个参与“科学思维与研究方法”新生研讨课学习成果汇报会的小组中，有4个小组使用了英语进行汇报，题目分别为：《生命体征数据的实时采集与传输》《面向交叉路口无人驾驶的防冲突技术》《智能消防机器人在高层建筑消防抢险中的使用》以及《高层建筑立体农业的采光设计》。

第六阶段为研讨报告撰写及总结反思。在此过程中，授课教师或导修教师组织学生进行研讨报告的撰写。教师的工作包含规范的研讨报告撰写格式及语言要求，修改研讨报告并给予反馈。学生依据反馈意见修改完善研讨报告，并回顾项目学习内容和学习过程，对自己的学习过程和课程作出评价。

3.3 课程评价

“科学思维与研究方法”是一门综合课程，在课程评价时，英语研讨部分独立评价（16学时，1个学分），成绩记录为《大学综合英语（四）》（学术英语性质）。但学生的英语能力最终也会对课程评价产生影响。本课程以“‘科学思维与研究方法’新生研讨课学习成果汇报会”结课。由机械、光电、生命、土木工程及外国语学院12名教师组成的专家团队对学生的汇报进行评价。其中“鼓励小组用英文制作PPT并作最后的汇报，将视完成质量对小组给予1～5分的加分”。

单就英语课程的评价而言，基于项目式学习特征，课程的最终评价以形成性评价为主（70%），终结性评价为辅（30%）。对学生的评价包括学生自我评价和小组内各成员互评、导修教师评价和授课教师汇总评价三种方式，学生的课程总成绩由以下三部分组成：①学生的自我评价和小组内各成员的互相评价；②各专业的导修教师对各种实践环节、研讨中的表现以及研讨报告给出的评价；③授课教师对学生的课程研讨报告进行考核给出的评价。

4 教学效果调查

为了了解学生对项目式学习在“科学思维与研究方法”课程的效果，笔者通过课堂观察日志、问卷调查以及后续访谈的方式，重点考查学生对于课堂活动的主动参与程度，以及学生从学术、交际和认知能力方面对于学习效果的自我评价，来探究学生对课程的认可程度。其中，撰写课堂观察日志4份（每次研讨课一份），发放问卷120份，访谈学生12名（每个专业3名）。

总体而言，课程中的项目式教学实践得到学生的普遍认可。尽管课程是在学生入学后第一学期开设，此时学生并无扎实的语言基础，也没有以英语为载体进行科研的经验，同时专业知识也相对薄弱，但是随着项目活动的逐渐深入，学生克服了对学科知识的陌生感，对学术语言的畏惧感，开始在真实的学术交流任务中大胆使用英语，并最终能在英语研讨课上用英语作汇报，且最终作课程汇报的 8 个小组中，有 4 个小组将英语作为课程汇报语言。

关于项目式学习任务中课堂活动的主动参与程度，学生对研讨会的趣味性给予了较高程度的评价，认为该环节“有趣”或“非常有趣”。具体而言，他们认为“学习规则、发现规律”环节“新颖而富有挑战性”，不仅“锻炼了自己的归纳总结能力”，还“挑战了自己的表达能力和交流技巧”；而“小组讨论”环节则增强了团队的凝聚力，小组成员“在共同话题的讨论中，既能充分实践团队精神，又能展示个人风采”。团队负责人则表示收获更大，因为“作为团队负责人，我学会了如何合理分配任务和把握时间节点，以确保最终实现团队的项目目标。对我个人而言，因为承担了小组内最艰巨的任务，也就有了最大的收获”。

关于学术部分的认可度，学生普遍反映难度大、趣味性低，部分学生甚至认为文献阅读“非常枯燥”，英文调研报告写作“非常困难”。从访谈中可以了解到，学生文献阅读中遇到的主要障碍从语言的层面来看是科技词汇和专业术语，而从内容来看则是“专业知识的匮乏”。所幸的是，随着教学的深入，学生的项目式研究主题有了进一步的限定，研究范围进一步缩小，而研究形式更趋丰富，专业知识的障碍有所突破，而随着文献阅读量的增加，学生对学术文体的陌生感逐渐减弱，有了“以英语为载体去获取专业知识的兴趣和信心”。英文调研报告的写作是整个项目实施过程中对学生最大的挑战。受到语言能力的制约以及整个课程时间设置的限制，从我们对英文研讨报告的批阅来看，效果并不理想，这也让我们思考是否需要对该课程中写作部分的要求进行调整，以及如何调整等问题。

虽然部分学生认为在该项目活动中自己的“语言技能并没有得到显著的提高”，但他们普遍认同在项目实施中更强调的是语言在专业环境下的实用性和具体化，因为即使在语言技能相对较弱的情况下，依然能够使用英语进行文献阅读、小组讨论和课堂汇报。学生认为该项目给他们带来的更大收获是交际能力以及认知能力的提升。访谈中有学生表示，“小组讨论、集体分享和大组辩论等环节改变了自己的性格，使自己能主动参与每一个活动，增强了自己的协作精神以及团队合作意识，加强了与不同专业学生之间的联系以及和老师之间的互动”。认知能力的提高则是在循序渐进的过程中实现的，通过对“罗伯特议事规则”“逻辑谬误”以及“图尔敏论证模型”的学习和运用，学生逐渐认识到讨论、辩论、写作中论证技巧、合理推论以及逻辑的重要性，从而有意识地提高自己的普遍性思维等认证能力。

5 教学反思

项目式学习能够培养学生的合作精神，鼓励学生互相帮助，共同承担，同时提升学生实际运用英语的能力。在项目计划和设计时，教师应该充分考虑到项目的实践性、可行性和启发性，使项目式英语教学能够行之有效地为学生的语言学习、专业学习甚至认知能力的提升服务。

（1）实践性。

项目式学习应该结合学生的实际情况，或者选择学生实际感兴趣的话题，项目的选择不能主观臆造、脱离实际。本次"科学思维与研究方法"课程的个别项目，如高层建筑的设计与施工，比较而言因为专业性太强，学生兴趣较弱，因而选择该项目的人数最少，与其他项目相比推进困难更大，而最后的课程汇报效果也最差。

（2）可行性。

这主要体现在项目难易度的把握，要确保学生在有限的时间内经过自主或协学生习能够完成任务。同时也要考虑到学生的知识水平、认知能力和兴趣爱好，并确实考虑学生语言水平的差异，在分组时做好平衡。本次的项目在可行性方面也存在一定的缺陷：专业课程教师对学生的项目研究的专业性评价不高，都还比较幼稚，也不能产生新的专业知识，但都肯定了学生的项目实施过程；而从英语教师的角度来评价，部分小组虽然在英语研讨课上能运用英语进行文献阅读、小组讨论、口头反思及汇报，但最终在课程汇报时，却放弃了使用英语，这也让项目的可行性稍打折扣。

（3）启发性。

项目的设计需要引起学生的兴趣，激发学生的求知欲，能够引导学生去探索，启发学生去思考。比较而言，本次课程的四大项目都实现了这一目标。学生能在大项目的基础上通过文献搜集、整理和阅读进一步限定研究范围，丰富研究形式；能运用"罗伯特议事规则"使小组讨论、集体分享和大组辩论更为有序；也能够尝试使用"图尔敏论证模型"去规范讨论和写作中的逻辑。

本章参考文献

[1] ALAN B, STOLLER F L. Maximizing the benefits of project work in foreign language classrooms[J]. English Teaching Forum, 2005, 43 (4): 10-21.

[2] BECKETT GH. Project-based second and foreign language education:

Past, present, and future [M]. Greenwich, CT: Information Age Publishing, 2006.

[3] BECKETT GH. Teacher and student evaluations of project-based instruction[J]. TESL Canada Journal, 2002, 19(2): 52-66.

[4] HAINES S. Projects for the EFL classroom: Resource material for teaching[M]. Surrey: Thomas Nelson, 1989.

[5] HEDGE T. Key concepts in EFL: Project work[J]. ELT Journal, 1993, 47(3): 275-277.

[6] LEVINE G S. Global simulation: A student-centered, task-based format for intermediate foreign language[J]. Foreign Language Annuals, 2004, 37(1): 26-36.

[7] MARKHAM T, LARMER J, RAVITZ J. Project based learning handbook: Aguide to standards-focused project based learning (2nd Ed.) Novato[M]. California: Buck Institute for Education, 2003.

[8] MUNIANDY B. An investigation of the use of constructivism and technology in project-based learning [D]. PhD Thesis, University of Oregon, 2000.

[9] PAPANDREOU A. An application of the projects approach to EFL[J]. English Teaching Forum, 1994, 32(3): 41-42.

[10] PHAM DUC THUAN. Project-based learning: From theory to EFL classroom practice [R]. Proceedings of the 6th International Open TESOL Conference 2018, 2018: 327-339.

[11] STOLER F. Establishing a theoretical foundation for project-based learning in second and foreign language contexts. In G H Beckett, P C Miller Eds. Project-based second and foreign language education: Past, present, and future[J]. Greenwich, CT: Information Age, 2006: 19-40.

[12] THOMAS J W. A review of research on project-based learning[EB/OL]. [2018-11-15]. http://www. ri. net/middle town/mef/links resources/documents/research review PBL_070226. pdf, 2000.

[13] WRIGLEY J W. Knowledge in action: The promise of project-based learning. Focus on basics: Connecting research and practice, 2Ed. National centre for the study of adult learning and literacy[EB/OL]. [2018-11-15]. http://www. ncsall. net/index. html @ id = 384. html, 1998.

[14] 蔡基刚. 一个具有颠覆性的外语教学理念和方法——学术英语与大学英

语差异研究[J].外语教学理论与实践,2014(2):1-7.

[15] 蔡基刚.以项目驱动的学术英语混合式教学模式构建[J].解放军外国语学院学报,2019(5):39-47.

[16] 蔡基刚.中国高校实施专门学术英语教学的学科依据及其意义[J].外语电化教学,2018(1):40-47.

[17] 储春艳.基于项目的协作学习概述[J].山东教育学院学报,2006(3):37-40.

[18] 胡庆芳,程可拉.美国项目研究模式的学习概论[J].外国教育研究,2003,30(8):18-21.

[19] 刘延申.美国高等师范教育改革简述[J].教育研究,2001(10):74-77.

[20] 上海国际交流英语.普查数据动态更新//当前报告 59 所高校开设本科EAP[EB/OL].(2018-06-03) [2018-11-15].http://www.sohu.com/a/233890439_287997.

[21] 杨金燕.项目式学习的特点[J].课程教材教学研究:中教研究,2017,(Z4):36.

[22] 易龙,张文忠.试论项目式大学英语教学的可行性[J].中国轻工教育,2008(3):9-12.

[23] 赵明仁,黄显华.西方研究性学习研究综述[J].教育理论与实践,2008,28(5):54-57.

第十一章　项目式学习提高大学生跨文化交际能力的实践与反思

“推广跨文化外语教学将成为我国外语教学改革的主要方向之一”(庄恩平,2012)。国内外学者纷纷提出外语教学与文化教学不可分割的理念。《大学英语课程教学要求》(2007)明确了文化教学的核心地位。因此,在大学外语课程教学过程中重视文化教学,促进学生的跨文化交际能力提升是外语教学的核心目标。

1　研究背景

跨文化交际能力研究始于 Hymes(1972)提出的交际能力的概念,目前已开展了基础研究和应用研究。基础研究聚焦于跨文化交际能力的定义和构成要素。国外学者对于跨文化交际能力的定义虽未有定论,但是 Deardorff(2006)针对跨文化交际领域专家的调查研究,得出的定义为“在跨文化交际实践中表现出来的有效恰当的沟通能力,该能力基于交际者的跨文化知识、技能和态度”,该定义得到普遍认可。基于该定义,学者们对于跨文化交际能力的构成要素进行了全面探究,比较有代表性的为三维度和四维度的构成要素研究。Lustig 等(2007)认为跨文化交际能力由知识、动机和行为三个维度构成;Byram(1997)则认为由知识、技能、态度和批判性意识四个维度构成。在基础研究的基础上,应用研究主要关注如何对跨文化交际能力进行评估。Koester 等(1988)研发了从八个方面测评人们交际行为的跨文化交际行为评估量表;Hammer 等(2003)制定出跨文化发展量表。

国内研究始于 20 世纪 80 年代。在构建跨文化交际能力模型的理论研究(张红玲,2007)的基础上,研究者们开始致力于从实践角度探讨外语教育中学生的跨文化交际能力的培养。学者们从教学大纲(胡文仲,2006)、课程设置(宋莉,2008)、教材编辑(郑晓红,2012)、教学方法(张培欣,2010;常晓梅等,2012)、评估考核(王丽红,2012)等多个角度进行了探索。这些研究成果促进了我国高校英语教学中培养学生跨文化交际能力的实践。但是从具体教学方法出发的研究较为少见,其研究或致力于提高跨文化意识为研究内容(张培欣,2010),或聚焦于英语专业为研究对象(常晓梅等,2012),鲜有研究从项目式学习模式出发,致力于在大学英语教学中提高非英语专业学生跨文化交际能力的研究。

孙有中(2016)指出,跨文化教学的五项基本原则为思辨(critiquing)、反省(reflecting)、探究(exploring)、共情(empathizing)和体验(doing)。项目式学习模式推崇在实践中学习,项目完成的过程合理遵循跨文化教学的五项基本原则,以达到提高学生跨文化交际能力的目的。目前,国内尚无研究就此进行过深入探讨,故本章将以此为切入点,采用实证研究的方法来探索项目式教学如何在大学外语教学实践中落实这五项基本原则,促进大学生的跨文化交际能力。本章中学生的跨文化能力的测试标准将采取三个维度(Lustig 等,2017)进行判定,项目式教学将以贯彻孙有中(2016)的五项基本原则为指导方针来进行教学。

2　项目式学习模式

项目式学习(Project-Based Learning,PBL)来自 Dewey(1926)提出的"做中学"的教育理论,是 20 世纪西方体验式学习的一种实践。交际教学法诞生于 20 世纪 70 年代,在其诞生之后,二语习得研究者们研究目标转向学习者和学习过程,体验式教学开始在语言教学中产生实质性影响。以学习者为中心的教学原则获得了教学界普遍认可,教师开始重视并且培养学习者的自主学习能力,鼓励师生合作,通过完成项目来促进语言学习,项目式学习成为多种教学环境下英语教学的一个重要组成部分(Legutke 等,1991;Hedge,1993)。Beckett(1999)将语言教学中的项目式学习定义为,学习者在一系列活动中,以个体或者小组为单位,进行一些涵盖语言、内容的学习,学习者在学习的过程中会自行计划、研究、分析和综合数据,在完成以上任务之后,学习者会以书面或口头形式反思学习过程并生成产出结果。项目式教学的思路是鼓励教师以项目管理者和指导者的身份指导学习者充分调动自主学习能力,学习者对项目进行构想、实施、展示和反思,在实施项目的过程中达到习得和应用语言的目的(Hedge,1993)。这一思路体现了学以致用,是以任务为基础的语言教学模式和以内容为基础的教学模式的结合和延伸。项目式学习一般分为项目计划、实施和产出三个阶段(Fried-Booth,2002)。项目式学习在外语教学之中具有以下基本特征:采用真实的语言材料进行学习和应用;聚焦以学生为中心的体验,强化学生自主能力,弱化教师统领职责;既注重过程,又关心结果;产生最终结果(即项目成果）；具有一定的时间跨度（张文忠，2010）。

国外项目式教学模式的研究历经三个阶段（张文忠，2010）。第一阶段（1979—1988）为启蒙阶段，如 Eslava 等（1979）为一批德国英语学习者设计了给英国无声电视剧配音的项目；Fried-Booth（1982）鼓励学生并设计了调查城市残疾人旅游服务设施和制作导游手册的项目。该阶段的项目式教学属于初步尝试阶段，虽然尚无体系，但人们对项目式教学的价值有了直接的感性认识。第二阶段为发展阶段（1989—1998），该阶段对于项目式教学进行了大量的理论探索和课堂实践。有关 PBL 的课堂教学模式以及评价体系等理论模型的探索（Ribe 等，1993；Sheppard 等，1995；Moss，1998）推进了 PBL 在课堂上的实践活动（Erying，1989；Haines，1989）及其在应用语言学中的地位，并将 PBL 教学模式从二语环境中推广到了外语环境中。第三阶段为应用推广阶段（1999—至今），该阶段的理念传播和实践研究将 PBL 研究推至语言学研究的前沿领域，成为二语习得研究中的一个热点。Xu 等（2004）将 PBL 应用到计算机辅助外语教学实践中；Beckett 等（2005）提出 PBL 的操作框架，并对于该框架的有效性进行了检验，许多后续研究都以该框架作为参照。大量学者开展了 PBL 在语言教学中的实证研究（Smith，2005；Tims，2009；Mc Clurg，2009；Pitura 等，2018），这些研究将 PBL 模式从外语教学方法提升到了外语教学途径的地位，展示了 PBL 在语言教学中的潜力和优势。

国内有关项目式教学的研究最早始于苏州大学。1997 年以来，苏州大学进行了各种各样的项目式教学实践，完成项目高达 125 项，发表相关论文 40 多篇（顾佩娅，2007）。此后，国内学者意识到项目式教学在中国外语环境下的可行性和有效性，展开了一系列的相关研究。这些研究包括：对于 PBL 的理论和应用研究的介绍（储春燕，2006；顾佩娅，2007；张文忠，2010）；基于项目式的自主学习（邓媛等，2009）；基于项目式的计算机辅助教学（顾佩娅等，2003）；项目式教学在英语教学中的应用研究等（夏赛辉，2011；张翔清等，2014；易龙等，2008）。近年来，研究者们开始关注项目式教学在具体的语言技能中的应用。例如：听说课程（李立文等，2012）；阅读课程（岳瑞玲，2014）；写作课程（张红玲，2005；杨莉萍等，2012）。也有研究者进一步关注项目式教学模式和学生努力之间的相关性（夏赛辉等，2017）。实践表明，在中国英语教学中，本土化项目式教学具有极大的潜力和发展前景，项目式教学能有效促进学生综合英语能力的提高。然而，目前尚没有研究探究项目式教学在促进学生的跨文化交际能力的提高，帮助学生成为跨文化交流的国际化人才方面的有效性。故本章将以此作为契机，采用实证研究的方法探索项目式教学和培养学生跨文化交际能力之间的内在联系。

本章将回答以下两个研究问题：

(1) 项目式教学模式可否有效促进学生的跨文化交际能力的提高。

(2) 项目式教学模式如何在教学过程中促进学生的跨文化交际能力的提高。

3 研究方法

本研究以孙有中(2016)提出的跨文化教学的五项基本原则,即思辨(critiquing)、反省(reflecting)、探究(exploring)、共情(empathizing)和体验(doing)作为研究的指导思想,以 Fried-Booth(2002)提出的项目式学习的三个阶段作为实践基础,以张文忠(2010)提出的项目式学习模式为基本特征,把项目式教学活动融入大学英语的跨文化教学实践之中,探索学生在为期一年的大学英语教学过程中是否提高了其跨文化交际能力,学生的跨文化交际能力的判断将以 Lustig 等(2017)的三大维度为标准,即考察学生的跨文化知识、动机和行为三个方面。

3.1 研究对象

本研究以华中地区某"双一流"高校大学一年级的 109 名学生为研究对象,这些学生的专业分别为电子信息工程、功能材料和经济学,其中男生 74 名、女生 33 名,另有 2 名学生没有标注自己的性别,平均年龄为 17.9 岁,英语学习年限平均为 10 年。

3.2 研究工具

研究工具为学生跨文化交际状况调查问卷,主要用于调查学生的跨文化交际能力。该问卷由六个部分组成。

第一部分为学生个人信息调查。学生需要填写自己所在院系、专业、性别、年龄、英语学习年限、高考英语分数、参加高考的省份、是否出过国(如果出过国,是哪个国家以及停留时间)等个人信息和英语学习相关信息。

第二部分为学生的跨文化意识调查。由两项组成:第一项调查哪些文化主题学生感到重要,这些文化主题包括电影艺术、家庭生活、民族习俗、工作娱乐、政治、历史、宗教等几个方面,学生需要在李克特量表的"完全不重要"到"非常重要"五个选项中进行选择;第二项包括学生对五个国家文化的兴趣程度的选择,这五个国家分别为美国、英国、加拿大、新西兰、澳大利亚。这些国家均以英语为母语。学生需要在李克特量表的"完全不感兴趣"到"非常感兴趣"五个选项中进行选择。

第三部分为学生的语言文化信念调查。一共 33 道题,题项包括跨文化动机的调查(比如,学习英语能开阔我的眼界,掌握英语国家的文化知识是学好英语的关键等题项)和跨文化行为的调查(比如,在用英语表达中国文化时,我感到困难;我常通过 VOA、BBC 等英文广播电台节目了解英语文化等)。

第四部分为学生的跨文化知识调查。包含两项:第一项为英美文化知识;第二项为中国文化知识。英美文化知识主要测试学生对于一些英文文化常识的了解,由多项选择题构成,学生需要在四个选项中选出正确的一项。比如,Pandora's Box(潘多拉之盒),出自希腊神话,你知道它表示什么意思吗?学生需要在"A. 幸福之源;B. 灾难、麻烦、祸害之源;C. 致命弱点;D. 权利的象征"这四个选项中进行选择。中国文化知识,也是多项选择题。比如,"一日不见,如隔三秋"里的"三秋"是指"A. 三个月;B. 三年;C. 三个季度;D . 三十年",学生需要在此作出选择。

第五部分是以翻译的方式调查学生的跨文化知识,学生需要进行英汉互译。比如,将英文俗语 Adam's apple 和 Greek Gift(s)翻译成汉语,将"一带一路"和"京剧"等翻译成英文。

第六部分是开放式问题。主要询问学生对于英语课堂上的文化教学有什么样的建议。

3.3　研究步骤

本研究持续一年,分两个学期完成。整个研究由三个项目式作业贯穿始终。这三个项目式作业分别为电影欣赏、微课制作和校园采访。

在项目式作业类型按照项目式学习的以下基本特征进行挑选:以真实语料作为学习材料,聚焦学生为中心的体验,加强学生的自主学习能力;减弱教师作为统领的职责;既注重过程,又关心结果;产生最终结果(即项目成果);具有一定的时间跨度(张文忠,2010)。

基于以上的特点,我们选择了电影欣赏、微课制作和校园采访三个项目式作业。这三个项目式作业分别作为三个项目贯穿一个学年的英语学习,全部采用课外学生自主完成,教师通过网络以及课堂展示等方式进行检查和监督。项目式作业按照项目式学习的三个阶段,即计划、实施和产出(Fried-Booth,2002)来进行作业的布置。

3.3.1　电影欣赏

"电影欣赏"这一项目的选择,首先基于电影是真实的语料,我们选取的都是欧美比较具有影响力的电影,在考虑到学生的接受程度的基础上,特意挑选语速较慢,学生比较容易理解的动画片。原本计划是选择 10 部动画片,基于学生的反应,学生希望可以观看一些比较适合成人的故事情节更加复杂的电影,于是在最后两部电影上，我们作出了调整，给学生播放了影响力比较大、情节生动、比较具有吸引力的两部影片。这 10 部影片分别为：《埃及王子》《夏洛特的网》《快乐大脚》《怪物史莱克》《飞屋环游记》《动物总动员》《小熊维尼》《豚鼠特工队》《穿普拉多的女王》和《肖申克的救赎》。

"电影欣赏"这一项目在第一学期布置，该项目侧重文化的输入和学生的反思输出两个方面。每隔两周，教师在组建的 QQ 群中上传一部电影，规定学生在批改网上完成对该电影的影评。在第一学期结束的时候，学生一共完成了 10 部影片的观赏和影评作业。该项目从学期初开始持续到学期末，教师仅提供资源，弱化了其统领职责。学生在"批改网"上提交作业，"批改网"会及时给学生提交的影评提供分数，这样的方式会促进学生的自主学习能力。从"电影欣赏"的"电影选择"以及后期进行影评并且提交等措施可以看出，该项目具备以下基本特征：电影以学生观看，提交影评评的方式构建了以学生为中心的教学模式，弱化了教师的统领职责；影评提交到"批改网"既检测了学生的学习过程，又可以观察到学生的学习结果，并且得到最终成果；一个学期的观影时间也保证了项目的实施长度。

3.3.2 微课制作

"微课制作"从学生第二学期开始实施，目的是通过学生自己制作与课堂背景知识相关的微课小视频，促进学生了解国外的文化知识。搜索资料的过程对学生起到了促进输入信息的作用；将搜集到的资料进行归纳总结，促进了学生自主阅读、勾选重点、学会过滤海量信息的能力；敦促学生将自己选取的信息编制成视频，构建了一个让学生输出所学知识的平台；学生在视频的编辑过程中需要进行朗读，锻炼了学生的口语水平。从整个微课的制作过程中，我们可以看出，学生在该项目的完成过程中锻炼了听、说、读、写、译五个方面的英语技巧，并最后构建出了最终成果。而这个最终成果显示出学生对跨文化知识的了解和应用能力。

微课题目由教师指定。教师根据本学期教材《全新版大学英语综合教程 4》所需要讲授的单元内容进行挑选设计 7 个微课主题，分别为：全球化、达沃斯、"9·11"事件、塔利班、曼哈顿、厄瓜多尔、亚马逊河。选择这 7 个微课主题的原因为：首先这 7 个主题分别对应了课文中相关单元的文化知识背景，比如全球化和达沃斯对应的是第四单元全球化(*Globalization*)的主题，"9·11"事件和塔利班对应的是第七单元"9·11"恐怖袭击的主题(*The 9/11 Terrorist Attack*)，曼哈顿、厄瓜多尔和亚马逊河对应的是第八单元丛林旅游(*Traveling in the Jungle*)的主题。之所以选择从第四单元开始，是因为需要给学生一个搜索材料准备的过程。之所以没有在第一到三单元进行选择，是因为第五单元属于学生课下自学单元。第六单元的主题生活节奏(*The Pace of Life*)涉及的背景知识在扩展跨文化知识方面不多,故也放弃。其次,这 7 个微课主题的选择一方面可以促进学生跨文化知识的学习,另一个方面学生对于这 7 个主题并不是非常了解,可以激发学生兴趣、学生动机。

7 个微课主题在开学初布置给学生,同时在学生 QQ 群里发放有关微课的制作要求、制作软件以及作为示范的微课成品。要求学生在 7 周之后统一上交给助教,由助教提交给教师,教师在审核之后,将不符合要求的视频反馈给学生,并给予学生一周的时间进行修改。在后期上相关的课文时,教师将微课介绍的"小知识"在班级上播放给学生观看和学习。

"微课制作"项目也同样遵循了项目式教学的五个特征:教师根据课堂需要学习的单元布置了微课主题,资源都不曾提供,进一步弱化了教师在"微课制作"项目中的统领职责。学生以小组的方式,自行搜集各种音频文字资料,一方面促进了学生的自主学习积极性,另一方面也促进了学生相互之间的合作。最终产出的微课成品将会在课堂上进行观看,既是对学生前期跨文化知识学习过程的一个检验,也是引进了竞争的机制,鼓励学生在班级的竞争氛围中力争制作出精美优良的微课产品。最后,学生在学习本单元的背景知识的时候,既可以从学生的微课视频中领略跨文化知识的传播过程,也可以学习其他小组学生的创意、思想,以提高编辑和输出的口语能力。该项目持续了一个学期,具有一定的周期,同时也很好地实践了项目计划、实施和产出的三个阶段。

3.3.3　校园采访

学生在第二学期除了完成视频制作之外,整个学期的一个重点项目式大作业就是在校园对外国人进行采访,并将采访结果进行记录,最后以视频的方式进行汇报。校园采访的目的是帮助学生了解在语言学习的过程中中外学生存在的共性问题,以便了解他国的文化。

该项目式作业要求学生以小组为单位,寻找校园内的国外留学生或者认识的外国人,和他们进行交流,了解他们对于中国文化的适应情况。项目目的是采用采访这种面对面的真实交流方式,为中国大学生和外国留学生搭建沟通的桥梁,帮助学生树立语言、文化平等观,帮助学生认识到任何一种文化都有其独特存在的价值,在与国外学生沟通的过程中消除学生对于中国文化失语的现象,树立培养学生的跨文化的自觉意识,最终促进学生的跨文化交际能力的提升。该作业贯穿整个学期,在第二周把项目的时间安排和作业提交的时间节点告知学生,学生需要在教师布置的节点前提交每一次的任务。为了做到给学生提供更多的交流机会,项目要求学生完成三次采访,在学期末提交有关整个采访过程以及学生自己感悟的视频,在最后一周的听说课上播放每一组的视频并进行评选，在班级上选出前三名并给予奖励。

在布置“校园采访”项目式作业的时候，教师首先在QQ群里发布了校园采访要求：①采访需要小组集体进行；②采访需要在公众场合进行。学生在三次采访之后都需要提交采访报告和采访录音。采访报告的目的是帮助学生反思自己的采访过程中存在的欠缺，发现问题，并找到解决问题的办法，以便改进下一次采访。教师明确规定了采访报告的内容。第一次的采访报告分为两个部分：结构式报告和反思报告。后面两次采访报告则要求学生提交第二部分，即反思报告即可。

第一次采访的第一部分的结构式报告，包括以下4个问题：①本组成员构成；②采访对象的基本背景；③如何找到采访对象；④第一次采访的问题是什么（第一次采访的提纲）。以上4个问题是学生必须回答的，学生的采访问题全部由自己拟定。

反思报告，学生围绕以下几个要点撰写：①采访过程中遇到的困难；②采访过程中发现的文化差异；③下次采访中应该改进和完善的地方；④关于此次采访的感想。采访报告以小组为单位在每次完成采访一周后提交。

在学期末，要求学生提交采访视频，采访视频规定时间为10分钟，前面4～5分钟是对于采访内容的介绍，其中包括采访者的背景、采访的问题、采访对象的回答等方面，鼓励学生在该部分进行视频剪辑，把三次采访进行拼接，让观看的学生对于采访内容有大致的了解。后面5～6分钟为采访小组成员的个人感触。每个小组成员花费1～2分钟的时间就自己在本次项目式作业中的感悟进行反思。

在第二学期的最后一周的听说课上进行视频展示和评选活动。每组学生播放本组视频，在播放完之后接受评比。评比由学生和教师共同完成。每个班级自主抽选5名学生成为评委小组，对视频进行评分，教师提供评分标准。评分总分为百分制，其中整个视频参与小组成员在视频中表现出来的语音语调占20分，采访过程中语言流利度占20分，采访过程中采访者正确使用英语自如表达40分，采访结束后学生的反思内容20分。评委将按照整体评分原则给分，去除最高分和最低分之后取平均值。评委小组的评选结果占最后总评的50%，教师的评选结果占50%。小组结果和教师结果进行综合之后评出班上的前三名给予奖励。

校园采访项目的整个制作流程同样遵循了项目教学的基本原则：整个项目采访的设计由教师给出大纲，教师仅提出要求，进行大方向的把控，具体的采访对象的选择和寻找需要学生发挥自己的自主能力去完成。采访一共分为三次，学生有反思的过程，可以在下一次采访中对上次的欠缺之处进行完善，进一步发挥学生的主观能动性。最后的视频编辑过程，是对学生的口语能力的完美检查。呈现给全班学生观赏的视频既是提交最后成果，又是给学生相互学习的机会。一个学期的任务布置也保证了项目的长度。

综上所述，我们可以得出结论，整个研究步骤跨时一个学年。第一个学期我们实施了“电影欣赏”这一项目式作业，第二学期我们实施了“微课制作”和“校园采访”两个项目式作业。作业难度由简到难，学生的自主学习能力的培训也逐步增加。

3.4　数据分析

本研究采用了定量数据分析和定性数据分析相结合的方法。针对本研究的第一个问题，学生跨文化交际能力的变化，我们将采取定量数据分析的方式，采用“统计产品与服务解决方案”软件（Statistical Product and Service Solutions，SPSS），将学生在学年初和学年末的问卷调查进行描述性分析，了解学生在跨文化能力的知识、动机和行为三个方面的变化。以此作为判断标准，初步对于该学年的培训进行总结评价。因为第二学期班级调整，前测和后测的人数具有差异，前测人数为 109 人，后测人数为 78 人。

针对本研究的第二个问题，项目式教学是如何促进学生的跨文化交际能力的，本研究将采用定性分析的方法，收集学生在问卷中的发散式评语，并且从学生的自我反思报告中寻找支撑数据，进行进一步的分析和探索。

4　研究结果与讨论

4.1　学生跨文化交际能力的变化

我们主要采用定量分析的方法，比较学生对于文化主题的重要性的看法，对于不同国家文化的兴趣的变化，并比较他们在量表中体现出来的跨文化动机，跨文化行为和跨文化知识的变化。

4.1.1　学生对于文化主题重要性的看法

首先，我们对于学生的文化意识进行了比较，量表中第二部分为对于以下文化主题的重要性的看法。文化主题分别包括：11 媒体，电影，文学与艺术；12 家庭生活，家庭特征和人际关系；13 民族习俗和传统文化；14 工作娱乐；15 衣食住行；16 历史；17 政治；18 宗教；19 人们的信念和态度。针对这些不同的文化主题，通过卡方独立性检验，可以看出学生对于不同的主题的重要性的看法具有显著性差异。

前测的卡方独立性检验结果表明，不同的文化类型和学生感知的重要性之间存在显著关联($x^2=181.37$,df=32,$P<0.05$)。具体来说,大多数学生认为非常重要的文化主题为家庭生活、民族习俗、人们的信念和态度;重要的文化主题为媒体、电影、衣食住行;觉得不能确定其重要性的文化类型为工作娱乐、历史和政治这三类文化主题;不太重要的文化主题为宗教。

一个学年的学习之后,后测的卡方独立性检验结果依然表明不同的文化类型和学生感知的重要性之间存在显著关联($x^2=84.75$,df=32,$P<0.05$)。具体来说,大多数学生认为非常重要的文化主题为家庭生活、民族习俗、历史、人们的信念和态度;重要的文化主题为媒体、电影、文学与艺术和衣食住行;不能确定其重要性的文化类型为工作娱乐、政治和宗教。

前测和后测均表明不同的文化类型和学生感知的重要性之间存在显著关联,但经过了一年的项目式教学实践活动之后,学生感知的不同类型的文化的重要性发生了变化。在对于历史这一文化类型的重要性的观感上,学生有了明显不同的看法。在前测中,普遍认为无法确定历史这一文化类型是否重要;而在后测中,则普遍将其列为非常重要的文化类型。究其原因,在一年的教学实践中,学生意识到历史在跨文化交际中的重要性,也认识到历史在英语学习中的重要性(历史知识对理解英语课文内容等的作用),因此对其重要性的看法产生了变化。同样的在前测中,不少学生认为宗教属于不太重要的文化主题;而在后测中,学生认为其不能确定。后测中,针对各种文化类型,学生们的选择从不确定到非常重要,没有普遍认为不太重要和完全不重要的文化类型。这从一个侧面表明学生对于文化主题多样性的包容感有了提高。文化本身具备多种主题性,而学生的包容感的提升有效地说明了他们对于其他文化的多样性有了进一步的认识。

4.1.2 学生对于不同国家的喜欢程度

量表中第三部分为学生对于不同国家文化的感兴趣程度。采用卡方独立性检验,发现前测中不同的国家和学生的喜欢程度具有显著关联($x^2=103.47$,df=16,$P<0.05$)。在前测中,大部分学生非常感兴趣的是美国和英国这些国家的文化,对于加拿大、澳大利亚和新西兰这些国家的文化持不太感兴趣的态度。

在后测中,依然发现不同的国家和学生的喜欢程度具有显著关联($x^2=62.89$,df=16,$P<0.05$)。在后测中,大部分学生对于英国和美国文化的感兴趣程度从“非常感兴趣”降到了“感兴趣”,而对于加拿大、澳大利亚和新西兰这些国家的文化从“不太感兴趣”上升到了“不确定”。

前测和后测的差异表明学生对于其他说英语的国家的文化的兴趣程度产生了迁移。以前的兴趣主要集中于英美两国的文化,大多数学生都是“非常感兴趣”。说明学生在进入校园之初，对于其他国家的文化兴趣和认识主要集中于大家普遍认可的英语占据主导地位的国家，而对于其他的说英语国家则存在一定程度的陌生感，同时也鲜有表示出对于这些国家文化的兴趣。经过一年的实践，学生的跨文化意识变得更加宽泛和包容，对于这些说英语的国家的文化普遍开始有了了解的兴趣。虽然，对加拿大、澳大利亚和新西兰，大部分学生并没有显示出感兴趣，但是已经不再排斥，不再是不感兴趣。这表明一年的教学实践扩展了学生的文化包容性。

4.1.3　学生的跨文化知识情况

在前测之中，我们特意针对学生的跨文化知识进行了第四部分英美文化知识和中国文化知识的多项选择填空以及第五部分的翻译。想了解学生对于跨文化知识的掌握情况。第四部分英美文化知识和中国文化知识一题一分，一共是 23 题；第五部分中英互译一题两分，一共是 20 题 40 分。

在前测中，我们发现跨文化知识在多项选择题中，得分最低分为 5 分、最高分为 17 分，平均分为 11.4 分。这些多项选择题中，学生做得最好的三道题是：第 59 题，Pandora's Box(潘多拉之盒)，出自希腊神话。你知道它表示什么意思吗？第 74 题，《清明上河图》描绘的是哪个季节？第 63 题，《远大前程》这部小说的作者是？学生做得最差的三道题是：第 69 题，Big Apple 是指哪一个城市？第 80 题，“一寸光阴一寸金。”此处“一寸”是用什么样的古代计时器测量出来的时间单位？第 81 题，“一日不见，如隔三秋”里的“三秋”是指什么？从这些答案中，可以看出学生对于英美文化知识以及中国文化知识都具有一定的缺失。比如，Big Apple 代表纽约这一常识，答对的学生仅仅有 12 人(共 109 人)，该部分满分 23 分，平均得分仅为 11.4 分。情况并不理想。

在中英互译中，我们一共选择了 20 道题，满分为 40 分。学生得分情况更加不乐观，最低分为 0 分、最高分为 17 分，平均分为 6.8 分，即得分最高的学生在翻译中也没有达到 50%的正确率。这些翻译中，学生做得最好的三道题是：第 87 题，翻译“tooth for tooth”；第 98 题，翻译“长城”；第 100 题，翻译“京剧”。而学生做得最糟糕的三道题为：第 82 题，翻译“Adam's Apple”；第 93 题，翻译“兵马俑”；第 96 题，翻译“儒家”。这三道题 109 人中没有一人全部答对。其中，第 82 题所有学生皆为 0 分，第 93 题只有一名学生获得 1 分，第 97 题仅有两名学生获得 1 分。

前测中，我们可以看出，学生在做多项选择题中还可以通过猜测进行选择，而在翻译中，则进一步显示出他们在中国文化知识和英美文化知识上的欠缺。基于前测中学生的不理想的得分情况，以及课后对学生的调查反馈，我们感觉采用这种多项选择以及翻译的方式不能有效测试出学生的跨文化知识，仅可以得出大部分学生的跨文化知识都不理想这一结论。因此，我们在后测的问卷之中取消了针对跨文化知识的多项选择和英汉互译这一部分的试题，而是采用量表来进行对比。

4.1.4 基于量表的学生跨文化交际能力的比较

我们将量表进行了因子分析和信度检验，因子分析帮助我们将量表各个选项归纳进三个因子中。因子 1 为跨文化交际动机，因子 2 为跨文化交际行为，因子 3 为跨文化交际知识。

鉴于学生在第一个学期进行前测的时候为 109 人（减去三份无效试卷，最后得到有效人数 106 人），第二个学期因为班级调动只剩下 78 人（减去两份无效问卷，最后得到有效人数 76 人），而且我们也以匿名的方式请学生填写问卷，所以在提取了三个因子之后，采用独立样本 t 检验的方式来对前测和后测中学生在三个因子中的得分情况进行对比。

因子 1 学生的独立样本 t 检验结果显示，学生的跨文化交际动机在前后测量中具有显著差异（$t=-12.644$，df＝180，$P<0.05$），学生跨文化交际动机后测值明显高于前测值（MD＝0.73），见表 11-1。

表 11-1　学生前后测中跨文化交际动机、行为和知识的差异

跨文化交际动机	前测		后测		MD	$t(180)$
	(n＝106)		(n＝76)			
	M	SD	M	SD	－0729	-12.664^{*}
	3.311	0.282	4.041	0.491		

注：* 代表 $P<0.05$。

因子 2 的独立样本 t 检验结果显示，学生的跨文化交际行为在前后测中具有显著性差异（$t=-0.961$，df＝180，$P<0.05$），学生跨文化交际行为前测值则高于后测值，见表 11-2。

表 11-2　学生前后测中跨文化交际行为的差异

跨文化交际行为	前测		后测		MD	$t(180)$
	(n＝106)		(n＝76)			
	M	SD	M	SD	0.078	0.961^{*}
	2.957	0.406	2.879	0.698		

注：* 代表 $P<0.05$。

因子 3 的独立样本 t 检验结果显示，学生的跨文化交际知识在前后测中具有显著性差异($t=-0.738$, df$=180$, $P<0.05$)，学生跨文化知识后测值显著高于前测值，见表 11-3。

表 11-3　学生前后测中跨文化交际知识的差异

跨文化交际行为	前测		后测		MD	$t(180)$
	(n=106)		(n=76)			
	M	SD	M	SD	−0.059	−0.738*
	3.123	0.378	3.182	0.697		

注：* 代表 $P<0.05$。

从以上三个因子的前后测的独立样本 t 检验的结果，可以看出，学生在经过了一个学年的基于项目式的跨文化教学实践之后，他们的跨文化动机和跨文化知识都有了显著的提高。但是令人奇怪的是，他们的跨文化行为的得分却比前测值有所降低。这也许是因为在问卷中我们有关跨文化行为的题项的设置的问题。有关跨文化行为的题项一共为五项，以题项 43（我能方便地获取用英语介绍中国文化的资料）为例，在前测之中，学生在填写该题的时候也许是基于自己的一种猜测，而在一个学年的培训中，尤其是后测进行的第二学期，我们为学生布置了在校园采访留学生或者外国人的任务，当他们在实践中进行操作的时候，对于该题项的理解有了进一步的认识，不再是一种理想化的猜测，而是基于实践的推理。所以，在实际的操作和实践过程中，学生反而对于自己的跨文化行为的评价有所偏低。

综上所述，我们基于量表对学生的跨文化交际能力进行了定量评估，从卡方分析的检验结果可以看出，学生对于各种文化类型有了更大的包容度，对于其他说英语国家的文化的兴趣也有了扩展。而学生的跨文化交际能力在跨文化交际动机以及跨文化知识方面也有了显著的提高。因此，我们可以由此推论，一个学年的基于项目式的教学实践对于大学生的跨文化交际能力有所促进。

4.2　项目式教学如何提高学生的跨文化交际能力

针对本研究的第二个问题，我们在后测中设计了新的题项，了解学生对于三个项目式教学的看法。同时，对学生在校园采访中的视频表现的自我反思以及每一次采访结束之后的自我反思报告分进行了梳理，力求从学生的反馈中寻找项目式教学是如何促进学生的跨文化交际能力的。

4.2.1　学生对于三个项目式活动的反馈

在后测问卷中，新增了三个问题。第一个问题是“在本学年的三项项目式活动中，你最喜欢哪一项？请按照喜欢程度从最喜欢到最不喜欢进行排序：A. 电影欣赏；B. 微课制作；C. 校园采访”。第二个问题是“你认为在这三项活动中，哪一项活动对于你增加自己的英语文化最有益？请按照受益程度从最受益到最不受益进行排序：A. 电影欣赏；B. 微课制作；C. 校园采访”。第三个问题是“你认为这三项活动中，哪一项对于你的英语能力提升最有用？请按照有用程度排序：A. 电影欣赏；B. 微课制作；C. 校园采访”。这三个问题的答案排序第一的我们在问卷中给予 3 分，排序第二的给予 2 分，排序第三的给予 1 分。

在第一个问题“学生最喜欢哪个项目式作业？”的反馈中，我们通过 SPSS 软件进行卡方独立性检验，得到结论如下：项目类型和学生的喜欢程度之间具有显著相关（$x^2-68.046$，df=4，$P<0.05$）。具体来说，大多数学生最喜欢的项目选择了“电影欣赏”（46/73=63%），排第二位的是“校园采访”（31/73=42%），而最不喜欢的项目则是“微课制作”（43/73=59%）。学生 59%对三种项目的喜欢程度见表 11-4。

表 11-4　项目喜欢程度卡方独立性检验变量列联表（n=219）

			喜欢程度			Total
			不喜欢 1.00	喜欢 2.00	最喜欢 3.00	
项目类型	电影欣赏	Count	13	14	46	73
		Expected count	24.7	24.3	24.0	73.0
	微课制作	Count	43	28	2	73
		Expected count	24.7	24.3	24.0	73.0
	校园采访	Count	18	31	24	73
		Expected count	24.7	24.3	24.0	73.0
Total		Count	74	73	72	219
		Expected count	74.0	73.0	72.0	219.0

在第二个问题“学生认为哪个项目式活动对增加英国文化知识最有益？”的反馈中，我们通过 SPSS 软件进行卡方独立性检验，得到结论如下：项目类型和学生认为增长自己文化知识的有益程度之间具有显著相关（$x^2=62.432$，df=4，$P<0.05$）。具体来说，大多数学生认为最有益的是“校园采访”（49/74=66%），排第二位的是“微课制作”（38/74=51%），而认为最无益的项目则是“电影制作”（34/74=46%）。学生认为三种项目对增长英语文化知识的有益程度见表 11-5。

表 11-5　项目有益程度卡方独立性检验变量列联表(n=222)

<table>
<tr><td colspan="3" rowspan="2"></td><td colspan="3">有益程度</td><td rowspan="2">Total</td></tr>
<tr><td>1.00</td><td>2.00</td><td>3.00</td></tr>
<tr><td rowspan="6">项目类型</td><td rowspan="2">电影欣赏</td><td>Count</td><td>34</td><td>22</td><td>18</td><td>74</td></tr>
<tr><td>Expected count</td><td>24.7</td><td>24.7</td><td>24.7</td><td>74.0</td></tr>
<tr><td rowspan="2">微课制作</td><td>Count</td><td>29</td><td>38</td><td>7</td><td>74</td></tr>
<tr><td>Expected count</td><td>24.7</td><td>24.7</td><td>24.7</td><td>74.0</td></tr>
<tr><td rowspan="2">校园采访</td><td>Count</td><td>11</td><td>14</td><td>49</td><td>74</td></tr>
<tr><td>Expected count</td><td>24.7</td><td>24.7</td><td>24.7</td><td>74.0</td></tr>
<tr><td colspan="2" rowspan="2">Total</td><td>Count</td><td>74</td><td>74</td><td>74</td><td>222</td></tr>
<tr><td>Expected count</td><td>74.0</td><td>74.0</td><td>74.0</td><td>222.0</td></tr>
</table>

在第三个问题“学生认为哪个项目式活动对促进英语能力最有用?”的反馈中,我们通过 SPSS 软件进行卡方独立性检验,得到结论如下:项目类型和学生认为促进英语能力的有效性之间具有显著相关($x^2=90.502$,df=4,$P<0.05$)。具体来说,大多数学生认为最有促进作用的是“校园采访”(55/74=66%),排第二位的是“制作微课”(36/73=51%),认为促进作用最低的则是“电影欣赏”(38/73=46%)。学生认为三种项目对英语文化知识促进作用的看法见表 11-6。

表 11-6　项目促进英语能力程度卡方独立性检验变量列联表(n=220)

<table>
<tr><td colspan="3" rowspan="2"></td><td colspan="3">有益程度</td><td rowspan="2">Total</td></tr>
<tr><td>1.00</td><td>2.00</td><td>3.00</td></tr>
<tr><td rowspan="6">项目类型</td><td rowspan="2">电影欣赏</td><td>Count</td><td>38</td><td>23</td><td>12</td><td>73</td></tr>
<tr><td>Expected count</td><td>24.2</td><td>24.2</td><td>24.6</td><td>73.0</td></tr>
<tr><td rowspan="2">微课制作</td><td>Count</td><td>30</td><td>36</td><td>7</td><td>73</td></tr>
<tr><td>Expected count</td><td>24.2</td><td>24.2</td><td>24.6</td><td>73.0</td></tr>
<tr><td rowspan="2">校园采访</td><td>Count</td><td>5</td><td>14</td><td>55</td><td>74</td></tr>
<tr><td>Expected count</td><td>24.6</td><td>24.6</td><td>24.9</td><td>74.0</td></tr>
<tr><td colspan="2" rowspan="2">Total</td><td>Count</td><td>74</td><td>73</td><td>73</td><td>220</td></tr>
<tr><td>Expected count</td><td>74.0</td><td>73.0</td><td>73.0</td><td>220.0</td></tr>
</table>

从以上三个问题的选择中,清楚地表明,学生虽然认为自己最喜欢的项目为“电影欣赏”,但是他们也都非常清晰地认识到对于英语文化知识、英语能力促进作用最大、最有益的项目则是“校园采访”。其原因显而易见,“电影欣赏”

是一种较为被动的项目形式，学生只需要以一种欣赏的态度去观看，就可以轻松完成该任务，观赏电影之后的影评，也在学生能力范围之内。电影可以给学生带来轻松愉悦的感觉，因此大多数学生都会选择“电影欣赏”为最喜欢的项目形式。三个项目之中，“微课制作”需要学生首先独自去寻找各种资源，然后小组利用微课制作软件进行制作，耗时较大，而学生在实际的操作过程之中，和人沟通交流的机会并不多，因此他们会对该项目持最不喜欢的态度。

虽然学生最喜欢“电影欣赏”，但是“电影欣赏”项目在轻松之余，对于学生的英语文化知识的输入以及英语能力的促进则比较微弱，学生在看完电影之后提交影评就完成任务，缺乏和他人沟通和获取反馈的过程。因此，“电影欣赏”对于学生的英语知识和英语能力的影响也颇为微弱。“校园采访”项目，学生以小组为单位，需要寻找采访对象，同时还需要列出采访提纲，以及在采访完成后进行反思，学生在和英语本族语者之间进行三次互动，这是一个可以促进学生交际的有效项目，因此，学生也普遍认为该项目对于他们的英语知识以及英语能力具有极强的促进作用。

基于本小节的研究成果，我们在回答第二个研究问题“项目式教学如何促进学生的跨文化交际能力?”时，将集中聚焦于“校园采访”，从学生的反思中进一步的探索。

4.2.2 学生反思

将学生的反思报告和视频反思内容进行汇总和分析之后，我们发现，校园采访项目在学生的跨文化知识、动机和行为都有一定的促进作用，推进了学生的跨文化交际能力的发展。

就跨文化知识而言，学生在与外国人的交往过程中了解到不同的文化知识。学生所选取的采访对象涵盖面比较广泛，包括韩国、法国、斯里兰卡、乌干达、肯尼亚、乌兹别克斯坦、摩洛哥、荷兰、厄瓜多尔、塞浦路斯、阿富汗、俄罗斯、乌德穆尔特共和国、马来西亚、苏丹等国家。在和来自这些不同的国家的留学生进行采访的过程中，学生学习到了其他文化知识，其中包括对方国家的现代化程度、交通情况、建筑、饮食、教育、爱好、语言等。我们将在下文中节选学生的反思报告内容进行详细说明，引用部分采用引号，后面括号部分是该学生的姓。

(1) 有关对方国家现代化程度的跨文化知识。

“首先，在我们组员的以往认识中，首尔是一个干净整洁的现代化都市。经过这次交谈后，我们的这一看法得到了证实，京蓝认为韩国交通很便利。那里市中心的大道虽然没有中国主要城市的宽敞，但是其干净有序让我们印象十分深刻。首尔虽为韩国首都，但城市主要道路上却没有中国一、二线主要城市经

常出现的拥堵现象，并且保留了很多传统的古建筑。而且他曾对我们说过这样的一句话：‘在首尔一起去前往古代和现代！’”（朱）

这段文字表明学生对韩国的现代化程度以及交通等跨文化知识有了一些了解。

“在中国现代社会，手机已经几乎成了人人离不开的生活必需品，手机的使用率很高，但在塞浦路斯情况却有所不同，他告诉我们在塞浦路斯人们对手机的使用程度没有中国人那么普遍。此外，在塞浦路斯岛公共交通系统不是很发达，人们的出行方式是以步行为主。”（江）

以上文字则表明学生对塞浦路斯的交通情况和通信情况有所了解。

（2）有关对方国家语言的跨文化知识。

“这些差异包括了语言表达的差异、地理文化的差异，还有生活习惯的差异。他的国家的通用语言是俄语，俄语的发音方式和中文的发音方式很不一样，俄语总体发音技巧从感觉上去感知，俄语的发音是很迷人很优美的。汉字和俄文字母的发音系统不同，汉语整体发音部位多在口腔中部，是铿锵的字正腔圆，而俄语的发音部位主要在口腔前部，是跳跃的行云流水。由于俄罗斯是联邦制国家，所以各个地方有着独特的语言系统和文化特色。”（王）

这一段描述很清晰地表明在采访过程中，学生对于俄语有了进一步的了解。

（3）有关建筑风格的跨文化知识。

“我们在采访过程中谈到法国和中国建筑风格上的不同，他们搜索了一些照片给我们看，西方建筑是那种欧式风格，尖尖的房顶和中式的建筑有很大不同。”（周）

（4）有关教育的跨文化知识。

“随着采访的深入，我们发现，三个国家的教育制度存在着巨大的差异。中国分为文、理两科，而孟加拉国与马来西亚分为文、理、商三科。同时，地理学在两国的教育制度中占据重要地位，被采访者可以说出世界上每个洲的国家数，甚至还知道每个国家的首都。”（余）

（5）有关宗教和节日的跨文化知识。

“最重要的一点是通过友人得知法国过节的目的主要是出于对宗教的信仰。Baptiste 列举了复活节和圣诞节的例子，告诉我们多数基督徒在这样的节日里表达对基督教的信仰，对耶稣的崇敬。而在中国文化当中，节日往往不带有宗教色彩。人们多是为了纪念伟人及重大历史变革以及祈求幸福安康的美好祝愿，如端午节、寒食节是表达人们对历史人物品德的赞扬与怀念，劳动节表达对劳动人民的赞美，中秋与春节表达人们期盼团圆幸福的愿望。”（张）

(6) 有关生活娱乐的知识。

“外国学生很喜欢进行社交活动，喜欢出去玩，在下课以后会和朋友们一起出去聚会，然而我们大多喜欢宅在寝室里玩手机、玩电脑，或者去自习室学习，和他相处过程中我发现我们生活非常单调，我们貌似根本不会玩只会一味学习。他们的自理能力很强，他们会自己做饭生活，然后放假会自己去别的省市游玩，而我们还是在学校自习，他们生活得更轻松和自由，更能让人感受到一些属于年轻人的朝气蓬勃。”(龚)

“法国人是在圣诞节吃火鸡，在感恩节吃火鸡是美国文化的习俗。法国人认为夜总会只是个娱乐的地方，并且经常去那里玩。而我们的父母告诉我们夜总会是不好的地方。法国人在吃饭前要说‘have a good mea’。”(龚)

从以上所列举的具体事例可以看出，在进行校园采访的过程中，学生对于留学生所处国家的知识有了进一步的具体了解，这些都扩展了学生的跨文化知识。

除丰富了跨文化知识之外，学生在校园采访的项目中，跨文化交际动机得到了极大的加强。他们意识到自己的弱点，并且发现了对方在交际中值得学习的地方，更加渴望可以改进自己的不足之处，以便下一次更好地进行交际。同时，学生在经历过这样的真实交际之后，自己的交际兴趣、交际意愿、交际自信也得到了极大的促进。

比如：“这次的采访让我了解到了许多的文化知识，也了解到自己英语的听力的缺陷和口语的贫瘠，督促我多加练习口语。最主要的是，认识了一个外国友人，收获了一段友谊。觉得以前高中对待英语那种无所谓的态度实在太不应该了，要努力提高英语口语表达能力。”(龚)

这一段表明学生本身意识到自己以前的英语学习态度不适合目前的交际需求，对于自己的口语提高有了迫切的要求，同时对于这样的交际有了正面的积极的态度和渴望，并且评价也是正面的。认为此次活动不仅促进了英语学习，还能扩展自己的视野，更重要的是为自己带了一段友谊。因此，学生的跨文化交际动机变得更加强烈。

又如：“外国与中国的文化碰撞是一件非常有意思的事情，交一个与自己文化有差异的朋友可以开阔自己的眼界。感觉英语真的好重要。”(原)

这位学生意识到英语的重要性，对于跨文化交际产生了浓厚的兴趣。

再如：“在课上刚了解到这次的任务时，我们都十分惊讶，觉得这是一个非常困难的任务。但是，最后我们也还是顺利与外国友人交上了朋友，克服了那些所谓的‘恐惧’。这次可贵的经历教会了我们的组员要相信自己的能力，冲破阻碍。”(朱)

这一段可以看出学生们在这个项目过程中的情绪变化，从最初的惊讶和恐惧,到后期的自信。学生在克服了自己的畏难情绪之后,在采访中获取到的快乐体验增强了他们的自信心,他们对于自己的跨文化交际的自信心。

还有,“在这次采访中,我们发现了许多问题,也由此总结了许多经验,并打算在接下来的一段时间内,提升自身的英语水平,希望在下一次采访中能表现比较健谈和大方,并期待能结交更多的留学生朋友,希望下次得到提升。”(张)

以上可以看到学生对于自己的交际行为的反思,找到自己的问题,同时对于下一次采访提出了要求和期盼,跨文化交际的意愿进一步加强。

从以上所举出的例子,我们可以得出结论:校园采访促进了学生的跨文化交际意愿,提高了学生跨文化交际兴趣,最终让学生具有了更强的跨文化交际动机。

从跨文化行为来看,通过和留学生的实地交流,学生对于自己的跨文化行为都有了反思,并学会了如何在和外国人的交际中采取正确的跨文化交际行为。他们的跨文化交际行为能力得到了有效提高。

比如:“首先,我们难以克服对未知事物的畏惧,不敢上去主动找外国人谈话,主动性较差,直接导致我们在一个地方迟迟没有行动,耽误了很多时间。其次,我们对外国友人的空闲程度有一个错误的认知。刚开始,我们在咖啡厅等人,但发现外国友人都是匆匆忙忙的,找到一个,态度也十分不友好。随后,我们就去经济学院找一个自习的外国友人,完成了采访。另外,我们过多地为了解外国友人而一直问他们问题,没有一个较为舒缓的对等互换信息的交流方式,这可能会造成一种完成调查问卷的感觉,日后的谈话,我们会多多介绍我们自己本身,营造欢快的谈话过程。”(彭)

该例子表明学生意识到自己的心理上的畏惧,认识到自己对于外国友人的空闲时间的错误认知,因为寻找的第一个对象配合不够理想,于是更改了思维,去寻找合适的对象。同时发现自己的采访中的欠缺,意识到跨文化交际应该有一个对等的信息交换过程,明确确了自己在下次进行交际的时候应该做出什么样的改变。

又如,关于介绍家乡:

“(吴):嗯……我的家乡是在上海旁边的一个小城市,你也许不知道……

(K):额,我想告诉你一件事,当你问一个陌生人的姓名、国籍等一系列信息,然后你回答,你也许不知道……这样的开头,会让人感觉很……

(吴):很没有礼貌?

(K):是的,你只要大声地说出来,如果我不知道,我会继续问你,这样你可以理解吗?

(吴):明白了!”

在以上的对话片段中,我们可以看出这一段交流给学生留下了较深的印象，留学生坦率地直抒胸臆，让学生意识到自己的跨文化交际行为中不合适的地方，并对此作出了修改和调整。

再如：

“我们应该对被采访人员有更加全面的了解。所以下次我们准备针对他的国家——塞浦路斯作更详细的了解。我们采访的问题没有层次，对问题的设置没有用心考虑，问题提得很杂。下次采访时应该事先准备好要问的问题并注意问题的内在关联性，让被采访者感到舒服。地点的选取应该更加人性化，尽量不选择在室外嘈杂的地方。下次可以选择咖啡馆等相对安静的地方。”（江）

从上面学生的反思中，我们发现学生对于自己首次采访过程中的问题设置、地点选择、采访对象的信息了解等方面存在的问题有了新的认识，并且打算在下一次的采访过程中针对这些问题作出相应的改进，以便更好地进行采访。

从以上的反思中，我们发现学生对于自己的第一次采访中存在的跨文化交际行为中的欠缺都进行了反思，并根据据这些欠缺作出了相应的调整。因此，他们的跨文化交际行为得到了进一步的提高。

4.2.3 校园采访促进跨文化交际能力的提高

从以上两个小节的论述可以看出，在实施的三个项目中，学生认为最能促进他们跨文化交际能力并且也最能提高他们的英语能力的项目式活动是“校园采访”。通过分析学生在校园采访中所作出的反思报告发现，“校园采访”有效提高学生的跨文化知识，促进他们的跨文化交际动机，并且有效改进了他们的跨文化交际行为。

5 研究结论

本研究探究了项目式教学在促进大学生跨文化交际能力方面的作用。采用的三个项目式任务分别为电影欣赏、微课制作和校园采访。学生虽然最喜欢的项目是“电影欣赏”，但是他们认为对跨文化交际能力最具促进作用的是“校园采访”。我们单独地咨询了部分学生，得知学生最为喜欢“电影欣赏”的原因在于轻松，富有较强的娱乐性，提交的作业容易完成。虽然他们最为喜欢的项目是“电影欣赏”，但是他们也明确表明了对他们跨文化交际能力最具促进作用的项目则是“校园采访”。从学生的反思报告中得知，在校园采访的过程中，学生不仅拥有了和国外留学生进行面对面的真实交流的情境，而且也获取了对方国家的文化知识，这些文化知识涉及生活的各个层次和方面，比如教育、娱乐、生活、建筑、历史以及宗教等。首先，亲身体验到的跨文化知识促进了学生对于对方文化的了解，更进一步激发了他们的兴趣，使他们愿意进一步去了解和自己本国文化不同的异域文化知识。其次,学生在"校园采访"的过程中意识到了自己的跨文化交际行为的不当之处,比如过于谦逊反而导致对方认为是一种无礼的表现,而对方对于这种不妥当的跨文化交际行为坦率友好地指出来,学生感觉受益匪浅,从中直接了解到应该如何进行有效、规范、礼貌地跨文化交际行为。这对于学生提高自己的跨文化交际行为起到极其有效的促进作用。经过这几次的采访,学生深切意识到了自己以前对于英语学习的态度不够积极努力,也意识到了英语学习的重要性,同时了解到自己的英语能力可以和外国人进行有效交流,跨文化交际动机得到极大的提高和加强。正是基于以上的因素,学生得出结论,对于他们的跨文化交际能力最具促进作用的项目式学习是校园采访。

本研究的局限在于调查问卷设计不够规范。我们在第一次前测的问卷设计中进行了学生跨文化知识的调查,而在后测问卷调查中则根据学生的反应去除了该部分的问卷测试,导致了我们无法对学生一个学年以来的跨文化知识的变化作出一个量化的比较。

本研究的教学启迪在于探索了项目式教学对于学生跨文化交际能力的促进作用,项目式教学的三种形式都具有较强的可操作性,可以给大学英语教师的教学实践起到一定的借鉴作用。

本章参考文献

[1] BECKETT G H, SLATER T. The project framework: A tool for language, content, and skills integration[J]. ELT Journal, 2005(2): 108-116.

[2] BECKETT G. Project-based instruction in a Canadian secondary school's ESL classes:Goals and evaluations. Ph. D Dissertation[M]. Vancouver: University of British Columbia,1999.

[3] BYRAM M. Teaching and assessing intercultural communicative competence[M]. New York:Multilingual Matters,1997.

[4] DEARDORFF D K. Identification and assessment of intercultural competence as a student outcome of internationalization[J]. Journal of Studies in International Education,2006(10) :241-266.

[5] DEWEY J. Democracy and education:An introduction to the philosophy of education[M]. New York:Macmillan,1926.

[6] ESLAVA R, LAWSON P O, A project course in spoken English[J]. TESOL Quarterly,1979(1):65-72.

[7] EYRING J L. Teacher experience and student responses in ESL project work instruction:A case study[M]. Unpublished Doctoral Dissertation, California:University of California,Los Angeles,1989.

[8] FRIED-BOOTH D L. Project work with advanced classes[J]. ELT Journal,1982(36):98-103.

[10] FRIED-BOOTH D L. Project work[M]. New York:Oxford University Press,2002.

[11] HAINES S. Projects for the EFL classroom: Resource material for teachers[M]. Waltonon-Thames,UK:Nelson,1989.

[12] HAMMER M R, BENNETT M J, WISEMAN R L. Measuring intercultural sensitivity: The intercultural development inventory[J]. International Journal of Intercultural Relations,2003(27):421-443.

[13] HEDGE T. Key concepts in ELT:Fluency and project[J]. ELT journal, 1993(3):275-277.

[14] HYMES D. On communicative competence. //PRIDE J B,HOLMES J. Sociolinguistics[J]. Harmondsworth:Penguin,1972:269-285.

[15] KOESTER J, OLEBE M. The behavioral assessment scale for intercultural communication effectiveness[J]. International Journal of Intercultural Relations,1988(12):233-246.

[16] LEGUTKE M, THOMAS H. Process and experience in the language classroom[M]. Harlow,UK:Longman,1991.

[17] LUSTIG M W, KOESTER J. Intercultural competence: Interpersonal communication across cultures (5th Ed.) [M]. Shanghai: Shanghai Foreign Language Education Press,2007.

[18] MC CLURG,S. Increasing middle school student achievement in reading and language arts with project-based learning methods of instruction [M]. Unpublished Doctoral Dissertation,Minnesota:Walden University,2009.

[19] MOSS D. Project based learning and assessment:A resource manual for teachers. Arlington, VA: Arlington Education and Employment Program (REEP) [M]. ERIC Document Reproduction Service No. Ed 442 306,1998.

[20] PITURA J,BERLINSKA-KOPEC M. Learning English while exploring the national cultural heritage: Technology-assisted project-based language learning in an upper-secondary school[J]. Teaching English with Technology,2018,18(1):37-52.

[21] RIBE R, VIDAL N. Project work: Step by step [M]. Oxford: Heinemann, 1993.

[22] SHEPPARD K, STOLLER F L. Guidelines for the integration of student projects in ESP classrooms[J]. English Teaching Forum, 1995 (2):10-15.

[23] SMITH M A. Autonomy and project-based language learning: Factors mediating autonomy in project-based CALL[M]. Unpublished Doctoral Dissertation, Melbourne: University of Melbourne, 2005.

[24] TIMS N R. Project-based learning (PBL) in adult English as a second language (ESL) programs: Students' perspectives[M]. Unpublished doctoral dissertation. New Mexico: New Mexico State University, 2009.

[25] XU F, Warschauer M. Technology and curriculum reform in China: A case study[J]. TESOL quarterly 2004, 38(2):301-323.

[26] 常晓梅,赵玉珊.提高学生跨文化意识的大学英语教学行动研究[J].外语界,2012(2):27-34.

[27] 储春艳.基于项目的协作学习概述[J].山东教育学院学报,2006(3):37-40.

[28] 邓媛,王湘玲.项目驱动培养 EFL 学生自主能力的实证研究[J].外语与外语教学,2009(8):31-34.

[29] 顾佩娅,方颖.基于建构主义的计算机辅助项目教学实践[J].外语与外语教学,2003(7):28-31.

[30] 顾佩娅.多媒体项目教学法的理论与实践[J].外语界,2007(2):2-7.

[31] 胡文仲.跨文化交际课教学内容与方法之探讨[J].中国外语,2006(6):4-8,37.

[32] 李立文,王淑琴.项目教学法在英语视听说课中的应用[J].前沿,2012(7):149-151.

[33] 宋莉.跨文化交际法中国英语教学模式探析[M].上海:上海外国语大学出版社,2008.

[34] 孙有中.外语教育与跨文化能力培养[J].中国外语,2016(3):16-22.

[35] 王丽虹.跨文化交际能力的培养目标及考核方法.庄恩平.跨文化外语教学:研究与实践[M].上海:上海外语教育出版社,2012:56-64.

[36] 夏赛辉,张文忠.依托项目学习模式下的学习者努力研究[J].外语与外语教学,2017(3):78-88.

[37] 夏赛辉.依托项目的语言学习研究及其对中国外语教学的启示[J].英语教师,2011(2):7-11.

[38] 杨莉萍,韩光.基于项目式学习模式的大学英语学术写作教学实证研究[J].外语界,2012(5):8-16.

[39] 易龙,张文忠.试论项目式大学英语教学的可行性[J].学术论坛,2008(3):4-5.

[40] 岳瑞玲.PBL在大学英语阅读教学中的应用研究[J].当代教育科学,2014(13):63-64.

[41] 张红玲.基于网络的跨文化外语写作交流项目的理论与设计[J].外语电化教学,2005(6):9-14.

[42] 张红玲.跨文化外语教学[M].上海:上海外语教育出版社,2007.

[43] 张红玲.以跨文化教育为导向的外语教学:历史、现状与未来[J].外语界,2012(2):2-7.

[44] 张培欣.蒙古族英语专业学生跨文化交际能力培养的系统研究[D].北京:北京第二外国语学院,2010.

[45] 张文忠.国外依托项目的二语/外语教学研究三十年[J].中国外语,2010(2):68-74.

[46] 张翔清,张倩.项目教学法在大学英语教学的应用[J].教育探索,2014(2):39-40.

[47] 郑晓红.中国特色跨文化人才培养的理念和实践——评《跨文化视角英语阅读教程》[J].外语界,2012(2):35-40.

[48] 庄恩平.跨文化外语教学:研究与实践[M].上海:上海外语教育出版社,2012.

附录:调查问卷

大学生英语文化知识学习调查问卷

亲爱的同学,你好!

这份调查问卷,旨在了解你们在英语学习的过程中对于英语文化以及汉语文化的学习情况以及学习需求;此问卷不是考试题,所以回答没有对或错之分。敬请根据提示填写你的实际情况的真实想法,谢谢协助!

第一部分:个人信息

1.所在的院(系)________　　2.所学专业________

3.性别:A.男　B.女　　4.年龄____________

5.英语学习年限________　　6.高考英语分数________

7.参加高考省份________　　8.是否出过国:A.是　B否

9.如果出过国,请填写所到国家________　　10.以及逗留时间________

第二部分:文化意识

请根据你认为以下文化主题的重要性,圈出你认为最适合的答案。

序号	内容	完全不重要	不太重要	不确定	重要	非常重要
11	媒体,电影,文学与艺术					
12	家庭生活,家庭特征和人际关系					
13	民族习俗和传统文化					
14	工作娱乐					
15	衣食住行					
16	历史					
17	政治					
18	宗教					
19	人们的信念和态度					

对于学习以下国家文化的兴趣程度,圈出你认为最适合的答案。

序号	国家	完全不感兴趣	不太感兴趣	不确定	感兴趣	非常感兴趣
20	美国					
21	英国					
22	加拿大					
23	澳大利亚					
24	新西兰					

第三部分:语言文化信念

请根据你的真实想法,圈出你认为最适合你的答案。

序号	内　容	坚决反对	反对	不确定	赞同	完全赞同
25	学习英语时,有必要学习相关的英语文化					
26	我的英语老师在讲解课文时,时常穿插文化差异的讲授					
27	能够提高学生英语交际能力的教学模式才是成功的英语教学					

续表

序号	内　　容	坚决反对	反对	不确定	赞同	完全赞同
28	我学习英语的目的是为了通过英语考试取得文凭					
29	学习英语能够开阔我的眼界					
30	文化学习帮助建立与外国人交流的自信					
31	学习别的国家的文化有可能造成对其民族文化产生成见					
32	文化知识帮助我了解来自不同文化背景的人士					
33	没有必要学习文化知识，因为英语考试中并不包括文化知识					
34	掌握英语国家的文化知识是学好英语的关键					
35	英语考试中应该包括英语国家的文化知识的题目					
36	语言是文化不可分割的一部分					
37	学习英语是因为我对英语国家文化有浓厚兴趣					
38	英语国家文化学习帮助我更加尊重和理解来自不同国家的人士					
39	在跨文化交际中，了解母语文化与了解外国文化同等重要					
40	在同外国人进行交流时，有必要传播本民族文化					
41	英语学习应以西方文化为重，母语文化是汉语学习该考虑的事					
42	在用英语表达中国文化时，我感到困难					
43	我能方便地获取用英语介绍中国文化的资料					
44	我的英语老师上课时，会讲解一些关于中国文化的知识					
45	学习中国文化对英语学习促进作用不大					
46	我的英语教材中有足够的关于中国文化的材料					
47	我的英语教材中有足够的介绍英语国家文化的材料					

续表

序号	内　　容	坚决反对	反对	不确定	赞同	完全赞同
48	英语教材中没必要出现有关中国文化的材料					
49	我对中国文化的了解不够深入					
50	我对英语文化的了解不够深入					
51	我希望在英语课堂上学习用英语表达中国文化					
52	我平常几乎没有用英语介绍中国文化的机会					
53	我经常看 CCTV-9 等用英文介绍中国文化的节目					
54	我经常通过 VOA、BBC 等英文广播电台节目了解英语文化					
55	与中国传统节日相比，我更喜欢西方节日					
56	我认识的外国人表现出了对中国文化的兴趣					
57	英语考试中出现过涉及中国文化的内容					

第四部分：英美文化与中国文化知识

58. Pandora's Box(潘多拉之盒)，出自希腊神话。你知道它表示什么意思吗？(　　)

A. 幸福之源　　B. 灾难、麻烦、祸害之源

C. 致命弱点　　D. 权利的象征

59. That guy's got a Midas touch. "Midas touch"是指希腊国王 Midas 的点金术，翻译为(　　)

A. 那个男人运气很好　　B. 那个男人手气很好

C. 那个男人能点石成金　　D. 那个男人很会做生意

60. " You, chicken!" he cried, looking at Tom with contempt. 这句话中的"chicken"你是如何理解的(　　)

A. 小痞子　　B. 混蛋　　C. 胆小鬼　　D. 小鸡

61. 威斯敏斯特大教堂(Westminster Abbey)位于哪个城市？(　　)

A. 纽约　　B. 伦敦　　C. 柏林　　D. 巴黎

62. All my advice falls flat on him. 这句话正确的翻译是(　　)

A. 他把我的忠告当耳边风　　B. 他完全听取了我的建议

C. 他觉得我的建议很糟糕　　D. 他觉得我的建议很好

63.《远大前程》这部小说的作者是(　　)

A. 狄更斯　　B. 笛福　　C. 莎士比亚　　D. 海明威

64. 美国拉斯莫尔总统山上的四位总统是(　　)

A. 林肯;华盛顿;富兰克林·罗斯福;杰弗逊

B. 华盛顿;亚当斯;林肯;富兰克林·罗斯福

C. 林肯;华盛顿;西奥多·罗斯福;杰弗逊

D. 林肯;华盛顿;西奥多·罗斯福;亚当斯

65. 美国国会中的动物形象是(　　)

A. 鹰　　B. 象　　C. 熊　　D. 鹿

66. 在英美国家的餐桌文化中,正餐中第一道上的是(　　)

A. 甜食　　B. 主菜　　C. 色拉　　D. 汤

67. 英国的三个主要党派为(　　)

A. 保守党、工党、自由民主党　　B. 保守党、工党、自由党

C. 保守党、自由党、民主党　　D. 工党、共和党、保守党

68. 美国独立宣言是在________宣布的,美国宪法是在________制定的。答案为(　　)

A. 费城　纽约　　B. 纽约　费城　　C. 费城　费城　　D. 芝加哥　费城

69. Big Apple 是指哪一个城市?(　　)

A. 伦敦　　B. 纽约　　C. 旧金山　　D. 洛杉矶

70. "文武二圣"指的是(　　)

A. 孔子、曹操　　B. 老子、关羽　　C. 孔子、刘备　　D. 孔子、关羽

71. 我国重点治理的"三河"是指(　　)

A. 黄河、淮河和海河　　B. 黄河、淮河和辽河

C. 淮河、海河和辽河　　D. 黄河、长江和海河

72. 北方人年夜饭一般都要吃饺子,其象征意义是(　　)

A. 团圆美好　　B. 年年有余　　C. 更岁交子　　D. 五福临门

73. "三冥"节指的是(　　)

A. 鬼节、五月节、下元节　　B. 清明节、中元节、下元节

C. 鬼节、端午节、中元节　　D. 重阳节、冥节、下元节

74. 《清明上河图》描绘的是哪个季节?(　　)

A. 春天　　B. 夏天　　C. 秋天　　D. 冬天

75. 不属于中国四大佛山的是(　　)

A. 普陀山　　B. 武当山　　C. 九华山　　D. 峨眉山

76. 台湾自古以来就是我国的神圣领土,祖国大陆的人们开始和台湾接触,早在秦汉时期。台湾在三国时称为(　　)

A. 夷洲　　B. 流求　　C. 东番　　D. 台湾

77.“阳关大道”原是指通往哪里的道路?(　　)

A. 东海　　B. 西域　　C. 南国　　D. 中原

78. 我们常说的“鸿雁传书”源自以下哪个历史故事?(　　)

A. 文姬归汉　　B. 霸王别姬　　C. 苏武牧羊　　D. 楚汉相争

79.“一日不见,如隔三秋”里的“三秋”是指(　　)

A. 三个月　　B. 三年　　C. 三个季度　　D. 三十年

80.“一寸光阴一寸金。”此处“一寸”是用什么样的古代计时器测量出来的时间单位?(　　)

A. 圭表　　B. 漏刻　　C. 日影　　D. 漏壶

第五部分:英汉互译

请把下列英语翻译成汉语,汉语翻译成英语。

81. I am a Dutchman if it is true.

82. Adam's Apple.

83. The bread never falls but on its buttered side .

84. Don't carry coals to Newcastle.

85. To cry up wine and sell vinegar.

86. Greek Gift(s)

87. tooth for tooth　　88. brain drain

89. under the rose　　90. puppy love

91. swan song　　92. 一带一路

93. 兵马俑　　94. 烟花爆竹

95. 全国人民代表大会　　96. 儒家

97. 道教　　98. 长城

99. 一国两制　　100. 京剧